國家社科基金重大項目（10&ZD104）

上海師範大學古籍整理研究所編
項目首席專家、主編　戴建國
主編　朱易安　傅璇琮　周常林

国家出版基金项目
NATIONAL PUBLICATION FOUNDATION

全宋筆記

第八編

七

大象出版社

顧　　問　王水照　朱瑞熙　徐　規　李裕民

項目首席專家、主編　戴建國

主　　編　朱易安　傅璇琮　周常林

編纂委員會（以姓氏筆畫爲序）

王劉純　朱易安　李亞娜　周常林　俞　鋼　查清華

徐時儀　陳　新　張劍光　傅璇琮　虞雲國　戴建國

目録

〔宋〕徐鉉 撰

稽神録

張劍光 整理

點校説明

《稽神録》六卷，拾遺一卷，補遺一卷，徐鉉撰。徐鉉（九一六—九九一），字鼎臣，廣陵（今屬江蘇揚州）人，生活于五代宋初之際，身歷吴、南唐、宋三代。徐鉉初仕吴國，爲秘書郎、直宣徽北院，掌文翰。南唐時，歷知制誥、中書舍人、禮部侍郎，遷尚書左丞、兵部侍郎、翰林學士、御史大夫、吏部尚書等職。南唐滅亡，隨後主李煜來到開封，被命爲太子率更令。太平興國初，直學士院，後又加給事中。八年，右散騎常侍，後遷左常侍。他十歲就能作文章，與韓熙載齊名。精小學，與其弟徐鍇號稱「二徐」。入宋後，曾參與編纂《太平御覽》、《太平廣記》、《文苑英華》、《江南録》等大型圖書。徐鉉著作較多，除《稽神録》，有《質論》一卷、《江南録》十卷、《棋圖義例》一卷、《雜古文賦》一卷、《三家老子音義》一卷，及《騎省集》三十二卷。《宋史》卷四四一有傳。

《稽神録》是一部筆記體的神怪小説集，是除《騎省集》外，徐鉉唯一流傳至今的著作。書中所記，多爲靈異神怪故事，作者通過宣揚神靈顯聖，講述生活中因果報應的普遍存在。《稽神録》的創作始於南唐，至北宋初年以後又不斷增補。《四庫全書總目提要》卷一四二認爲：「晁公武《讀書志》載其自序，稱『自乙未歲至乙卯，凡二十年』，則始於後唐廢帝清泰二年，迄于周世宗顯德二年，猶未入宋時所作。書中惟乾寧、天復、天祐、開成、同光，書其年號，自後唐明宗以後，則但書甲子。……此書猶在李煜去帝號前三年，殆必原用南唐年號，入宋以後追改之。其稱楊行密曰僞吴，稱南唐曰江南，其官亦稱僞某官，亦入宋以後所追改歟？」這一判斷，應該是比較可信的。《稽神録》是徐鉉長期搜集資料後精心編寫的，書中故事的主要來源，有的是作者記叙自己的見聞，有的是他人提供的材料，還有一些是采自前人的著作而作的改寫。書中一些篇章寫得十分委婉動人，情跡一波三折。此書繼承了唐人傳奇的傳統，開啓宋代以後筆記小説的新風氣，是由唐入宋具有轉折意義的一部志怪小説集，對宋人小説産生了較大的影響。

《稽神録》的版本，各書記載有很大的差異。《崇文總目》、《宋史·藝文志》著録爲十卷。袁州本《郡齋讀書志》卷三著録爲十卷，並引徐鉉自序云共記録百五十事，但衢州本《讀書志》作六卷。《直齋書録解題》卷一一云：「元本十卷。今無卷第，總作一卷，當是自他書中録出者。」説明宋代此書有十卷本、六卷本和一卷本多種。宋人袁褧《楓窗小牘》卷上記載，徐鉉參加《太平廣記》的編纂工作時，得到李昉的允准，將《稽神録》編入其中。今《太平廣記》共採録《稽神録》二百三十多篇，《四庫全書總目提要》認爲《太平廣記》引事「其間前後相連，以甲蒙乙者往往而是。或緣此多録數十條，亦未可知也」。不過説這些多出的數十篇全是《廣記》引《稽神録》誤書，並不令人信服，估計有可能《讀書志》所著録之百五十條本爲初稿本，後又有所增補，至《太平廣記》所引，大概就是續增本。陳振孫説的不分卷本，可能就是從《太平廣記》中輯出的這個二百多條的本子，一般認爲是現傳諸本的祖本。明代主要流傳六卷本，或是將這個不分卷本進行重新分卷，如今國家圖書館藏的明嘉靖二十二年姚咨家鈔本，明毛晉輯《津逮秘書》第十一集刊刻的

《稽神録》六卷、《拾遺》一卷本。清《四庫全書》收入的内府藏本，亦爲六卷本，文字與毛本大體相同。清嘉慶張海鵬輯《學津討原》本，是據《津逮秘書》刊印的，後《叢書集成》初編本據之排印。陸心源據《太平廣記》校異補遺，于原書拾遺十三條外又得三十四條，載於《群書校補》。民國初年，上海商務印書館涵芬樓排印本用《津逮秘書》、《學津討原》本作底本，用陳仲魚以宋本校過的《太平廣記》和《類説》進行校勘，又從《類説》中輯得十二條，與陸心源輯出的三十四條合編爲補遺一卷。此本長期以來，成爲搜集完備，校勘最爲精審的刻本。此書據有關目録書記載仍有十卷本，如清錢曾《述古堂書目》卷三著録十卷鈔本，孫從添《上善堂宋元板精鈔舊鈔書目》亦著録《稽神記》十卷，葉石君校本。不過十卷本至今未見傳世，疑非原書。《稽神録》有今人整理本數種，主要爲中華書局的白化文整理本，上海古籍出版社《宋元筆記小説大觀》傅成整理本等。

本次整理，我們以涵芬樓本爲底本進行標點，與毛晉《津逮秘書》、宋刊《太平廣記》、《類説》的文字校勘記按原樣全部保留于正文中。書中有數篇與《太平廣記》所載出處不同，懷疑可能爲誤收者，以及拾遺部分有數篇可能誤收者，爲保持原貌，全部予以保留。同時我們以明嘉靖四十五年談愷刻《太平廣記》及文淵閣《四庫全書》本《稽神録》，與底本進行校對。談刻本與陳仲魚校宋刊本文字相同者，不再另外指出，文字有較大不同者，出校記加以標明。四庫本與毛晉本文字相同者，亦不再另外指出，文字有較大不同者，出校記加以標明。整理難免有所不足，敬請批評指正。

目録

第一卷

朱拯

僞吴玉山主簿朱拯，赴選至揚都。《廣記》作「州」。夢入官署，堂上一紫衣正坐，旁一緑衣。紫衣起，揖拯《廣記》無「拯」字。曰：「君當以十千錢見與。」拯拜，許諾。遂寤。頃之，毛本無「之」字。補安福令。既至，謁城隍神，廟宇神像皆如夢中。其神座後屋漏，梁壞。拯歎曰：「十千豈非此耶！」即以私財葺之，費如其《廣記》無「其」字。數。《廣記》卷二百八十一。

韋建

江南戎帥韋建，自統軍除武昌節度使。將行，夢一朱衣人，導從數十，來詣韋曰：「聞公將鎮鄂渚，僕所居在焉，棟宇頽毁，風雨不蔽，非公不能爲僕修完也。」韋許諾。及至鎮訪之，乃宋无《廣記》作「無」。忌廟。視其像，即夢中所見。因新其廟，祠祀數有靈驗云。《廣記》卷二百八十一。

鄭就

壽春屠者鄭就，家至貧。嘗《廣記》作「常」。夢一人，自稱廉頗，謂就《廣記》作「己」。曰：「可於里《廣記》作「屋」，曾慥《類説》同。東掘地，取吾寶劍，當令汝富。然不得改舊業。」就如其言，果獲之，踰年遂富。後泄其事，於是失劍。《廣記》卷二百八十一，曾慥《類説》亦引。

董昌

董昌未遇前【一】，有山陰縣老人，僞上言於昌曰：「今大王善政及人，願萬歲帝爲越【二】，以福兆庶。三十年前已有謠言【三】，正合今日，故來獻。」其言曰：「欲識聖人姓，千里草青青。欲知聖人名，日從曰上生。」昌得之大喜，因讀曰【四】：「天命早已歸我，我爲天子矣。」乃贈老人百縑，仍免其征賦。先遣道士朱思遠，立壇醮上帝。忽一夕云：「天符降於函中【五】，有碧紙朱書，其文人不可識。」思遠言：「天命合興董氏【六】。」又有王守貞者，俗謂之王百藝，極機巧。初，立生祠，雕刻形像，塑繪宮嬪【七】，及設兵衛狀若鬼神，皆百藝所爲也。妖僞之際，尤興百藝幻惑之術【八】。昌每言：「我聞『兔子上金牀』，讖我也。我卯生，來歲屬卯【九】，二月二日亦卯，即卯年卯月卯日，仍當以卯時。萬世之業，利在於此。」乾寧二年二月二日，率軍俗數萬人，僭袞冕儀衛，登子城門樓，赦境

【一】董昌未遇前　「遇」，談本《廣記》作「僭」。

【二】願萬歲帝爲越　「爲」，談本《廣記》、四庫本作「於」。

【三】三十年前已有謠言　「有」，談本《廣記》作「聞」。

【四】因讀曰　「讀」，四庫本作「誇」。

【五】天符降於函中　「函」，談本《廣記》作「雨」。

【六】天命合興董氏　「合興」，談本《廣記》作「命與」。

【七】塑繪宮嬪　「宮嬪」，談本《廣記》作「官屬」。

【八】尤興百藝幻惑之術　此句談本《廣記》作「悉由百藝幻惑所致」。

內，改僞號羅平國，年號天册。自稱聖人，及令官屬將校等皆呼「聖人萬歲」，俯而言曰云云。詞畢【一〇】，復欲舞蹈，昌乃連聲止之曰：「卿道得這許多言語，壓得朕頭疼，無奈何也。」蓋緣工人所製平天冠稍重，故有是言也。時人聞者，皆大笑之。《廣記》卷二百九十引《會稽典録》，當删。因係原本誤收，姑存以備考。

熊博

熊博者，本建安津吏。岸崩，出《廣記》作「得」。一古塚，藤蔓纏其棺，傍有石銘云：「欲陷不陷被藤縛，欲落不落被沙閣，五百年後遇熊博。」博使平光寺四字，《廣記》作「時貧老」三字。僧爲率錢葬之。博後至建州刺史。《廣記》卷三百九十二。

彭城佛寺

國初，楊汀自言：天祐初，《廣記》作「某」。在彭城，避暑于佛寺。雨雹方甚，忽聞大聲震地。走視門下，《廣記》作「外」。乃下一大雹于街中，其高廣與寺樓等，入地可丈餘。頃之雨止，則炎風赫日，經月雹乃消盡。《廣記》卷三百九十五。

【九】來歲屬卯　此句談本《廣記》作「來年歲在卯」。

【一〇】俯而言曰云云詞畢　「言曰」原作「曰言」，據談本《廣記》乙正；「詞」原無，據談本《廣記》補。

歐陽氏

廣陵孔目吏歐陽某者，居決定寺之前【一】。其家《廣記》無「家」字。妻少《廣記》作「少」。遇亂，失其父母。至是有老父詣門，使白其妻：「我汝父也。」妻見其貧陋，不悅，拒絕之。父又言其名字及中外親族甚悉，妻竟不聽。又曰：「吾自遠來，今無所歸矣。若爾，權寄門下信宿可乎？」妻又不從，其夫勸，《廣記》有「之」字。又不可。父乃曰：《廣記》「曰」字在「去」字下。「去，吾將訟爾矣。」左右以爲公毛本誤作「何」。訟耳，亦不介意。明日午，暴風雨從南方來，有毛本誤作「自」。震霆入歐陽氏之居，牽其妻至中庭，擊殺之。大水平地數尺，鄰里皆漂《廣記》作「震」。蕩不自持。後數日，歐陽之人至后土廟神座前，得一書，即老父訟女文也。《廣記》卷三百九十五。

廬山賣油者

廬山下賣油者【二】，養其母甚孝謹，爲暴雷震死。其母自以無罪，日號泣於九天使者之祠，願知其故。一夕，夢緋《廣記》作「朱」。衣人告曰：「汝子恒以魚膏雜油中，以圖厚利。且廟中齋醮常《廣記》作「恒」。用其《廣記》作「此」。油，腥氣薰蒸，靈仙不降。其《廣記》無「其」字。震死宜矣。」母知其事，遂止。《廣記》卷三百九十五。

【一】歐陽某者居決定寺之前　「歐陽」後談本《廣記》有一「氏」字；「定」原作「守」，據談本《廣記》、四庫本改。

【二】廬山下賣油者　「下」字談本《廣記》無。

李誠

江南軍使蘇建雄，有別墅在毗陵，常《廣記》作「恒」。使傔人李誠來往檢事。《廣記》作「視」。乙卯歲案：乙卯，當周顯德二年。六月，誠自墅中回。至句容縣西，時盛暑赫日，持傘自覆。忽起《廣記》作「值」。大風，飛沙《廣記》作「石」。拔木，卷其傘蓋而去，惟持傘柄。行數十步，雷《廣記》作「雲」。雨大至，方憂濡濕，忽有飄席至其所，因取覆之。俄而雷震地，道傍數家之中，卷去《廣記》無「去」字。一家屋室，向東北而去。頃之，震《廣記》「震」字作「遂霽」二字。其居，蕩然無復遺者。老幼十餘，皆聚桑林中，一無所傷。舍前有足跡，長三尺。誠又西行數里，遇一人求買所覆席，即與之。復《廣記》作「又」。里餘，後《廣記》作「復」。遇一人【一三】，求買所持傘柄。誠乃異之，曰：「此物無用，爾何爲者乃《廣記》作「而」。買之【一四】？」其人但求乞甚切，終不言其故。隨行數百步，與之乃去。《廣記》卷三百九十五。

茅山牛

庚寅歲，曾慥《類説》作「大和中」。案：庚寅爲唐長興元年，當吴大和二年。有《廣記》「有」字在「山」字下。茅山村中兒牧牛【一五】，洗所著汗衫，曝於草上而假寐。及覺，《廣記》作「寤」。失之。惟一鄰兒在傍，以爲竊去，因相喧競。鄰兒父見之，怒曰：「生兒爲盗，將安用汝！」《廣記》作「之」。

【一三】後遇一人　「後」，四庫本作「又」。

【一四】爾何爲者乃買之　「乃」後四庫本有一「欲」字。

【一五】有茅山村中兒牧牛　「兒」原作「見」，據談本《廣記》、四庫本改。

即投水中。鄰兒匍匐出水，呼天稱冤者不已。《廣記》「不已」作「數四」。曾慥《類説》同。復欲投之，俄而雷雨暴至，震死其牛，汗衫乃自牛口中嘔出，兒乃得免。《廣記》卷三百九十五，曾慥《類説》亦引。

番禺村女

庚申歲，案：庚申，當宋建隆元年。番禺村女，有老姥與之《廣記》「之」字作「其女」二字。餉田【一六】。忽雲雨晦冥，及霽，反《廣記》作「乃」。失其女。姥號哭，乃《廣記》無「乃」字。求訪，諸《廣記》無「諸」字。鄰里相與尋之，不能得。後月餘，復雲雨晝晦，及霽，而庭中陳列筵席，有鹿脯、乾魚、果實、酒醢，甚豐腆。《廣記》作「潔」。其女盛服至，而《廣記》「而」字在「至」字上。姥驚喜持之。女自言爲雷師所娶，將至一石室中，親族甚衆，婚姻之禮，一同人間。今使歸返，而《廣記》作「面」。他日不可再歸矣。姥問：「雷郎可得見耶？」曰：「不可得。」《廣記》無「得」字。留數宿，一夕，復風雨晦冥，遂不可《廣記》「可」作「復」。見矣。《廣記》卷三百九十五。

江西村嫗

江西村中雷震，一老嫗爲電火所燒，一臂盡傷。既而空中有呼曰：「誤矣！」即墜一瓶，瓶有葉曾慥《類説》作「藥」。如膏【一七】，曰：「以此傅之即瘥。」《廣記》作「差」。嫗《廣記》無

【一六】番禺村女有老姥與之餉田　「女」，談本《廣記》作「中」；「之」，談本《廣記》亦作「其女」。

【一七】瓶有葉如膏　「葉」，談本《廣記》亦作「藥」。

「嫗」字。如其言，隨傳而愈。家人共議此神丹《廣記》作「藥」。也，將取藏之。數人共舉其瓶，不能動。頃之，復有雷雨，攝《廣記》作「收」。之而去。又有一《廣記》無「一」字。村人，亦《廣記》無「亦」字。震死。《廣記》有「既而」二字。空中人呼曰：「誤矣！可急《廣記》無「急」字。取蚯蚓擣爛傅《廣記》作「覆」。曾慥《類説》同。臍中，當瘥。」如言傅之，乃《廣記》作「遂」。蘇。《廣記》卷三百九十五。曾慥《類説》亦引。

甘露寺

道士范可保，夏月獨遊浙西甘露寺。出殿後門，將登北軒，忽有人衣故褐衣，自其傍入，肩帔相拂。范素好潔，新衣恐污，四字《廣記》作「衣新服」三字。心不悦。俄而牽一黃犬，《廣記》作「狗」。又摩《廣記》作「駡」。肩而出。范怒形於色。褐衣回顧張目，其光如電，范始畏懼。頃之，山下人至，曰：「向者《廣記》無「者」字。山上《廣記》作「下」。霹靂取龍，子聞《廣記》「子」作「不」，「聞」作「知」。之乎？」范固不知《廣記》作「聞」。也【一八】。《廣記》卷三百九十五。

南康縣令《廣記》無「令」字。

辛酉案：辛酉，當宋建隆二年。五月四日，有使過南康，縣令胡侃置酒於縣南蓮華館水軒。忽有暴雨《廣記》作「風」。吹沙從南來，因手掩目【一九】，聞盤中器物蔌蔌有聲，若物飛《廣記》

【一八】范固不知也　「固」，談本《廣記》作「故」。

【一九】因手掩目　「因」，四庫本作「用」。

「物飛」作「有物」。過。良久開目，見食器微反，《廣記》作「仄」。其銀酒杯與杯之舟皆狹《廣記》誤作「挾」。長。時《廣記》誤作「如」。東西影《廣記》誤作「形」。壁傍有大桐樹，亦拔出，投於《廣記》「投於」二字作「牆外時」三字。一里外，皆此風雨。常遥聞館中迅雷，而館中初不聞也。胡亦無恙。《廣記》卷三百九十五。

犬吠石

婺源縣有大黄石，自山墜於溪側，瑩徹可愛，群犬見而競吠之。數日，村人不堪其喧，乃相與推致水中，犬又俯水而吠愈急。取而碎之，犬乃不吠。《廣記》卷三百九十八。

甕形石

潘祚爲鄱陽令，縣治《廣記》「令縣」作「縣令」，無「治」字。後連帶石城【二〇】，其中隙荒數十畝。祚嘗還家【二一】，望月毛本誤作「日」。於此，見城下草中有光高數丈，其間荆棘蒙密，不可夜行，即取弓射其處以志之。明日，掘其地，得一甕，大腹小口，青石塞之。祚命舁歸其家，發其口，不可開，令擊碎之。乃一石如甕之形，若冰凍之凝結者。復碎而棄之，於中《廣記》無「於中」二字。訖無所得。《廣記》卷三百九十八。

【二〇】縣治後連帶石城　「石」，談本《廣記》作「古」。

【二一】祚嘗還家　「嘗還家」，談本《廣記》作「嘗與家人」。

金蠶

右千牛兵毛本作「撫」。曹王文秉，丹陽人，世善刻石。其祖嘗爲浙西廉使裴璩采碑於積石之下，得一自然圓石，如球形，式毛本作「試」。加礱斲【二二】，乃重疊如殼相包，斲之至盡，其大如拳。破視之，三字《廣記》作「復破之」。中有一蠶，如蠐螬，蠕蠕能動，人不能識，因棄之。數年浙西亂，王出奔，至下蜀【二三】，與鄉人夜會，語及青蚨毛本「青蚨」二字空闕。西送《廣記》無「送」字。還錢事【二四】。坐《廣記》誤作「佐」。中或云：「人欲求富，莫如得石中金蠶。蓄之，則寶貨自至《廣記》作「致」。矣。」問其形狀，則石中蠐螬也。《廣記》卷三百九十八。

濠州井

戊子歲案：戊子，當唐天成三年。大旱，濠州酒肆前有大井，堙塞積久，至是酒家召井工陶浚之【二五】。有毛本作「其」。工人父子應募者，乃子先入，倚鍤而死。其父繼下【二六】，亦卒。觀者如堵，無敢復入。引繩出屍，竟不復鑿。《廣記》卷三百九十九。

雞井

江夏有林主簿，虐而好賭。甚愛一女，好食雞，里胥日供雙雞。一日將殺雞，雞走，其

【二二】式加礱斲　「加」，談本《廣記》作「如」。

【二三】王出奔至下蜀　「下蜀」原作「蜀下」，據談本《廣記》乙正。

【二四】語及青蚨西送還錢事　「青蚨西」，四庫本作「浙西」。

【二五】酒家召井工陶浚之　「浚之」原作「老」，據談本《廣記》改。

【二六】倚鍤而死其父繼下　「鍤」，四庫本作「繩」；「繼」，談本《廣記》作「遽」。

女自逐之。雞入舍北枯井中，女亦入井，遂不見。林自往，亦入井不出。俄井中黑氣騰上如炊，其家但臨井而哭，無敢入者。有屠兒請入視之，但見大釜湯涌《廣記》作「沸」。火熾。有人拒其足曰：「事不干汝！」不得入而出。久之，氣稍稍而熄，井中惟雞骨一具，人骨二具。此事《廣記》無「事」字。數聞故老言之，不知其何年也【二七】。《廣記》卷三百九十九。

軍井

建州有魏使君宅，兵後焚毀，以爲軍營，有大井湮《廣記》作「溉」。塞。壬子歲，軍士浚之，入者二人皆卒，屍亦不獲。有一人請復入，曰：「以繩縋我，我急毛本作「亟」。引繩即《廣記》有「亟」字。出之。」既入，久之，忽掣其《廣記》「掣其」二字作「引」字。繩甚急。即出之，色《廣記》作「已」。如癡矣。良久乃能言，云：「既入井，但見城郭邑廬，《廣記》「邑廬」作「井邑」。人物甚衆。其主曰李將軍，機務鞅掌，府署甚盛。懼而欲《廣記》無「欲」字。遽出。」竟不獲二屍。建州留後朱斥嘗奉使鎮四字《廣記》作「業使填」三字。此井。《廣記》卷三百九十九。

金華令

王祝從子某爲金華令，築私第於邑中。其《廣記》作「夏」。暴雨大至【二八】，水忽奔往東南隅，如灌漏卮，頃刻而盡。其地成井，深不可測。以絲緪《廣記》作「纜」。縋石而測之，數

【二七】不知其何年也　「年」，四庫本作「怪」。

【二八】其暴雨大至　「其」後四庫本有二「日」字。

十丈乃及底。得一新饅《廣記》作「捻」。頭而出【二九】，《廣記》作「上」。與人間嘗《廣記》作「常」。食者無小異也。《廣記》卷三百九十九。

徐善

江南僞中書舍人徐善，幼孤，家於豫章。楊吴之寇《廣記》作「尅」。豫章，善之妹爲一軍校所虜，既定，軍校求《廣記》無「求」字。得善，請以禮聘之。善自以舊族，不當與戎士爲婚，固《廣記》作「因」。不許。乃强納幣焉，悉擲棄之。臨以白刃，亦不懼，然竟虜之而去。善即詣揚都，求見吴楊渥而訴之。時渥初嗣藩服，府庭甚嚴，僭擬王者，布衣遊士，旬歲不得一見。而善始至白沙，渥夜夢人來言曰：「江西有秀才徐善，將來見公，今在白沙逆旅矣。其人良士也，且有情事未申，《廣記》無「未申」二字。公其《廣記》作「可」。厚遇之。」渥《廣記》無「渥」字。旦即遣騎迎之，既至，禮遇甚厚。《廣記》有「且」字。問所欲言，善具白其妹事。渥《廣記》無「渥」字。即命購《廣記》無「購」字。贖，歸於徐氏。時歙州刺史陶雅聞而異之，因辟爲從事。《廣記》卷二百七十七。

何致雍

何致雍者，賈人之子也。幼而英爽《廣記》作「爽俊」。好學。嘗從其叔父，泊舟晥《廣記》作

【二九】得一新饅頭而出　「得」，談本《廣記》作「粘」。

「皖」。口。其叔夜夢一人，若官吏，乘馬，從數僕，來往岸側，遍閲舟船人物之數。復一人自後呼曰：「何僕射在此，勿驚之。」對曰：「諾，不敢驚。」既寤，遍訪鄰舟之人，皆無何姓者。乃移舟入深浦中。翌日大風濤，所泊之舟皆没，惟何氏存。叔父乃謂致雍曰：「我家世貧賤，吾復老矣，何僕射必汝矣。《廣記》作「也」。善自愛。」致雍後受《廣記》作「從」。知於湖南，爲節度判官。會楚王殷自稱尊號，以致雍爲户部侍郎、翰林學士。致雍自謂當作相，而居師表《廣記》作「長」。之任。後楚王希範嗣立，復去帝號，以致雍爲《廣記》「爲」字缺。節度判官、檢校僕射，竟卒於官。《廣記》卷二百七十八。「官」作「任」。

郭仁表

僞吴春坊吏郭仁表，居治《廣記》作「治」。城北。甲寅歲，因得疾沉痼。忽夢一《廣記》無「一」字。道士，衣金花紫帔，從一小童，自門入，坐其堂上。仁表初不甚敬，因問疾何時可愈。道士厲色《廣記》作「色厲」。曰：「甚則有之！」既寤，疾甚。數夜復夢《廣記》有「前」字。道士至，因叩頭遜謝。久之，道士色解，索紙筆，仁表以爲將疏方，即跪奉之。道士書而授之，其辭曰：「飄風暴雨可思惟，鶴望巢門斂翅飛。吾道之宗正可依，萬物之先數在兹，不能行此欲何爲？」夢中不曉其義，將問之，童子摇手曰：「不可。」因拜謝。道士自西北而去，因而《廣記》作「爾」。疾愈。《廣記》卷二百七十八。

王嶼

僞吴鄂帥王嶼，少爲小將，從軍圍潁州。夜夢道士告之曰：「旦有流星墮地，能避之，當至將相。」明日，衆軍攻城，城中矢石如雨，嶼仗劍倚柵木而督戰。俄有飛《廣記》作「大」。石正中其柵木及嶼鎧甲之半，皆糜碎，而嶼無傷。因歎曰：「流星正謂《廣記》無「謂」字。爾耶！」由是自負，卒至大官。《廣記》卷二百七十八。

謝諤

進士謝諤家於南康，舍前有溪，常遊戲之所也。諤爲兒時，嘗夢浴溪中，有人以珠一器遺之，曰：「郎吞此，則明悟矣。」諤度其大者不可吞【三〇】，即吞細者六十餘顆。及長，善爲詩。進士裴説爲選其善者六十餘篇，行於世。《廣記》卷二百七十八。

崔萬安

江南司農少卿崔萬安，分務廣陵。嘗病苦脾泄，困甚，其家人禱於后土祠。是夕，萬安夢一婦人珠珥珠履，衣五重，皆編貝玉《廣記》作「珠」。爲之。謂萬安曰：「此病《廣記》作「疾」。可治，今以一方相與。可取青木香、肉荳蔻等分，棗肉爲丸，米飲下二十丸。」又

【三〇】諤度其大者不可吞　「不可」，四庫本作「難」。

云：「此藥大《廣記》作「太」。熱，疾平即止。」如其言服之，遂愈。《廣記》卷二百七十八。

江南李令

江南有李令者，累任大邑，假秩至評事。世亂年老，無復宦情，築室於廣陵法雲寺之西，爲終焉之計。嘗夢束草加首，口銜一刀，兩手各持一刀，入水而行，意甚異之。俄而孫儒陷廣陵，儒部將李瓊屯兵於法雲寺，恒止李令家，父事令。及儒死，宣城裨將馬殷、劉建封輩率衆南走，瓊因强令俱行。及殷據湖南，瓊爲桂管觀察使，用令爲荔浦令，則前夢之驗也。《廣記》卷二百七十八。

毛貞輔

僞吴毛貞輔，累爲邑宰，應選之廣陵。夢吞日，既寤，腹猶熱，以問侍御史楊廷式。楊曰：「此夢至大，非君所能當。若以君而言，當得赤烏場官也。」果如其言。《廣記》卷二百七十八。

陸洎

江南陸洎爲常州刺史，不克之任，爲淮南副使。性和雅重厚，時輩推仰之，副使李承嗣與之尤《廣記》，「尤」字在「與」字上。善。乙丑歲案：乙丑，當宋乾德三年。九月，承嗣與諸客訪之，洎從容《廣記》誤作「客」。曰：「某明年此月，當與諸君《廣記》作「客」。别矣。」承嗣問其故，答曰：「吾向夢人以一騎召去【三一】，六字毛本作「一騎兵以召去」。止大明寺西可數里，至一大府署，曰陽明府。入門西序，復由《廣記》作「有」。東向大門下馬，入一室中。《廣記》無「中」字。久之，吏引至階下。門中有二緑衣吏捧一案，案上有書。《廣記》有「有」字。一紫衣秉笏，取書宣云：『洎三世爲人，皆行慈孝，功成業就，宜毛本「就」作「寬」，「宜」作「並」。受此官。可封陽明府侍郎，判九州都監事。來年九月十七日，本府上事。』復以騎送歸，奄然遂寤。靈命已定，不可改矣。」諸客皆默《廣記》作「嘻」。然。至明年九月日，使候其起居。及十六日，承嗣復與向客候之【三二】，《廣記》有「客詣之」三字。謂曰：「明日君《廣記》「君」字在「明」字上。當上事，今何無恙也？」洎曰：「府中已辦，明當行也。」承嗣曰：「吾嘗《廣記》作「常」。以長者重君，今無乃近妖乎？」洎曰：「惟君與我有緣，他日必當卜鄰。」承嗣默然而去。明日遂卒，葬於茱萸灣。承嗣後爲楚州刺史，卒葬於洎墓之北云。《廣記》卷二百七十九。

周延翰

江南太子校書周延翰，性好道，頗修服餌之事。嘗夢神人以一卷書示《廣記》作「授」。之，若道家之經，其文皆七字爲句。惟記其末句云：「紫髯之伴《廣記》作「畔」。有丹砂。」延

【三一】吾向夢人以一騎召去　「騎」後四庫本有一「兵」字。

【三二】承嗣復與向客候之　「向客候之」，談本《廣記》作「向候之客詣之」。

翰瘖而自喜，以爲必得丹砂之效。後《廣記》無「後」字。從事建業，卒葬於吴大帝陵側。無妻子，惟一婢名丹砂。《廣記》卷二百七十九引作《廣異記》，此誤收，當删。

王瞻

處《廣記》作「虔」。化縣令王瞻，罷任歸建業，泊舟秦淮，病甚。夢朱衣吏執牒至曰：「命不敢辭，「君命已【三三】，《廣記》有「盡」字。詔奉召君。」《廣記》「詔」作「今」，無「君」字。瞻曰：「但舟中隘狹，欲寬假之，使得登岸卜居，無所憚也。」吏許諾，以五日爲期，曰：《廣記》無「曰」字。「至期平旦《廣記》作「明」。當來也。」既寤，便能下牀，自出僦舍，營辦凶具，教其子哭踊之節，召六親爲别。至期，登榻安卧，向曙乃卒。《廣記》卷二百七十九。

邢陶

江南大理司直邢陶，癸卯歲夢人告云：「君當爲涇州刺史。」既而爲宣州涇縣令。考滿，復夢其人告云：「宣州諸縣官人來春皆替，而君官誥不到。」邢甚惡之。至明年春罷歸，有薦陶《廣記》作「邢」。爲水部員外郎，牒下而所司失去。復請，二十餘日，竟未拜而卒。《廣記》卷二百七十九。

【三三】君命已　「已」，四庫本作「以」。

第二卷

紫石

晉安有東山，樵人陳某，《廣記》作「氏」。恒見山中有紫光燭天【一】。伺之久，乃見一大鹿，光自口出。設罝捕而獲之。刳其腹，得一紫石，圓瑩如珠，因寶藏之，家自是富。至其孫奢縱好酒，醉而玩其珠，以爲石何能神，因擊碎之，家自是貧矣。《廣記》卷四百四十三。

楊邁

司農卿楊邁，少好畋獵。自云在長安時放鷹於野，遥見草中一兔跳躍【二】，鷹亦自見，即奮往搏之。既至無有，收毛本誤作「妝」。鷹上韝。行數十步，回顧其處，復見其兔。《廣記》無「其」字，「兔」下有「走」字。又搏之，亦不「搏之亦不」四字，《廣記》脱。獲。如是者三。即命大《廣記》無「大」字。芟草以求之，得兔骨一具，蓋兔之鬼也。《廣記》卷四百四十三。曾慥《類説》亦引。

校勘記

【一】有紫光燭天　「紫」，談本《廣記》作「火」。

【二】遥見草中一兔跳躍　「中」，四庫本作「際」。

舒州人

舒州有人入《廣記》脱「入」字。灊山，見大蛇，擊殺之。視之有足，甚以爲異。因負之而《廣記》無「而」字。出，將以示人。遇縣吏數人於路，因告之曰：「我殺此蛇，而有四足。」吏皆不見，曰：「蛇何在【三】？」曰：「在爾前，何故不見？」即棄蛇於地，乃見之。於是負此蛇者皆不見，人以爲怪，乃棄之。按此蛇生《廣記》作「至」。不能自隱其形，死乃能隱人之形，此理有不可窮者。《廣記》卷四百五十九。

賈潭

僞吴兵部尚書賈潭言：其所知爲嶺南節度，《廣記》有「使」字。獲一橘，其大如升，將表獻之。監軍中使以爲非常物，不可輕進，因取鍼微刺其蔕下，乃有蠕蠕四字《廣記》作「乃蠉」二字。而動者。因《廣記》作「命」。破之，中有一小赤蛇，長數寸。《廣記》卷四百五十九。

姚景

僞吴壽州節度使姚景，爲兒時事濠州節度使劉金，給使廄中。金嘗卒行至内，《廣記》作「廄」。見景方寢，有二小赤蛇戲於景面，出入兩鼻中。良久景寤，蛇乃不見。金由是驟

【三】蛇何在　「蛇」，談本《廣記》作「爾」。

加寵擢，妻之以女。卒至大官。《廣記》卷四百五十九。

王稔

僞吴壽州節度使王稔，罷歸揚都，爲統軍。坐廳事與客語，忽有小赤蛇自屋墜地，向稔而蟠。稔令以器覆之，良久發視，惟一蝙蝠飛去。其年稔加毛本作「陞」。平章事。《廣記》卷四百五十九。

安陸人

安陸人姓毛，善食毒蛇，以酒吞之。嘗遊齊魯，《廣記》作「安」。遂至豫章。恒弄蛇於市，以乞丐爲生，《廣記》作「事」。積年十餘【四】。有賣薪者自鄱陽來，宿黄培《廣記》作「倍」。山下，夢老父云：「爲我寄一蛇與江西弄蛇毛生也。」乃至豫章觀步間，《廣記》作「門」。賣薪將盡，有一蛇蒼白色，蟠於船舷【五】，觸之不動。薪者方省向夢【六】，即攜之至市，訪得毛生，因以與之。毛始欲展撥，應手嚙其指，《廣記》作「乳」。毛失聲顛《廣記》作「類」。仆，遂卒。良久即腐壞，蛇亦不知所在。《廣記》卷四百五十九。

【四】積年十餘　「年十」，談本《廣記》作「十年」。
【五】蟠於船舷　「舷」，談本《廣記》作「中」。
【六】薪者方省向夢　「薪」前四庫本有一「賣」字。

食虎

建安《廣記》作「中」。山中人《廣記》「人」字在「山」字上。種粟者，皆構棚於高樹以防虎。嘗有一人方升棚，見一虎垂頭塌尾【七】，過去甚速。俄有一獸，如虎而稍小，躡前虎而去。遂聞竹林中哮吼震地，久之乃寂【八】。明日往視，其虎被食略盡，但存少骨。《廣記》卷四百三十二。

鞭《廣記》作「青」。牛

京口居人晚出，見《廣記》「見」在「上」下。江上石公山下有二青牛，腹青背赤，《廣記》作「腹嘴皆紅」。戲於水濱。一白衣老翁，長可三丈，執鞭於其旁。久之，翁回顧見人，即鞭二牛入水。翁即跳躍而上，倏忽漸長，一舉足，徑上石公山頂，遂不復見。《廣記》卷四百三十四。

王姥目録作「王氏老嫗」。

廣陵有王《廣記》有「氏老」二字。姥，病數日，忽謂其子曰：「我死，必生某《廣記》無「某」字。西溪浩氏爲牛。子當尋而贖我，腹下有王字是也【九】。」頃之遂卒。其《廣記》無「其」字。西溪者，海《廣記》作「廣」。陵之西地名也。其民浩氏生牛，腹有白毛，成王字。其子尋而得

【七】垂頭塌尾　「尾」，談本《廣記》作「耳」。

【八】久之乃寂　「寂」，談本《廣記》作「息」。

【九】子當尋而贖我腹下有王字是也　「尋而贖我腹下」，四庫本作「贖之而我腹」。

之，以束帛贖之以歸。《廣記》卷四百三十四。「以歸」作「而去」。

陳璋

淮南統軍陳璋，加平章事，拜命于朝。李昪毛本誤作「昇」，下同。時執政，謂璋曰：「吾將詣公賀，且求一女婿於公家。公其先歸，吾將至。」璋馳一赤驥而去，中路馬蹶而墜。頃之昪至，璋扶疾而出，昪坐少選即去。璋召馬數之曰：「吾以今日拜官，又議親事，爾乃以是而墜我。畜生，不忍殺汝【一〇】。」使牽去，勿與芻秣，餓死之。是夕，毛本誤作「以」。圉人竊秣之，《廣記》「秣之」作「具芻粟」三字。馬視之而已，達旦不食芻。《廣記》無「芻」字。如是累日，圉人以告璋。復召數之曰【一一】：「爾既知罪，吾赦爾。」馬跳躍而去，是夕乃飲食如故【一二】。璋後出鎮宣城，罷歸而薨。旬月之中【一三】，馬亦悲鳴而死。《廣記》卷四百三十五。

吴宗嗣

軍使吴宗嗣者，嘗有某府吏《廣記》作「父吏某」。從之貸錢二十萬，月計利息。一年後，不復肯還，求索不可得。宗嗣怒，召而責之曰【一四】：「我前世負爾錢，我今還矣。爾負我，當作驢馬還我。」因焚券而遣之。逾年，宗嗣獨坐廳事，忽見吏白衣而入【一五】，曰：「某來還債。」宗嗣曰：「已焚券，何用《廣記》作「爲」。復償？」《廣記》作「來」。吏不答，徑入廄

【一〇】不忍殺汝　「殺汝」，談本《廣記》作「即殺」。

【一一】復召數之曰　「數」，談本《廣記》作「語」。

【一二】是夕乃飲食如故　「食」，談本《廣記》作「饘」。

【一三】旬月之中　「月」，四庫本作「日」；「之中」，兩字談本《廣記》無。

【一四】召而責之曰　「責」，談本《廣記》作「數」。

【一五】忽見吏白衣而入　「入」，談本《廣記》作「至」。

中。俄而廄人報馬生白駒。使詣吏舍詰之，云死已翌日矣【一六】。」駒長，賣之，正得所負錢數【一七】。《廣記》卷四百三十六。

孫漢威

江南神武軍使孫漢威廄中有馬，遇夜輒尾上放光，狀若散火，群馬驚嘶。《廣記》「驚」作「皆」，「嘶」下有「鳴」字。漢威以爲妖，拔劍斬之。數月，除盧州刺史。《廣記》卷四百三十六。

唐道襲

王建稱尊於洛【一八】，《廣記》作「蜀」。其嬖臣唐道襲爲樞密使。夏日在家，會大雨，其所蓄貓戲水於簷溜下。道襲視之，稍稍而長，俄而前足及簷，忽《廣記》有「爾」字。雷雹《廣記》作「電」。大至，化爲龍而去。《廣記》卷四百四十。

鬻醯者《廣記》作「賣醋人」。

建康曾慥《類説》作「昌」。有鬻醯者《廣記》作「賣醋人」。某，蓄一貓，甚俊健，愛之甚。辛亥歲案：辛亥，當南唐保大九年。六月，貓死，某不忍棄，猶置坐側。數日腐且臭，不得已攜棄秦淮中。既入水，貓乃活，某《廣記》有「自」字。下救之，遂溺死。而貓登岸走，金烏鋪吏曾慥《類説》

【一六】使詣吏舍詰之云死已翌日矣　「詰」，談本《廣記》作「問」；「死已翌日矣」，談本《廣記》作「翌日已死矣」。

【一七】正得所負錢數　「所負錢數」，談本《廣記》作「吏所欠錢」。

【一八】王建稱尊於洛　「洛」，四庫本作「蜀」，應是。

作「金吾吏」。獲之，綆而鐍之四字《廣記》作「縛置」二字。鋪中，鏁其户，出白官司，將以其貓爲證。既還，則已斷索【一九】，齧壁而去，竟不復見。《廣記》卷四百四十。曾慥《類説》亦引。

建康人

建康人方食魚，棄魚頭於地。俄而壁下地穴中有人乘馬，鎧甲分明。人《廣記》作「大」。不盈尺，手執長槊，徑刺魚頭，馳入穴去。如是數四。即掘地求之，見數大鼠，魚頭在焉。惟有箸一隻，了不見甲馬之狀。無何，其人卒。《廣記》卷四百四十。

盧嵩

太廟齋廊盧嵩所居釜鳴，竈下有鼠如人哭聲，因祀竈。竈下有五大鼠，各如方色，盡食所祀之物，復入竈中。其年嵩選《廣記》無「選」字。補興化尉，竟無《廣記》「怪」上有「他」字。怪。《廣記》卷四百四十。

柴再用

龍武統軍柴再用，嘗在廳事，凭几獨坐。忽有《廣記》有「一」字。鼠走至庭下，向再用拱《廣記》有「手而」二字。立，如欲拜揖之狀。再用怒呼左右，左右皆不至，即自起逐之，鼠乃去。

【一九】則已斷索　「斷」後談本《廣記》有一「其」字。

而廳屋梁折，所坐牀几盡壓糜碎。再用後爲盧鄂宣三鎮節度使，卒。《廣記》卷四百四十。

蘇長史

蘇長史者，將卜居京口。此宅素凶，妻子諫止之。蘇曰：「爾惡此宅，吾必獨住。」始宿之毛本「之」作「二」。夕，有三十餘人，皆長尺餘，道士冠，衣《廣記》「衣」字在「道」字上。褐，來謁蘇曰：「此吾等所居也，君必速去，不然禍及。」《廣記》作「及禍」。蘇怒，持杖逐之，皆走入宅後竹林中而没。即掘其處，獲白鼠三十餘頭，皆殺之。三字《廣記》無。宅不復凶矣。《廣記》卷四百四十。

盧樞

侍御史盧樞言：其親爲建州刺史【二〇】，嘗《廣記》無「嘗」字。暑夜獨居《廣記》作「出」。寢室，望月於中《廣記》無「中」字。庭。既《廣記》作「始」。出户，忽聞堂西階下若有人語笑聲，躡足窺之，見七八白衣人，長不盈尺，男女雜坐飲酒，几席什《廣記》作「食」。器，皆具而微。獻酬久之，席中一人曰：「今夕甚樂，但白老將至，奈何？」因歎吒。《廣記》無「吒」字。須臾，坐中皆突《廣記》作「哭」。入陰溝中，遂不見。後數日，《廣記》無「數日」二字。罷郡。新政家有貓，名白老。既至，白老自《廣記》作「穴」。堂西階地中獲《廣記》有「白」字，「七八」下有「枚」字。鼠七八，

【二〇】其親爲建州刺史　「親」，四庫本作「昔」。

皆殺之。《廣記》卷四百四十。曾慥《類説》亦引。

豫章中官

天福《廣記》作「復」。案：晉天福五年係庚子，《廣記》作「天復」者是。唐天復祇三年，四年甲子四月改元爲天祐元年。甲子歲，豫章居人近市者，夜恒聞街毛本作「階」。中若數十人語聲，向市而去，就《廣記》作「視」。則無人。如是累夜，人皆惴恐，夜不能寐。頃之，詔《廣記》誤作「紹」。盡誅閹官。豫章所殺凡五十餘，驅之向市，聚《廣記》作「驟」。語喧豗，《廣記》作「噪」。如前所聞。《廣記》卷三百五十三。

青州客

朱梁時，青州有賈客，泛海遇風，漂至一處，遠望有山川城郭。海師曰：「自頃遭風者，未嘗至此。吾聞鬼國在是，得非此耶！」頃之，舟至岸，因登之，《廣記》作「岸」。向城而去。其廬舍田畝，皆如《廣記》「皆如」作「不殊」。中國。見人皆揖之，而人皆不應。《廣記》作「見」。已至城，有守門者，揖之亦不應。入城，屋毛本無「屋」字。室人物殷富【一一】，《廣記》無「富」字。遂至其《廣記》無「其」字。王宫。正值大宴群臣，侍宴者數十【一二】，其衣冠器用、絲竹陳設之類，多如《廣記》作「類」。中國。客因升殿，俯逼王座以窺之。俄而王《廣記》有「有」字。

【一一】屋室人物殷富　「屋」，四庫本作「宫」；「物」後四庫本有一「皆」字。

【一二】侍宴者數十　「十」後四庫本有一「人」字。

疾，左右扶還，亟召巫者視之【二三】。巫云：「有陽地使《廣記》無「使」字。人至此，陽氣逼人，故王病。其人偶來爾，無心爲祟，以飲食車馬謝遣之可矣。」即具酒食，設坐於别室，王《廣記》作「巫」。及其群臣《廣記》有「皆」字。來祀祝。客據案而食。俄有僕室《廣記》作「夫」。馭馬而至【二四】，客亦乘馬而歸。至岸登舟，國人竟不見。《廣記》有「已」字。復遇便風，得歸。時賀德儉爲青州節度，與魏博節度楊思厚有親【二五】，因遣此客使魏，具爲思厚言之。魏人范宣古親聞其事，至《廣記》無「至」字。爲余言。《廣記》卷三百五十三。

周元樞

周元樞者，睢陽人，爲平盧掌書記，《廣記》有「寄」字。居臨淄官舍。一夕將寢，忽有車馬輜重甚衆，扣門。吏《廣記》作「使」。報曰：「李司空候謁。」元樞念親知輩皆無此人，因自思：「必鄉曲之舊，吾不及知矣。」因出見之【二六】。延坐，請問其所從來。曰：「吾新移家至此【二七】，《廣記》作「吾亦新家至此」。未有所止，求君《廣記》作「居」。此宅可矣。」《廣記》無「可矣」二字。元樞驚曰：「何至是？」對曰：「此吾之舊宅也。」元樞曰：「吾從官至此，相傳云書記之公署也，君何時居此？」曰：「隋開皇中嘗居之。」《廣記》有「元」字。樞曰：「若爾，君定是鬼耶！」曰：「然。地府許我立廟於此，故請君移去爾。」元樞不可，曰：「人不當與鬼相接，豈吾將死，故君得臨吾《廣記》「臨吾」作「淩我」。耶！雖然，理不當以此宅授君。吾

【二三】亟召巫者視之　「視」原作「示」，據談本《廣記》、四庫本改。

【二四】俄有僕室馭馬而至　「室」，四庫本無。

【二五】與魏博節度楊思厚有親　「思」，談本《廣記》作「師」，下同。

【二六】因出見之　「因」，談本《廣記》、四庫本作「即」。

【二七】吾新移家至此　「家至」，四庫本作「居於」。

雖死，必與君訟。」因召妻子曰：「我死，必多置紙筆於棺中，將與李君對訟。」即具酒與之飲，相酬數百杯，詞色愈厲。客將去，復留之。良久，一蒼頭來云：《廣記》有「夫人傳語」四字。「司空，周書記木石□《廣記》不空格。人也【二八】，安可與之論難，自取困哉【二九】！」毛本「困哉」二字誤作「因別」。客於是辭謝而去，送之出門，倏忽不見。元樞竟無恙。《廣記》卷三百五十三。

朱延壽

壽州刺史朱延壽，末年浴於室中，窺見窗外有二人，皆青面朱髮青衣，手執文書。一人曰：「我受命來取。」一人曰：「我亦受命來取。」一人又曰：「我受命在前。」延壽因呼侍者，二人即滅。侍者至，問外有何人，皆云無人。俄而被殺。《廣記》卷三百五十三。

秦進忠

天祐丙子歲，案：天祐，爲吳之年號。鉉生於是年，曾仕吳爲校書郎。浙西軍士周交作亂，殺大將秦進忠、張胤凡十餘人。進忠少時，嘗怒一小奴，刃貫心，殺而并埋之。末年恒見此奴，捧心而立，始於百步之外【三〇】，稍稍而近。其日將出，乃在馬前，左右皆見之。《廣記》有「而」字。入府，《廣記》有「又」字。遇亂兵傷胸而卒。張胤前月餘，每聞呼其姓名者，《廣記》無「者」字。聲甚清越，亦稍稍而近。其日若在對面，入府而斃。《廣記》卷三百五十三。「而斃」作「皆斃矣」。

【二八】周書記木石□人也　「木石口」，四庫本作「本正直」。

【二九】自取困哉　「哉」，談本《廣記》作「殆」。

【三〇】始於百步之外　「於」，四庫本作「見」。

望江李令

望江李令者，罷秩居舒州。有二子，甚聰慧。令嘗飲酒暮歸，去家數百步，見二子來迎，即共擒而毆之。令驚《廣記》有「大」字。怒大呼，而遠方人絶，竟無知者。且行且毆，將至家，二子皆卻走而去。及入門，二子復迎于堂下。問之，皆云未嘗出門。後月餘，令復飲酒于所親家，因具白其事，請留宿，不敢歸。而其子恐其父《廣記》作「及」。暮歸，復爲所毆，即俱往迎之。及至《廣記》無「至」字。中途，見其父怒曰：「何故暮出？」即使從者擊之，困毛本作「因」。而獲免。明日令歸，益駭其事。不數月，父子皆卒。郡人云：「吾《廣記》無「吾」字。舒有山鬼，善爲此厲。」蓋黎邱之徒也。《廣記》卷三百五十三。

建康樂人

建康有樂人，日晚如市，見二僕夫云：「陸判官召。」隨之而去。至一《廣記》無「一」字。大宅，陳設甚嚴，賓客十餘人，皆善酒，惟毛本誤作「諱」。飲酒而不設毛本脱「不」字，「設」誤作「説」。食，酒亦不及樂人。向曙而散。樂人困甚，因卧門外牀上。及《廣記》作「既」。寤，乃在草間，旁有大塚。問其里人，云相傳陸判官之塚，不知何時人也。《廣記》卷三百五十三。

黄廷讓

建康吏黄廷讓，嘗飲酒於親家。迨夜而散，不甚醉，而《廣記》「而」字在「然」字下。怳然身浮，飄飄而行，不能自致【三一】。《廣記》作「制」。行可十數里，至一大宅，寂然無人，堂前有小房【三二】，房中有牀。廷讓困甚，因寢牀上。及寤，乃在蔣山前草間，踰重城複毛本作「復」。塹矣。因恍惚得疾，歲餘乃愈。《廣記》卷三百五十三。

張瑗

江南内臣張瑗，日暮過建康新橋，忽見一美婦《廣記》無「婦」字。人，袒衣猖獗而走。瑗甚訝，諦視之。婦人忽爾回顧，《廣記》作「頭」。化爲旋風撲瑗。瑗馬倒傷面，月餘乃復。初，馬既起，乃提毛本作「踶」。一足，跛行而歸。自是每過此橋，馬輒提一足而行，竟亦無他怪禍。《廣記》卷三百五十三。無「亦」字「禍」字。

婺源軍人妻

丁酉歲，案：丁酉，當南唐昇元元年。婺源建威軍人，曾慥《類説》引作「建安有人」。妻死，更娶。其後妻虐遇前妻之子過甚，夫不能制。一日，忽見亡妻自門而入，大怒後妻曰：「人誰無

【三一】不能自致　「致」，四庫本作「制」。

【三二】堂前有小房　「有」後談本《廣記》有一「一」字。

死，孰無母子之情，乃虐我女兒如是耶【三三】？吾比訴於《廣記》作「與」。地下所司，今與我假十日，使我誨汝。汝遂不改，必能殺君。」夫毛本誤作「矣」。妻皆恐懼再拜，即爲具酒食。便《廣記》作「遍」。召親黨鄰里【三四】，問訊敘語《廣記》作「話」。如常。他人但聞其聲，惟夫妻《廣記》無「妻」字。見之。及夜，爲設榻別室，夫欲從之宿，不可。滿十日，將去，復責詈《廣記》作「勵」。其後妻，言甚切至。舉家親族共送，至墓《廣記》有「去墓」二字。百餘步，曰：「諸人可止矣。」復慇懃辭訣而去。將及柏林中，遂入。《廣記》無「遂入」二字，有「諸」字。人皆見之，衣服容色如平生，及墓乃沒【三五】。建威軍使汪延昌言如是。《廣記》卷三百五十三。曾慥《類說》亦引。

陳德遇

辛亥歲，案：辛亥，當南唐保大九年。江南僞右藏庫官陳居讓，字德遇，直宿庫中。其妻在家，五更初，忽夢二吏，手把文書，自門而入，問：「此陳德遇家耶？」曰：「然。」「德遇何在？」曰：「在庫中。」吏將去，妻追呼之，曰：「家夫字德遇耳。有主衣庫官陳德遇者，家近在東西《廣記》無「西」字。曲。」二吏相視而嘻曰：「幾誤。」《廣記》有「矣」字。遂去。爾毛本作「彌」。日，德遇晨起如廁，乃自云有疾，還臥良久，遂卒。二人並居冶《廣記》作「治」。城之西。《廣記》卷三百五十三。

【三三】乃虐我女兒如是耶　「女兒」，談本《廣記》作「兒女」。

【三四】便召親黨鄰里　「便」，四庫本作「遍」。

【三五】及墓乃沒　「乃」，四庫本作「而」。

廣陵吏人

廣陵吏姓趙，當暑，獨寢一室。中夜，忽見大黄衣人自門而入，從小黄衣七八，《廣記》作「人」。謂己曰：「處處尋不得，乃在此耶！」叱起之，曰：「可以行矣。」一黄衣前白《廣記》無「白」字。曰：「天年未盡，未可遽行，宜有以記之可也。」大人即探懷出《廣記》有「一」字。印，印其左臂而去。及明視之，印文著肉，字若古篆。識其下，右若「先」字，左若「記之」【三六】，其上不可識。趙後不知所終。《廣記》卷三百五十三。

田達誠

廬陵有賈人田達誠，富於財業，《廣記》無「業」字。頗以周給爲務。治第新成【三七】，有夜扣門者，就視無人。如是再三，因呵《廣記》作「呼」。問之：「爲人耶？鬼耶？」良久答曰：「實非人也。比居龍泉，舍爲暴水所漂，《廣記》作「毁」。求寄君家。治舍畢，乃去耳。」達誠不許，曰：「人豈可與鬼同居耶？」對曰：「暫寄居耳，無害於君。且以君義氣聞於鄉里，故告耳。」達誠許之，因曰：「當止我何所？」達誠曰：「惟有廳事耳？」即《廣記》有「拜」字。辭謝而去。數日復來，曰：「吾《廣記》脱「曰」字，「吾」誤作「君」。家已至廳中，亦無妨君賓客。《廣記》脱「客」字。然亦《廣記》作「可」。嚴整家中《廣記》無「中」字。人慎火【三八】，萬一不虞，《廣記》

【三六】左若記之　「之」，四庫本作「字」。

【三七】治第新成　「成」原作「城」，據談本《廣記》、四庫本改。

【三八】家中人慎火　此句四庫本作「家人謹慎火燭」。

作「意」。或當云吾等所爲也。」達誠亦虛其廳以付《廣記》作「奉」。之。達誠嘗爲詩，鬼忽空中言曰：「君乃能詩耶？吾亦嘗好之，可唱和耳。」《廣記》作「乎」。達誠即具酒，置紙筆於前，談論無所不至。衆目視之，酒與紙筆儼然不毛本脱「不」字。動，試暫迴顧，則酒已盡，字已著紙矣【三九】。前後數十《廣記》無「十」字。篇，皆有意趣，《廣記》作「義」。筆迹勁健作柳體。或問其姓字，曰：「吾儻言之，將不益於主人，可詩以寄言也。」《廣記》作「之」。乃賦詩云：「天然與我亦《廣記》作「一」。靈通，還與人間事不同。要識吾家真姓字，大字《廣記》「大」字作「天地」。南頭一段紅。」衆《廣記》有「亦」字。不喻《廣記》作「諭」。也。一日，復告曰：「吾有少子，婚樟樹神女，以某日成禮【四〇】，復欲借君後堂三日，以幕帷《廣記》作「圖」。之。三日，復謝曰：「吾事訖矣，還君此堂。主人之恩，可謂至矣。然君家老婢，某可笞一百也。」達誠辭謝，即《廣記》無「即」字。召婢笞數下。鬼曰：「使之知過，可止矣。」達誠徐問其婢，云：《廣記》作「言」。「曾穴幕竊視，見賓客男女，厨膳花燭，與人間不殊。」後歲餘，乃辭謝而去。達誠以事至廣陵，久之不歸，其家憂之。鬼復至，曰：「君家憂主人耶？吾將省之。」翌《廣記》作「明」。日乃還，曰：「主政《廣記》作「人」。在揚州，《廣記》作「子」。甚無恙，行當歸《廣記》誤作「鬼」。矣。新納一妾，與之同寢，吾燒其帳後幅以戲之耳。」大笑而去。達誠歸，問其事皆同。後至龍泉，訪其居，亦竟不獲。《廣記》卷三百五十四。

【三九】字已著紙矣　「已」，談本《廣記》作「亦」。

【四〇】以某日成禮　「以」上談本《廣記》有一「將」字。

第三卷

徐彥成

軍吏徐彥成，恒業毛本誤作「主」。市木。丁亥歲，案：丁亥，當唐天成二年。往信州汭口場，無木可市，泊舟久之。一日晚，有少年從二僕往來岸側，狀若訪人而不遇者。彥成因延入舟中，爲設酒席，賓禮《廣記》作「敬」。之，少年甚媿焉。將去，謝曰：「吾家近此數里別業中，君今肯辱枉四字《廣記》作「旦日能辱」。顧乎？」彥成許諾，明日乃往。行里餘，有僕馬來迎，奄至一大宅，門館甚盛。少年出延客，酒膳豐備，從容久之。彥成因言住此久，無木可市。少年云：《廣記》作「曰」。「吾有木在山中，明當令出也。」居一二日，果有杉《廣記》作「材」。木大至，良而價廉。市易既畢，往辭【一】。少年復出大杉板四枚，曰：「向之木吾所賣，今以此贈君，至吳當獲善價【二】。」二字《廣記》作「菩提」。彥成回，始至秦淮，會吳帥殂，納杉板爲棺，以求《廣記》作「爲」。材之尤異者，獲錢數十萬。彥成廣《廣記》作「大」。市珍玩，復往汭口，以酬少年，《廣記》有「少年復」三字。更與交易於市。三往返，六字《廣記》作「如是三往」四字，下有「頗」字。獲其《廣記》無「其」字。厚利。間一歲復往，但見《廣記》「往但見」三字作「詣之」二字。村落

校勘記

【一】往辭　「辭」後談本《廣記》有「少年」二字。

【二】至吳當獲善價　「善價」，談本《廣記》作「倍蓰」。

如故，了無所見。詢《廣記》作「訪」。其里中，竟無能知《廣記》無「之」字。之者。《廣記》卷三百五十四。

周潔

霍邱令周潔，甲辰歲罷任，客遊淮上。時民大饑，逆旅殆絶，投宿無所。升高而望，遥見村落煙火，趨而詣之。得一村舍，扣門久之，一女子出應門，告以求宿。女子曰：「家中饑餓，老幼皆病，愧《廣記》無「愧」字。無以延客，止《廣記》作「至」。中堂一榻可矣。」遂入之，女子侍立於前。少頃，其妹復出，映婦《廣記》作「姊」。而立，不見其面。潔自具食，取餅二枚，以與二女，持之入室。閉關而聽，《廣記》作「寢」。悄無人聲【三】，潔方竦《廣記》「方」作「亦」。然而懼。向曉將去，使《廣記》作「便」。呼二女告别，《廣記》作「之」。了無聲應者。因壞户而入，乃見積屍滿屋，皆將枯朽。惟女子死未《廣記》作「可」。旬日，其妹面目已枯矣【四】，二餅猶置胸上。潔後皆爲瘞之【五】。《廣記》卷三百五十四。「之」字下有「云」字，毛本同。

楊副使

壬午歲，案：壬午，爲梁龍德二年，吴順義二年。廣陵瓜州市中，有人市果實甚亟。《廣記》作「急」。咸《廣記》作「或」。問所用，云：「吾長官明日上事。」又《廣記》作「有」。問長官爲誰，云：「楊副使也。」又問官署何在，又《廣記》無「又」字。云：「金山之東。」遂去，不可復問。時浙

【三】閉關而聽悄無人聲　「關」，四庫本作「門」；「無人」，四庫本作「然無」。

【四】其妹面目已枯矣　「目」，四庫本作「色」。

【五】潔後皆爲瘞之　「後」，談本《廣記》無。

西有楊《廣記》無「楊」字。副使，被召之揚都，《廣記》有「明日」二字。船至金山，無故而没。《廣記》卷三百五十五。

僧珉楚

廣陵法雲寺僧珉楚，嘗《廣記》作「常」。與中山賈人章某者親熟。章死，珉楚爲設齋誦經。數月，忽遇章於市中，楚未食，章即延入食店，爲置胡餅。既食，楚問：「君已死，那得在此？」章曰：「然。吾以小罪，《廣記》有「而」字。未得辭脱，《廣記》「脱」作「免」。今死《廣記》作「配」，曾慥《類説》同。爲揚州掠剩兒。」《廣記》作「鬼」，曾慥《類説》同。復問：「何謂掠剩？」曰：「凡市《廣記》誤作「吏」，曾慥《類説》與此同。人賣《廣記》作「賈」，曾慥《類説》作「買」。販，利息皆有常《廣記》無「常」字。數。過數得之，《廣記》有「即」字。爲掠《廣記》作「餘」。剩，吾得而掠有之。今人間如吾輩甚多【六】。」因指路人男女曰：「某人某人皆是也。」頃之，有一僧過於前，又曰：「此僧亦是也。」因召至，與語良久，僧亦不見楚也。頃之，相與南行。遇一婦人賣花，章曰：「此婦人之花，《廣記》無「之花」二字。亦鬼所買，《廣記》作「賣」。花亦鬼用之，人間無所用《廣記》作「見」。也。」章即《廣記》作「則」。出數錢買之以贈楚，曰：「凡見此花而笑者，皆鬼也。」即告辭而去。其花紅色《廣記》作「芳」。可愛而甚重，楚亦昏然而歸。路人見花，頗有笑者。至寺毛本誤作「是」。北門，自念：「我與鬼同遊，復持鬼物，《廣記》作「花」，下有「亦」字。不可！」即將花擲溝水

【六】今人間如吾輩甚多　「間」，四庫本作「世」。

中。七字《廣記》作「即擲花溝中濺水有聲」。曾慥《類説》同。既歸，有《廣記》無「有」字。同院人覺其面《廣記》無「面」字。色甚異，以爲中惡，競持湯藥以救之。良久乃復，且《廣記》作「具」。言其故。因相與覆視其花，乃一死人手也。楚亦無恙。《廣記》卷三百五十五。曾慥《類説》亦引。

陳守規

軍將陳守規者，嘗坐法流信州，寓止公館。館素凶，守規始至，即鬼物晝見，奇形怪狀，變化倏忽。守規素剛猛，親持弓矢刀仗與之鬬。久之，乃空中語曰：「吾鬼神，不欲與人雜處。《廣記》作「居」。君既堅貞，《廣記》作「正」。願以兄事可乎？」守規許之。自是嘗《廣記》作「常」。與交言，有吉凶輒先報。或求飲食，與之輒得錢物。既久，頗爲厭倦，因求方士手書章疏，奏之上帝。翌日，鬼乃大罵曰：「吾與君爲兄弟，奈何上章疏《廣記》作「訴」。我？大丈夫結交當如是耶！」守規曰：「安得《廣記》有「有」字。此事？」即於空中擲下章疏，紙墨《廣記》作「筆」。宛然。鬼《廣記》無「鬼」字。又曰：「君圖我居處，謂我無所止也。吾今往蜀川，亦不下於此矣。」由是遂絶。《廣記》卷三百五十五。

廣陵賈人

廣陵有賈人，以柏木造牀，凡什物百餘事【七】，製作甚精，其費已二十萬。載之建康，

【七】凡什物百餘事　「物」，談本《廣記》作「器」。

賣以求利。晚至瓜步，微有風起，因泊山下。頃之，有巨舟，其中空，惟篙工三人乘之，亦泊於其側。賈人疑之，相與議：「此必群盜也，將伺夜而劫我。」前浦既遠，風又益急，逃避無地，《廣記》作「所」。夜即相與登岸，深《廣記》有「林中以」三字。避之。俄而風雨雷電，蒙覆舟所，岸上則星月皎《廣記》作「了」。然。食頃，雨止雲散，見巨艘《廣記》作「舟」。稍稍前去，乃敢歸。舟中所載柏牀《廣記》作「木」。什器，都不復見，餘《廣記》誤作「余」。物皆在。巨舟猶在東岸，有人呼曰：「爾無恨，當還爾價直。」《廣記》無「直」字。賈人所載既失，復歸廣陵。至家，已有人送錢三十萬，置之而去。問其故【八】，《廣記》作「人」。即泊瓜步之明日也。《廣記》卷三百五十五。

浦城人

浦城人少死於路，家有金一斤，其婦匿之【九】，不聞於其姑。逾年，忽夜扣門，號哭而歸。其母驚駭，相與哀慟曰：「汝真死耶？」曰：「兒實已死，有不平事，是以暫歸。」因坐母膝，言語如《廣記》有「平」字。生，但手足冷如冰耳。因起握刀，責其妻曰：「我死有金，爾何以《廣記》無「以」字。不供《廣記》有「老」字。母，乃《廣記》作「而」。自藏耶？」即往《廣記》作「欲」。殺之。其母曰：「汝已死矣，儻殺爾妻，《廣記》「爾妻」作「是人」。必謂我《廣記》作「吾」。所殺也。」於是哭辭母而去。復自提刀，送其妻歸母《廣記》「歸母」作「還父」。家。迨曉，及門「門」字

【八】問其故　「故」，談本《廣記》作「日」。

【九】其婦匿之　「婦」，談本《廣記》、四庫本作「妻」。

毛本脱。數十步【一〇】，忽然不見。《廣記》卷三百五十五。曾慥《類説》亦引。

劉道士

廬山道士劉某，將遊南嶽，路出宜春，宿一村家。其主《廣記》作「家」。至貧，復喪一《廣記》作「其」。子，未有以殮。既夕，忽有一男子行哭而來，但撫膺而號《廣記》作「呼」。曰：「可惜！可惜！」劉出視之，見面白如雪，梳兩髽髻者，《廣記》「梳」作「作」，「髻」作「結」，下無「者」字。徑入其家，負屍而去，《廣記》作「負其屍去」。莫知所之。《廣記》卷三百五十五。

清源都將

清源《廣記》有「郡」字。人楊某，爲本郡防遏營副將【一一】，有大毛本作「空」。第在西郭。侵《廣記》作「某」。晨趨府未歸，家人方食，忽有一鵝，負紙錢自門而入，徑詣西郭《廣記》作「廊」。房中。家人云：「此鵝自神祠中來耶？」令其《廣記》「令其」作「乃令」。奴逐之。奴入房，但見一雙髻白鬚老翁，家人莫不驚走。某歸，聞之怒，持杖擊之。鬼出没四隅，變化倏忽【一二】，杖莫能中。某益怒曰：「食訖，當復來擊殺《廣記》作「杖」。之。」鬼乃折腰而前，曰【一三】：「諾。」楊有女二，《廣記》「女二」作「二女」。長女入厨切肉具《廣記》作「且」。食，肉落碪輒失去。女執刀白父《廣記》「白父」作「向空」。曰：「碪下《廣記》「曰碪下」作「四斫乃」。露一大黑

【一〇】及門數十步　「及門」，四庫本作「行」。

【一一】清源人楊某爲本郡防遏營副將　「人」，談本《廣記》作「都將」；「郡」，四庫本作「部」。

【一二】變化倏忽　「變化」，談本《廣記》作「往還」。

【一三】鬼乃折腰而前曰　「曰」原作「口」，據談本《廣記》改。

毛手，曰：『請斮！』」女走，氣殆絶，因而成疾。次女於大甕中取鹽，有一猴自甕突出，上女之背。女走至堂前，復失之，亦成疾。乃召巫立壇治之。鬼亦立壇作法，愈盛于毛本誤作「餘」。巫【一四】。巫不能制，亦懼而去。頃之，二女及妻皆卒。後有善作魔法者，名曰明教，請爲持經一宿。鬼乃唾駡某而去，因而《廣記》誤作「爾因」。遂絶。某其年亦卒。《廣記》卷三百五十五。

王諷妻

王諷者，南安縣大盆《廣記》作「盈」。村人也。妻林氏忽病，有鬼憑之，言：「我陳九娘也，以香花祠我，當有益於主人。」諷許之，乃呼林爲阿姐，爲人言禍福多中。半歲餘《廣記》作「餘歲」。乃見形，自腰已下見。爲《廣記》「見」上有「可」字，無「爲」字。人未嘗來者，亦不見也，但以言語相接。鄉人有召者，不擇遠近，與林偕往。人有祭祀，但具酒食，陳氏自召神名，祝詞明惠，聽者亡《廣記》作「忘」。倦，林拱坐而已。二年間，獲利甚溥。《廣記》作「博」。一旦，忽悲泣謂林曰：「我累生爲人女，年未及笄而夭。問《廣記》作「聞」。於地府，乃前生隱瞞《廣記》作「没」。阿姐錢一《廣記》作「二」。十萬，故主者令我爲神，以償此錢訖，即生爲男子而獲壽。今酬已足，請置酒爲别。」乃盡見其形，容質端媚，言詞婉轉，《廣記》脱「轉」字。慇懃致謝，嗚咽云：「珍重！珍重！」遂不復《廣記》無「復」字。見。《廣記》卷三百五十五。

【一四】愈盛于巫　「盛」，談本《廣記》作「甚」。

林昌業

林昌業者，《廣記》無「者」字。漳浦人也。博覽典籍，精究術數。性高雅，人不可干。嘗爲泉州軍事衙推。年七十餘，退居本郡龍溪縣羊額山之陽，鄉里宗敬之。有良田數頃，嘗欲舂穀爲米，載詣州貨之，工力未集。忽有一《廣記》「一」字作「雙髻」二字。男子，年可三十，髭《廣記》作「鬚」。髯甚長，來詣林。林問何人，但微笑唯唯不對。林知其鬼物，令家人食之，致飽而去。翌日，忽聞倉下有《廣記》無「有」字。礱穀聲，視之，乃昨日男子取穀礱之。《廣記》有「而」字。林問：「無故辛苦？」而《廣記》作「耶」。鬼亦笑不言。復置豐饌飯蔬而已。凡月餘，礱穀不輟，鬼復自斗量，得米五十餘石，拜辭而去。卒無一言，不復再《廣記》無「再」字。來矣。《廣記》卷三百五十五。

潘襲

潘襲爲建安令，曾慥《類説》作「晉安令」。遣一手力齎牒下鄉，有所追攝。手力新受事，未嘗行此路。至夕，道左有草舍，扣門求宿。其家惟一婦人應門，云：「主人不在，又將移居，無暇延客也。」手力以道遠多虎，苦《廣記》疊「苦」字。求之，婦人即召入門側，席地而寢。婦人結束箱篋什器六字曾慥《類説》作「結草束箱篋」五字。之類，達旦不寐。手力向曉辭去，行數里，乃覺失所齎牒，復返求之。宿處乃《廣記》有「是」字。一墳，方見其家人改葬。及開棺，席下得一書，即所失公《廣記》作「之」。牒也。《廣記》卷三百五十五。曾慥《類説》亦引。

胡澄

池陽人胡澄，傭耕以自給。妻卒，官給棺以葬，其平生服飾，悉附棺中。後數年，澄偶至市，見列肆賣首飾者，熟視之，乃妻送葬物也。問其人，云一婦人寄於此，約某日來取。澄如期復往，果見其妻取直而去。澄因躡其後，至郊外及之。妻曰：「我昔葬時，官給口具【一五】，《廣記》作「秘器」，曾慥《類説》作「兇器」。雖免暴骨，然至今爲所司督責其直。計無所出，賣此以償之耳。」言訖不見。澄遂爲僧焉。《廣記》卷三百五十五，無「焉」字。曾慥《類説》亦引。

王攀

高郵縣醫士《廣記》作「工」。王攀，鄉里推其長者【一六】。恒往來廣陵城東，每數月輒一直縣。自念明日當赴縣，今夕即欲出東水門，夜泛小舟，及明可至。既而乃《廣記》無「乃」字。與親友飲於酒家，不覺大醉，誤出參佐門，投一村舍宿。向曉稍醒，東壁有燈而不甚明，仰視屋室，知非常宿處。因獨歎曰：「吾明日須至縣，今在何處《廣記》作「所」。也！」久之，乃聞其内躡履聲，有婦人隔壁問曰：「客將何之？」因起辭謝曰：「欲之高郵，醉中誤至於

【一五】官給口具　「口」，四庫本作「棺」。

【一六】鄉里推其長者　「其」，四庫本作「以」。

是【一七】。」婦曰：「此非高郵道也。吾《廣記》作「將」。使人奉送至城東，無憂也。」乃有一村豎至，隨之而行。每歷艱險，豎輒以手捧其足而過。既曙，《廣記》作「隨」。至城東常宿之店，《廣記》作「嘗所宿店」。告辭而去。攀解其襦以贈之，豎不受。固與之，乃持去。既而入店易衣，又《廣記》作「乃」。見其襦放《廣記》作「故」。在腰下。即復詣宿處尋之，但一《廣記》無「一」字。古塚，《廣記》有「耳」字。並無人家。《廣記》卷三百五十五。

鄭守澄

廣陵裨將鄭守澄，新買一小婢。旬日，有夜扣門者，曰：「君家納《廣記》作「買」。婢，其名籍在此。」《廣記》有「不可留也，開門視之無所見。方怪之。數日，廣陵大疫此」二十一字。婢忽《廣記》作「亦」。病，遂卒死【一八】。《廣記》無「死」字。既而守澄亦病卒，而弔客數人轉相染著，皆卒。甲寅歲春也。《廣記》卷三百五十五。

劉騭

洪州高安人劉騭，少遇亂，有姊曰糞掃，爲軍將孫金所虜。有妹曰烏頭，生十七年而卒。卒後三歲，孫金爲常州團練副使，糞掃從其女君會葬《廣記》作「宴」。於大將陳氏，乃見烏頭在焉。問其所從來，云：「頃爲人所虜，至岳州，與劉翁媪爲女，嫁得北來軍士任

【一七】醉中誤至於是　「誤」，四庫本作「偶」。

【一八】遂卒死　「死」字四庫本無，義較勝。

某。」任即陳所將卒也，從陳至此爾。因通信至其家。隲時爲縣手力。後數年，因事至都，遂往毗陵省之。晚止逆旅。翌日，先謁孫金，即詣任營中。先遣小僕覘之，方見灑掃庭內，曰：「吾阿兄《廣記》「阿兄」作「兄弟」。將至矣。」僕良久扣門，問爲誰，曰：「高安劉家使來。」乃曰：「非《廣記》有「二」字。兄名隲，多髯者乎？昨日晚當至，何爲遲也？」即自毛本作「日」。出營門迎之。容貌如故，相見悲泣【一九】，了無小異。頃之，孫金遣其諸甥持酒食至任之居，撫《廣記》作「譙」。敘良久。烏頭曰：「今日乃得二兄來，證我爲人。向來《廣記》作「者」。恒爲諸兄《廣記》作「兒」。輩呼我爲鬼也【二〇】。」任亦言其舉止輕健，《廣記》作「捷」。女工敏速，恒夜作至旦，若有人爲同作者。飲食必待冷而後食。隲因密問：「汝昔已死，那得至是？」對曰：「兄無爲如此問我，將不得相見矣。」隲乃不敢言。久之，任卒，再適軍士羅氏。時《廣記》作「隸」。江州陳承昭爲高安制置使【二一】，召隲問其事，令發墓視之。墓在米嶺，無人省視數十年矣。伐木開路而至，見墓上有穴，大如碗，測其甚深。四字《廣記》作「其深不測」。衆懼，不敢發，相與退坐大樹下，筆疏其事，以白承昭。是歲，烏頭病，隲往省之，乃曰：「頃爲鄉人百《廣記》無「百」字。十餘輩，持刀仗劍，二字《廣記》作「杖劫我」三字。幾中我面，故《廣記》無「故」字。我大責罵，力拒之，乃退坐大樹下，作文書而去。今至舉身猶痛。」隲乃知恒出入墓中也，因是亦懼而疏之。羅後移隸晉王城戍。顯德五年，周有淮南之地，羅陷没，不知所在，時年六十二歲矣。《廣記》卷三百五十五。

【一九】相見悲泣　「見」後四庫本有一「甚」字。

【二〇】恒爲諸兄輩呼我爲鬼也　「兄」，談本《廣記》作「甥」。

【二一】時江州陳承昭爲高安制置使　「時」原作「李」，據四庫本改。

舒州軍吏

王琪爲舒州刺史。有軍吏方某者，其家忽有鬼降，《廣記》作「怪」。自言：「姓杜，年二十，廣陵富家子，居通津《廣記》作「肆」。橋之西【二二】。前生因《廣記》無「因」字。欠君錢十萬，今地府使我爲人，《廣記》作「神」，又衍一「神」字。償君此債爾。」因爲人占候禍福，其言多中。方以家貧告琪，《廣記》有「求」字。爲一鎮將。因問鬼：「吾所求可得否？」鬼曰：「諾，吾將問之。」良久乃至，曰：「必得之，其鎮名毛本誤作「君」。一字正方，他不能識矣。」既而得雙港鎮將，以爲其言無驗。未及之任，琪忽謂方曰：「適得軍牒，軍中令一人來爲雙港鎮將，吾今以爾爲皖口鎮。《廣記》有「將」字。竟如其言。比歲餘【二三】，鬼忽言曰：「吾還君債足。」告别而去，遂寂然。方後至廣陵，訪得杜氏，問其子弟，《廣記》作「弟子」。云：「吾第二子頃忽病如癡人歲餘，今愈矣。」《廣記》卷三百五十八。

田頵

宣州節度田頵將作亂。一日向暮，有鳥赤毛本作「出」。色，如雉而大尾，有火光如散星之狀，自外飛入，止戟門而不見。翌日，府中大火，曹局皆盡，惟甲兵存焉。頵資以起事，於《廣記》無「於」字。明年遂敗。《廣記》卷一百四十五。毛本脱「遂敗」二字。

【二二】居通津橋之西　「津」，談本《廣記》作「泗」。

【二三】比歲餘　「比」，談本《廣記》作「凡」。

鍾傳

尚《廣記》作「南」。平王鍾傳在江西，有衙門吏孔知讓新治第，晝有一星隕於庭中。知讓方《廣記》無「方」字。甚惡之，求典外戎，以空其第。《廣記》作「地」。歲餘，御史中丞薛昭緯貶官至豫章，傳取此第以居之。後遂卒於是。《廣記》卷一百四十五。無「後」字，「是」作「此」。

頓金

袁州刺史頓金，罷郡還都，有人以紫襆包一物，詣門遺之。開視，則白襴《廣記》誤作「欄」。衫也。遽追其人，則亡矣。其年金卒。《廣記》卷一百四十五。

宋氏

江西軍吏宋氏，嘗市木至星子喧，《廣記》無「喧」字，毛本作「江」。見水濱人物喧聚，乃漁人得大黿。黿見宋，屢顧，宋即以錢一千贖之，放于江中。後數年，泊舟龍沙，忽有一僕夫至，云：「某長史奉召【二四】。」宋恍然不知何長史也。既往，欻至一府，官出迎，與坐，曰：「君尚相識耶？」宋思之，實未嘗識。又曰：「君亦記星子江中放黿耶？」曰：「然。」我《廣記》作「身」。即黿也。頃嘗有罪，帝命謫爲水族，見困於漁人【二五】，微君之惠，

【二四】某長史奉召　「某」，談本《廣記》作「元」。

【二五】見困於漁人　「困」，談本《廣記》作「囚」。

已骨朽矣。今已得爲九江長，予將二字《廣記》作「相召者」三字。有以奉報。君之兒某者，命當溺死【二六】，名籍在是。後數日，烏山神將朝廬山使者，行必以疾風雨，君兒當以此時死。今有一人，名姓正同，亦當溺死，但先期歲月間耳。吾取以代之。君兒宜速登岸避匿，不然不免。」宋陳謝而出，不覺已在舟次矣。數日，果有風濤之害，死者甚衆，宋氏之子竟免。《廣記》卷四百七十一。

史氏女

溧水五壇村人史氏女，蒔田困毛本「蒔田」作「因蒔」。倦【二七】，偃息樹下。見一物，鱗角爪距可畏，來據其上，已而有娠。生一鯉魚，養於盆中。數日益長，乃置投金瀨中【二八】。頃之，有《廣記》「有」字作「村中」二字。人刈草，誤斷其尾，魚即奮躍而去，風雨隨之，入太湖而止。家亦漸富。其後女卒，每寒食，其魚輒從群魚至一《廣記》作「一至」。墓前，至今每閏年一至爾。有漁人李黑獺，恒張網于江。忽獲一嬰兒，長可三尺，爲網亂綖所縈，浹旬不解。有道士見之，曰：「可取鐵汁灌之。」如其言，遂解。視嬰兒口鼻眉髮如畫，而無肩，《廣記》作「目」。口猶有酒氣。衆懼，復投於江。毛本「江」下有「而去矣」三字。《廣記》卷四百七十一。

【二六】命當溺死　「當」原作「富」，據談本《廣記》、四庫本改。

【二七】蒔田困倦　此句談本《廣記》作「因蒔田倦」；「田」，四庫本作「花」。

【二八】乃置投金瀨中　「置」，談本《廣記》作「取」。

漁人

近有漁人，泊舟馬當山下。月明風細，《廣記》作「恬」。見一大黿出水，直上山頂，引首四望。頃之，江水中湧出一彩舟，有十餘人會飲酒，妓樂陳設甚盛，獻壽《廣記》作「讎」。久之。上流有巨艦來下，櫓聲振於坐中，彩舟乃没。前之黿亦下，未及《廣記》有「水」字。死於岸側【二九】。意者鬼《廣記》作「水」。神使此黿爲候望，而不知巨艦之來，故殛之。《廣記》卷四百七十一。

閻居敬

新安人閻居敬，所居爲山水所侵，《廣記》作「浸」。恐屋毛本誤作「後」。壞，榻移《廣記》作「移榻」。於户外而寢。夢一烏衣人曰：「君避水在此，我亦避水至此，於君何害，而迫逐我如是？不快甚矣。」居敬寤，不測其故。爾夕三夢，居敬曰：「豈吾不當止此耶？」因命移牀，乃牀脚壓一龜於户限外【三〇】，放之而去。《廣記》卷四百七十二。

池州民

池州民楊氏，以賣鮓爲業。嘗烹鯉魚十枚，《廣記》作「頭」。令兒守之。將熟，忽聞釜中

【二九】未及死於岸側　「死」前談本《廣記》有「水忽」二字。

【三〇】乃牀脚壓一龜於户限外　「脚」後談本《廣記》有一「斜」字。

乞命者數四。兒驚懼，走告其親。往視之【三一】，釜中無復一魚，求之不得。期年，所蓄犬恒窺户限下而吠。數日，其家人曰：「去年鯉魚得非在此耶？」即撤視之【三二】。得龜十頭，送之水中，家亦無恙。《廣記》卷四百七十二。

李宗

李宗爲楚州刺史。郡中有尼，方行於市，忽踞地而坐，不可推動，不食不語者累日。所有司以告【三三】，宗命武士扶起，掘其地，得大龜，長數尺。送之江中【三四】，其尼乃愈。《廣記》卷四百七十二。

漁人妻

瓜村有漁人妻，得勞瘦《廣記》無「瘦」字。疾，轉相傳染，《廣記》「傳染」作「染著」。死者數人。或云取病者生釘棺中棄之，其病可絶。頃之，其女病，即生釘棺中，流之於江。至金山，有漁人見而異之，引之至岸。開視之，見女子猶活。因取置漁舍中，《廣記》無「中」字。多得鰻鰲魚以食之【三五】。久之病癒，遂爲漁人之妻【三六】，至今尚無恙。《廣記》卷二百二十。

【三一】往視之　「往」前談本《廣記》有一「共」字。

【三二】即撤視之　「撤」，談本《廣記》作「撤户」。

【三三】所有司以告　「所」，四庫本無；「有」，談本《廣記》作「由」。

【三四】送之江中　「江」，談本《廣記》作「水」。

【三五】多得鰻鰲魚以食之　「多」，談本《廣記》作「每」。

【三六】遂爲漁人之妻　此句談本《廣記》作「遂以爲妻」。

陳寨

陳寨者，泉州晉江巫也。善禁咒之術，爲人治毛本誤作「活」。疾多效《廣記》作「愈」。者。州逆旅蘇猛，其子病狂，人莫能療，乃往請陳。陳至，蘇氏子見之，戟手大罵。寨曰【三七】：「此疾入心矣。」乃立壇「立壇」二字毛本誤作「增」。於堂中，戒人無得竊視。至夜，乃取蘇氏子，劈爲兩片，懸堂之東壁，其心懸北簷下。寨方在堂中作法，所懸之心遂爲犬食【三八】。寨求之不得，驚懼，乃持刀宛轉於地【三九】，出門而去。主人弗知，謂其作法耳。食頃，乃持心而入，内於病者之腹，被髮連叱，其腹遂合。蘇氏子既寤，《廣記》作「悟」。但連呼：「遞鋪！遞鋪！」家人莫之測。乃其日去家十《廣記》作「數」。里，有驛吏手持官文書，死於道傍。初，南中驛路二十里至《廣記》作「置」。一遞鋪【四〇】，吏持符牒以次傳授，欲近前鋪，輒連呼以警之。乃寨取驛吏之心而活蘇氏，蘇遂愈如故。《廣記》卷二百二十。

【三七】寨曰　「寨」後四庫本有「審視」二字。

【三八】所懸之心遂爲犬食　「心」後四庫本有「宛轉於地」四字。

【三九】乃持刀宛轉於地　「宛轉於地」四字，四庫本無。

【四〇】南中驛路二十里至一遞鋪　「至」，四庫本作「立」；「鋪」後談本《廣記》有一「驛」字。

第四卷

陶俊

江南吉州刺史張曜卿，有傔力曰《廣記》作「者」。陶俊，性謹直。嘗從軍征江西，爲飛石所中，因有腰足之疾，恒扶杖而行。張命守舟於廣陵之江口，因至白沙市中，《廣記》無「中」字。避雨於酒肆，同立者甚衆。有二書生過於前，獨顧俊，相與言曰：「此人好心，宜爲療其疾。」即呼俊，與藥二丸，曰：「服此即愈。」乃去。俊歸舟吞之【一】。頃之痛止，疾亦都《廣記》作「多」。瘥，操篙理纜，尤覺輕捷。《廣記》作「健」。白沙去城八十里，一日復還，《廣記》「復還」作「往復」。不以爲勞。後訪二書生，竟不復見。《廣記》卷二百二十。

延陵村人妻

延陵靈寶觀道人謝及《廣記》作「又」，下同。損【二】，近縣村人有喪婦者，請及損爲齋。婦死已半月矣，忽聞摧《廣記》作「推」。棺而呼，衆皆驚走。其夫開棺視之，乃起坐，頃之能言。云：「爲舅姑所召去，云我此無人，使之執爨。其居處甚閑潔，但苦無人。《廣記》作「水」。

校勘記

【一】俊歸舟吞之　「俊」原作「後」，據談本《廣記》改。

【二】延陵靈寶觀道人謝及損　「人」，談本《廣記》作「士」。

一日，見溝中水甚清，因取以釀《廣記》作「漉」。饋。姑見之大怒，曰：『我不知爾不潔如是，用爾何爲！』乃《廣記》作「因」。逐之使回。走出門遂甦」。今尚無恙。《廣記》卷三百八十六。

趙某妻

丁亥歲，案：丁亥，當唐天成二年。浙西有典客吏趙某妻死，未及旬，將葬，三字《廣記》作「大殮」二字。忽大叫而活。云：爲一《廣記》無「一」字。吏所錯，《廣記》作「録」。至鶴林門内，有府署，侍衛嚴整，官吏諮《廣記》有「事」字。及領囚，集《廣記》作「禁」。者甚衆。吏持己入，毛本「己入」作「幾人」。至庭下，堂上一緑衣一白衣偶坐。緑衣謂吏曰：「汝誤，非此人也。急遣之。」白衣曰：「已追至此，何用遣之【三】？」緑衣不從。相質食頃，緑衣怒，叱吏遣之。吏持毛本作「時」。己疾趨出，路經一橋，數十人「數十人」毛本作「數日」。方修橋，其《廣記》作「無」。板有釘。吏持之走過，釘傷足，因痛失聲，遂活。視足，果傷。俄而鄰婦遂《廣記》作「暴」。卒，不復甦《廣記》作「蘇」。矣。《廣記》卷三百八十六。

建業婦人

近歲建業有婦人，背生一瘤，大如數斗囊，中有物如繭栗甚衆【四】，行即有聲。恒乞於市，自言村婦也，常常與娣毛本作「姊」。姒輩分養蠶，己獨頻年損耗，因竊毛本「因竊」作「竊

【三】何用遣之　「之」，談本《廣記》作「也」。

【四】中有物如繭栗甚衆　「栗」原作「粟」，據談本《廣記》、四庫本改。

以」。其姒囊繭焚之。頃之，背患此瘡，漸成此瘤。以衣覆之，即氣閉悶，常露之乃可，而重如負囊矣。《廣記》卷一百三十三引作《搜神記》，此誤收，當删。

廣陵男子

廣陵有男子行乞于市，每見馬矢即取食。自云常爲人飼馬，慵不能夜起。其主恒自檢視，見槽中無草，督責之。乃取烏梅餅以飼馬，馬齒酸楚，不能食，竟致死【五】。己毛本作「亡」。後因患病，見馬矢輒流涎欲食，食之與烏梅味正同，了無穢氣。《廣記》卷一百三十三。

施汴

廬州營田吏施汴，嘗恃勢奪民田數十頃，其主退爲其耕夫，不能自理。數年汴卒，其田主家生一牛，腹下有白毛方數寸。既長，稍斑駁。《廣記》作「駮」。不逾年，成「施汴」字，點畫無缺。道士邵修默親見之。《廣記》卷一百三十四。

朱慶源

婺源尉朱慶源，罷任方還，家在豫章之豐城。庭中地甚爽塏，忽生蓮一枝，其家駭懼，多方以禳之。蓮生不已，乃築堤堰《廣記》作「汲」。水以沼《廣記》作「迴」。之。遂成大池，芡荷

【五】竟致死　「竟」後談本《廣記》有「以是」二字。

甚茂。其年，慶源《廣記》有「選」字。授南豐令。後三歲，入爲大理評事。《廣記》卷一百三十八。

僧十朋

劉建封寇豫章，僧十朋與其徒奔分寧，宿澄心僧院。初，夜見窗外有光，視之，見團火，高廣數尺，中有金車子，與火俱行，嘔軋有聲。十朋始懼，其主人云：「見之數年矣，每夜，必出於西《廣記》作「東」。堂西北隅地中【六】，繞堂《廣記》作「屋」。數周，復没於此。以其不爲禍福，故無掘視之者。」《廣記》卷三百六十六。

宜春人

天祐初，有人游宜春，之《廣記》作「止」。空宅中。兵革之後，井邑蕪没，堂西屋《廣記》作「至」。梁上有小窗，外隙荒數十畝。日暮，窗外有一物，正方，自下而上，頃之全蔽其窗。其人引弓射之，應弦而落。時已夕，不能仰《廣記》作「即」。視。明旦尋之，西百餘步有方杉木板帶一矢，即昨所射也。《廣記》卷三百六十六。

朱從本

李遇爲宣州節度使【七】，軍政委大將朱從本。其《廣記》作「本」。家廄中畜猴，圉人夜起

【六】必出於西堂西北隅地中　「西堂」，談本《廣記》作「僧堂」。

【七】李遇爲宣州節度使　「州」原作「武」，據談本《廣記》改。

秣馬，見一物如驢，黑而毛，手足皆如人，據地而食此猴。見人，乃棄《廣記》作「去」。猴，已食其半。明年，遇族誅。宣城故老云：郡中常有此怪，每軍城有變，此物輒出，出則滿城皆臭。田頵將敗，出於街中，巡夜者見之不敢逼。旬月禍及。《廣記》卷三百三十六。

周本

信州刺史周本入覲揚都，舍於邸第。遇私諱日，獨宿外齋，張燈而寐。未熟，聞室中有聲劃然。視之，見火爐冉冉而上，直抵《廣記》作「博」。于屋，良久乃下，飛灰勃然。明日，滿室浮埃覆物，亦無他怪。《廣記》卷三百三十六。

薛老峰

福州城中有烏石山，山《廣記》「山」在「峰」字下。有大峰，鑿三字，曰「薛老峰」。癸卯歲，一夕間《廣記》「間」在「雨」字下。大風雨【八】，山上如數千人喧噪之聲。及旦，則薛老峰倒立，峰字返向上，城中石碑皆自轉側。其年閩亡。《廣記》卷三百三十六。

王慎辭

江南通事舍人王慎辭，有別墅在廣陵城西，慎辭嘗與親友宴《廣記》無「宴」字。遊於其

【八】一夕間大風雨　「間大」，談本《廣記》無；「雨」後談本《廣記》有一「聞」字。

上。一日，忽自愛其岡《廣記》作「崗」。阜之勢，歎曰：「我死，必葬於此。」是夜村中聞犬吠，或起視之，見慎辭獨騎徘徊於此，逼而視《廣記》無「而視」二字。之，遂不見。自是夜夜恒至。月餘，慎辭卒，竟葬其地。《廣記》卷一百四十五。

姚氏

東州靜海軍姚氏，率其徒捕海魚，以充歲貢。時已將晚，而得魚殊少。方憂之，忽網中獲毛本「獲」在「網」字上。一人，黑色，舉身長毛，拱手而立，問之不應。海師曰：「此所謂海人，見必有災。請殺之，以塞其咎。」姚曰：「此神物也，殺之不祥。」乃釋而祝之曰：「爾能爲我致群魚，以免闕職之罪，信爲神矣。」毛人卻行水上數十步而没。明日，魚乃大獲，倍於常歲矣。《廣記》卷四百七十一。

彭顒

宣州鹽鐵院官彭顒，常病數月，恍惚不樂。每出外廳，輒見俳優樂工數十人，長皆《廣記》作「皆長」。數寸，合毛本作「金」。奏，百戲並作，朱紫炫目。顒視之，移《廣記》作「或」。時欣笑，或憤懣，然無如之何。他人不見也。顒後病愈，亦不復見。後十餘年乃卒。《廣記》卷三百六十七。

吕師造

吕師造爲池州刺史，頗聚斂。常嫁女於揚都，資送甚厚，使家人送之，晚泊竹篠江。岸上忽有一道士，狀若狂人，來去奔走。忽躍入舟中，《廣記》「中」作「直」。穿舟中過，隨其所經，火即大發，復登後船，火亦隨之。凡所載之舟【九】，《廣記》作「物」。皆爲煨燼。一老婢髮《廣記》「髮」下有「亦盡」二字，無「尺」字。尺餘，人與船了無所損失。《廣記》「失」字作「火滅」二字。道士亦不復見。《廣記》卷三百六十七。

崔彦章

饒州刺《廣記》脱「刺」字。史崔彦章，送客於城東。方讌，忽有一《廣記》無「一」字。小車，其色如金，高尺餘，巡席而行，若有求覓。至彦章，《廣記》有「前」字。遂止不行。彦章六字《廣記》無。因即絶倒，擕《廣記》無「擕」字。輿「輿」字毛本作「與」。歸州而卒。《廣記》卷三百六十七。

潤州氣

戊子案：戊子，當唐天成三年。歲，潤州有氣如虹，五彩奪目，有首如驢，長數十丈，環廳事而立，《廣記》無「立」字。行三周而滅。占者曰：「廳中將有哭聲，然非州府之咎也。」頃之，

【九】凡所載之舟　「載」，四庫本作「過」。

其國太后殂，發喪《廣記》作「哀」。於此堂。《廣記》卷三百六十七。

黄極

甲午歲，案：甲午，當唐應順元年。江西館驛巡官黄極子婦生男子，《廣記》無「子」字。一首兩身相背，四手四足。建昌民家生牛，每一足更附出一足。投之江中，翌日浮於水上。南昌新義里地陷，長數十步，廣者數丈，狹者七八尺。其年，節度使徐知詢卒。《廣記》卷三百六十七。

熊勛

軍吏熊勛，家於建康長樂坡《廣記》作「漫」。之東。嘗《廣記》作「常」。日晚，見屋上有二物，大如卵，赤而有光，往來相馳逐。家人駭懼。有親客壯勇，登毛本作「開」。屋捕之，得其毛本無「其」字。一，乃被《廣記》作「辟」。繒綵包一雞卵殼也。剉而焚之，臭聞數里。其一走去，不復來矣。家亦無恙。《廣記》卷三百六十七引，不注出處。

王建封

江南軍使王建封，驕恣奢僭，築大第於淮之南。暇日臨街坐窗下，見一老嫗攜少女過于前，衣服繿縷，而姿色絶世。建封呼問之，云：「孤貧無依，乞食至此。」建封曰：「吾納爾女，而給養以《廣記》作「爾」。終身，可乎？」嫗欣然。建封即召入，命取新衣二襲以衣之。嫗及女始脱故衣，皆化《廣記》無「化」字。爲凝血《廣記》有「聚」字。于地。旬月，建封被誅。《廣記》卷三百六十七。

廣陵士人

廣陵有士人，嘗《廣記》作「常」。張燈獨寢。一夕，中夜而坐《廣記》作「寤」。忽有雙髻青衣女子，姿《廣記》作「資」。質甚麗，熟寐於其足。某知其妖物也，懼不敢近，復寢如故。向曉乃失，門户猶《廣記》有「故」字。扃鐍。《廣記》作「閉」。後《廣記》無「後」字。自是夜夜恒至。有術士爲書符，施其髻中。《廣記》有「其」字。夜半，《廣記》作「佯」。寢以閱《廣記》作「伺」。之。果見自門而入，徑詣髻中解取符，燈下視之。微笑訖，復爲《廣記》作「入」。置髻中，升牀而寢，無《廣記》作「甚」。懼。後聞玉笥山有道士符禁神妙，乃往訪之。至暮《廣記》「至暮」二字作「既」字。登舟，遂長往。《廣記》「長往」作「不至」。途次豫章，暑夜乘月行舟。時甚熱，《廣記》有「乃」字。盡開船窗而寢。中夜，忽復見寐於牀後，某即潛起，急提《廣記》作「捉」。其手足，投之江中，紞毛本誤作「完」。然有聲。因爾遂絶。《廣記》卷三百六十七。「絶」作「滅」。

黄仁濬

舒州司士參軍黄仁濬，自言：五十《廣記》作「壬子」。歲罷隴州汧陽主簿，至鳳翔，有文殊寺，寺中有《廣記》無「有」字。土偶數十軀，忽自然摇動，如醉人狀【一〇】，《廣記》無「狀」字。食頃不止。傍《廣記》無「傍」字。觀者如堵，官司禁止之。至今未得《廣記》作「知」。其應驗。《廣記》卷三百六十七。無「驗」字。

孫德遵

舒州都虞候孫德遵，其家寢室《廣記》作「堂」。中鐵燈擎《廣記》作「檠」，下同。忽自摇動，如人撼之。至明日，有《廣記》有「一」字。婢偶至燈擎所，忽爾仆地，遂卒。《廣記》卷同上。

木成毛本「木」作「朱」，「成」作「盛」。文

梁開平二年，使其將李思安攻潞州，營於壺口。《廣記》有「關」字。伐木爲栅，破一大木，木中隸《廣記》作「朱」。書六字曰【一一】：「天十四載石進。」思安表上《廣記》誤作「止」。之。其群臣皆賀，以爲十四年必有遠夷入《廣記》無「入」字。貢。《廣記》有「珍寶者其」四字。司天少監徐鴻獨《廣記》無「獨」字。謂其《廣記》無「其」字。所親曰：「自古無一字爲年號者，上天符命，豈闕

【一〇】如醉人狀　談本《廣記》「狀」在「如」前。

【一一】木中隸書六字曰　「隸書」，談本《廣記》作「朱書隸文」。

文乎【一二】？吾以爲《廣記》無「爲」字。丙申之年，當有石氏王此地者。移四字中兩豎，書《廣記》作「畫」。置天字左右，即丙字也。移四之外圍，以十字貫之，即中字也。」後至丙申歲，晉高祖以石信《廣記》作「姓」。起并州，如鴻之言。《廣記》卷一百六十三。

柳翁

天祐中，饒州有柳翁，常乘小舟，釣鄱陽江中。不知其居處，妻子亦不見其飲食。凡水族之類，與山川之深遠者，無不周知之。凡鄱《廣記》無「凡」字，「鄱」下有「陽」字。人漁釣者，咸諮訪而後行。呂師造爲刺史，修城掘濠，至城北則雨，止役則晴【一三】。或問柳翁，翁曰：「此下龍穴也。震動其土，《廣記》作「上」。則龍不安而出穴，龍出則雨矣。掘之不已，必得其穴，則霖雨方將爲患矣。」既深數丈，果得大《廣記》作「方」。木，長數丈，《廣記》「丈」作「十尺」。交加《廣記》無「加」字。構疊之，累積毛本作「之」。數十重。其下霧氣衝人，不可入，而其上《廣記》「而」下有「止」字，「其」下無「上」字。木皆腥涎縈之【一四】，刻削平正，非人力所致。《廣記》作「及」。自是果霖雨爲患。呂氏諸子將網魚於鄱陽江，召問柳翁，翁指南岸一處：「今日惟此處有魚，然有一小龍在焉。」諸子不信，網之果大獲，舟中以瓦《廣記》作「巨」。盆貯之。中有一鱓魚，長一二尺，雙目精明，有二長鬚，繞盆而行，群魚皆翼從之。將至北岸，遂失所在。柳翁竟不知所終。《廣記》卷四百二十三。

【一二】豈闕文乎　「闕文」，四庫本作「闕數」。

【一三】止役則晴　「役」，談本《廣記》作「後」。

【一四】而其上木皆腥涎縈之　「上木」，四庫本作「木上」。

李禪

李禪，楚州刺史承嗣少子也，居廣陵宣平里大第。晝日寢庭前，忽有白蝙蝠繞庭而飛，家僮輩竟以帚撲【一五】，皆不能中。久之，飛出院門，撲之亦不中。及飛出至外門之外，遂不見。其年禪妻卒，輀車出入之路，即白蝙蝠飛翔之所也。《廣記》卷四百七十九。

蚓瘡

天祐中，浙西重建慈和寺。晝地既畢【一六】，每爲蚯蚓穿穴，執事者患之。有一僧，教以石灰覆之【一七】，由是得定，而殺蚯蚓無數。頃之，其僧病，舉身皆痒，曰【一八】：「須得長指爪者搔之。」以至成瘡。瘡中輒得死蚯蚓一條，殆數百千條。肉盡至骨而死。《廣記》卷四百七十九。

蜂餘

廬陵有人應舉，行遇夜，詣一村舍求宿。有老翁出見客，曰：「吾舍窄人多，容一榻可矣。」因止其家。屋室百餘間，但窄小甚。久之，告饑。翁曰：「吾家貧【一九】，所食惟野菜耳。」即以設客，食之甚甘美，與常菜殊。及就寢，惟聞訌訌之聲。既曉而寤，身卧田

【一五】家僮輩竟以帚撲　「竟」，四庫本作「競」。

【一六】晝地既畢　「晝」，談本《廣記》作「治」。

【一七】教以石灰覆之　「教」，四庫本作「數」。

【一八】舉身皆痒曰　「舉」前談本《廣記》有一「苦」字；「曰」，談本《廣記》無。

【一九】吾家貧　「吾」，談本《廣記》作「居」。

中，旁有大蜂窠。客常患風，因而遂愈，蓋食蜂之餘爾。《廣記》卷四百七十九。

熊迺

信州有板山，川谷深遠，采板之所，因以名之。州人熊迺嘗與其徒入山伐木，其弟從西《廣記》作「而」。追之。日暮，不及其兄。忽見甲士清道，毛本誤作「中有道士」。自東來，傳呼甚厲。迺弟恐懼，伏於草間。俄而旗幟戈甲絡繹而至，道旁亦有行人，其犯清道者，輒爲所戮。至軍中，有一人若大將者【二〇】，西馳至。《廣記》「至」字作「而去」二字。度其尚《廣記》無「尚」字。遠，乃敢起行。迨曉，方見其兄，具道所見。衆皆曰：「非巡邏之所，而西去溪灘險絶，往無所詣，安得有此人？」即共尋之。可十餘里，隔溪猶見旌旗，紛若布圍畋獵之狀。其徒有勇者，遥叱之【二一】，忽無所見。就視之，人皆樹葉，馬皆大蟻。取而碎之，皆有血云。貯在庭中，以火燒之，少時蕩盡。衆口所哭，迺亦尋患足腫，巃於瓮，其酸不可忍，旬月而終。《廣記》卷四百七十九。無「貯在庭中」以下三十四字。

劉威

丁卯歲，案：丁卯，當宋乾德五年。盧《廣記》作「盧」，下同。州刺史劉威移鎮江西。既去任，而郡中大火，虞《廣記》誤作「盧」。候申《廣記》作「吏」。巡火甚急，而往往有持火夜行，《廣記》有「者」

【二〇】有一人若大將者　「有」，談本《廣記》作「擁」。

【二一】遥叱之　「遥」下談本《廣記》有一「呼」字。

字。捕之不獲。或射之殪，就視之，乃棺材板、腐木、敗帚之類，郡人愈恐。數月，除張宗爲盧州刺史，火災乃止。《廣記》卷三百七十三。

馬希範

楚王馬希範修長沙城，開濠畢，忽有一物，「有一物」三字毛本脱。長十丈餘，無頭尾手足，狀若土山，自北岸出【二三】，游泳水上。久之，入南岸而没。出入俱無蹤迹，或謂之土龍。無幾何而馬氏遂《廣記》無「遂」字。亡。《廣記》卷三百七十三。

【二三】自北岸出 「出」，談本《廣記》作「來」。

第五卷

桂從義

池陽建德縣吏桂從義，家人入山伐木，《廣記》作「薪」。常於《廣記》無「於」字。所行山路，《廣記》有「忽」字。有一石崩倒，就視之，有一室，内《廣記》作「室」。有金漆柏牀六張，茭薦芒簟皆新，金銀積疊。其人坐牀上良久，因揭簟下，見一角柄小刀，取内懷中而出。恐《廣記》「恐」字作「扶起」二字。崩石塞之，以物爲記，歸呼家人共取。及至，則石壁如故，了無所睹。《廣記》卷三百七十四。「睹」作「見」。

金精山木鶴

處《廣記》作「虔」。州處《廣記》作「虔」。化縣金精山，昔長沙王吴芮時，女張麗英飛升之所，道館在焉。巖高數百尺，有二木鶴，二女仙乘之，鐵鏁《廣記》誤作「銷」。懸於巖下，非傍道所至【一】，《廣記》作「及」。不知其所從。其二鶴嘴隨四時而轉【二】，初不差忒。毛本誤作「威」。順義道中，百勝軍小將陳師粲者，能卷簟毛本误作「蕈」。爲牛，躍而出入。嘗與鄉里女

校勘記

【一】非傍道所至　「傍」，談本《廣記》作「榜」，四庫本作「路」。

【二】其二鶴嘴隨四時而轉　「嘴」，談本《廣記》作「恒」。

子遇於巖下【三】，求娶焉。女子曰：「君能射中此鶴，姻即成【四】。」《廣記》「姻」作「目」，「成」作「可」，「即」在「粲」字下。師粲一發而中，臂即無力，歸而病卧如夢。《廣記》有「非」字。夢見二女道士，繞牀而行，每過輒以手拂師粲之目，數四而去，竟致《廣記》無「致」字。失明而卒。所射之鶴，自爾不復轉，其一猶轉如故。辛酉歲，案：辛酉，當宋建隆二年。其女子猶在。師粲之子孫，至今猶《廣記》作「亦」。爲軍士。《廣記》卷二百七十四。

賣餅王老毛本作「廣陵人賣餅」。

有賣餅王老，《廣記》「有賣餅」上有「廣陵」二字。無妻，獨與一女居。王老晝日自賣餅所歸家，見其女與他少年共寢於北户下。王老怒，持刀逐之，少年躍走得免。王老怒甚，遂殺其女。而少年行至中路，忽流血滿身，吏呵問之，不知所對，拘之以毛本誤作「次」。還【五】。王老之居鄉伍方按驗其事【六】，王老見而識之，遂抵《廣記》無「抵」字。其罪。《廣記》卷三百七十四。

桃林禾稼《廣記》無「稼」字。

閩王《廣記》有「審知」二字。初爲泉州刺史，州北數十里，地名桃林，光啓初，一夕村中地震，有聲如鳴數百面鼓。及明視之，禾稼方茂，了無一莖。咸《廣記》作「試」。掘地求之，則

【三】嘗與鄉里女子遇於巖下　「鄉里」，談本《廣記》作「鄰里」。

【四】姻即成　談本《廣記》作「目即可」。

【五】拘之以還　「以還」，四庫本作「還次」。

【六】王老之居鄉伍方按驗其事　「鄉」，談本《廣記》作「鄰」。

皆倒懸在土下。其年，審知克晉安，盡有甌閩之地《廣記》有「傳國」二字。六十年，至其子《廣記》無「其」字，「子」作「于」。延義《廣記》作「羲」，下同。立，桃林地中復有鼓聲禾已。收穫稌粳在邇，《廣記》「鼓聲」下作「時禾已收，惟餘粳在田」。及明視之，亦無一莖。掘地求之，則亦倒懸土下。其年，延義爲左右所殺，王氏遂滅。《廣記》卷三百七十四。

王延政

王延政爲建州節度。延平村人夜夢人告之曰：「與汝富，旦入山求之。」明日入山，終無所得。其《廣記》作「邇」。夕復夢如前，村人曰：「旦《廣記》作「日」。已入山，無所得也。」其人曰：「但求之，何故不得。」於是明日復入。向暮，息大樹下，見方丈之地獨明淨，試掘之，得赤土如丹。既無他物，則負之歸，以飾牆壁，焕然可愛。人聞者，競以善價從此人求市。延政聞之，取以飾其宮室，署其人以牙門之職。數年，建州亦敗。《廣記》卷三百七十四。

洪州樵人

洪州樵人入西山，巖石之下，藤蘿甚密。中有一女冠，姿色絶世，閉目端坐，衣帔皆如新。近《廣記》作「衆」。觀之，不能測。或爲整其冠髻，即應手腐壞。衆懼，散去。復尋之，不能得見。《廣記》卷三百七十四，不注出處。無「見」字。

法曹吏

廬州有法曹吏，嘗劾一僧，曲致其死，具毛本誤作「其」。獄上州。爾日，毛本「爾日」作「案入」。其妻女在家，方紉縫毛本誤作「經」。於西牕下，忽有二青衣卒，毛本作「者」。手執文書，自厨中出，厲聲謂其妻曰：「語爾夫，何故《廣記》「何故」作「無枉」。殺僧？」遂出門去。妻女皆驚怪，流汗久之。乃走出視其門，扃閉固如舊。「固如舊」《廣記》作「如故」。吏歸，具言之。吏甚恐，明日將竊取其案，已不及矣，竟殺其僧。死之日，即遇諸塗，百計禳謝，月餘《廣記》「月餘」作「旬月」。竟死。《廣記》卷一百二十四。

劉存

劉存爲舒州刺史，辟儒生霍某爲團練判官，甚見信任。後爲左右所譖，因構毛本脱「構」字。其罪下獄，白使府，請殺之。吴帥知其冤，使執送揚都，存遂縊之於獄。即而存遷鄂州節度使。霍友人在舒州，夢霍素服自司命祠中出，撫掌大笑曰：「吾罪《廣記》作「已」。得雪矣。」俄而存帥師征湖南。霍表兄馬鄴爲黄州刺史，有夜扣齊安城門者，曰：「舒州霍判官將往軍前，馬病，與《廣記》作「白」。使君借馬。」守陴者以告，鄴歎曰：「劉公枉殺霍生，今此人往矣，寧無禍乎【七】？」因畫馬數匹，焚之以祭。《廣記》「以祭」作「水際」。數日，存敗

【七】寧無禍乎　「寧」，談本《廣記》作「得」。

績，死之。《廣記》卷一百二十四。

袁州録事

袁州録事參軍王某，嘗以《廣記》作「劾」。一盜獄具而遇赦，王以盜罪重，不可恕，乃先殺之，而《廣記》有「後」字。宣赦。罷歸，至新喻邑，邑《廣記》無「邑」字。客馮氏具卮《廣記》無「卮」字。酒請王。明日當往，晚止僧院。乃見盜者曰：「我罪誠合死，然已赦矣，君何敢逆王命而殺我？我今得請於所司矣。君明日往馮家耶？不往亦可。」言訖乃没。院僧但見其與人言，而不見其他。《廣記》「其他」作「也字」。明日方飲，暴卒。《廣記》卷一百二十四。

劉璠

軍將劉璠，性强直勇敢，坐法徙海陵。郡守褚仁規嫌之，誣其謀叛，詔殺於海陵《廣記》脱「陵」字。市。璠將死，謂監刑者曰：「與《廣記》作「爲」。我白諸妻《廣記》無「妻」字。兒，多置紙筆於棺中，予將《廣記》作「必」。訟之。」後數年，仁規入朝，泊舟濟灘江口。夜半，聞岸上連呼：「褚仁規，爾知當死否？」舟人《廣記》有「盡」字。驚起，視岸上無人。仁規謂左右曰：「爾識此聲否？即《廣記》無「即」字。劉璠也。」命以酒食祭劉毛本無「劉」字。《廣記》作「立命酒食祭而謝之」。之。仁規至都，以殘虐下獄。獄吏毛本脱「獄」字。夜夢一人，長大黥面，後《廣記》無「後」字。從二十餘人，至獄，執仁規而去。既寤，爲仁規説其人，三字《廣記》作「所親説之」。乃《廣記》「乃」字作「其人」二字。撫膺歎曰：「吾《廣記》有「君」字。必死【八】，此人即劉璠也。」其日中使至，遂縊於獄中矣。《廣記》卷一百二十四。無「中」字。

吴景

浙西軍校吴景者，辛酉歲，《廣記》作「丁酉」。案：辛酉，當宋建隆二年；丁酉，當南唐昇元元年。設齋於石頭城僧院。其夕既陳設，忽聞婦女哭聲甚哀，初遠漸近，俄在齋筵中矣。景乃告院僧曰：「景頃歲從軍克《廣記》作「剋」。豫章，獲一婦人，殊有姿色。未幾其夫求贖，將軍令嚴肅，不可相容。景即殺之，後甚以爲恨。今之設齋，正爲是也。」即與僧俱往，乃見婦人在焉。僧爲之祈告，婦人曰：「我從吴景索命，不知其他。」遽前逐之。景急走上佛殿，大呼曰：「我《廣記》無「我」字。還爾命。」於是顛仆而卒。《廣記》卷一百二十四。

周寶

周寶爲浙西節度使，治城隍。至鶴林門，得古塚，棺櫝將腐。發之，有一女子，面如生，鉛粉衣服皆不敗。掌墓《廣記》作「役」。者以告，寶親視之。或曰：「此當《廣記》衍「時」字。是嘗餌靈藥，待時而發，發則解化《廣記》作「化解」。之期矣。」寶即命改葬之，其輀《廣記》「其

【八】吾必死　「吾」後四庫本有一「今」字。

輀」作「具車轝」。聲樂以送【九】。竇與僚屬登城望之，行數里，有紫雲覆輀車之上。衆咸見一女子出自車中，坐于紫雲之上，冉冉四字《廣記》作「冉冉而上」。久之乃没。開棺則空矣。《廣記》卷七十。

陳師

豫章逆旅梅氏，頗濟惠行旅，僧道投止，皆不求直。恒有一道士，衣服藍縷，來止其家，梅厚待之。一日，謂梅曰：「吾明日當設齋，從君求新瓷碗二十事及七筯。君亦宜來會，可於天寶洞前訪陳師也。」梅許之，道士持碗渡江而去。梅翌日詣洞前，問其村人，莫知其處。久之將回，《廣記》作「迴」。偶得一小徑，甚明静，《廣記》作「淨」。試尋之，果得一院【一〇】。有青衣《廣記》無「衣」字。童應門，問之，乃陳之居也。既《廣記》無「既」字。入，見道士衣冠華潔，《廣記》作「楚」。延與之坐，命具食。頃之食至，乃熟蒸一嬰兒，梅懼，不食。良久，又進食，乃蒸一犬子，梅亦不食。道士歎息，命取昨所得碗贈客，視之，乃金碗也。謂梅曰：「子善人也，雖《廣記》無「雖」字。然，不得仙。千歲人參、枸杞，皆不肯食，乃分也。」謝而遣之，曰：《廣記》無「曰」字。「此而後不可復繼見矣。」《廣記》卷五十一。「此」作「比」，無「而後」二字及「可」字。

【九】其輀聲樂以送　「其輀」，四庫本作「具輀車」。

【一〇】果得一院　「得」，談本《廣記》作「見」。

陳金

陳金者，少爲軍士，隸江西節度使劉信，圍處《廣記》作「虔」。州。金私與其徒五人發一大塚，開棺，見《廣記》有「一」字。白鬚老人，面如生，通身白羅衣，衣皆如新。開棺時《廣記》無「時」字。即有白氣衝天，墓中有非常香馥。《廣記》作「氣」。金獨視棺蓋上有物如粉，微作硫黄氣。金素聞棺中硫黄爲藥成仙，二字《廣記》無。即以衣襟掬取懷歸。墓中無他珍寶，即共掩《廣記》有「塞」字。之而出。《廣記》作「去」。既至營中，營中人皆驚云：「今日那得《廣記》有「有」字。香氣？」金知硫黄之異，旦輒汲水浸《廣記》作「服」。食，至盡。城平，《廣記》作「中」。入舍僧寺，偶與寺僧言之。僧曰：「此城中富人之遠祖也。子孫相傳，其祖好道，有異人教《廣記》作「數」。餌硫黄，云數盡當死，死後三百年墓開，當《廣記》作「當開」。即解化之期也。今正三百年矣。」即相與復視之，棺中空，惟衣裳《廣記》無「裳」字。尚存，如蟬蜕之狀。金自是無病，今爲清海軍小將，年七十餘矣，形體枯瘦，輕健如故。《廣記》卷五十一。

沈彬

吴興沈彬，少而好道，及致仕歸高安，恒以焚修服餌爲事【一一】。嘗遊都下洞觀【一二】，忽聞空中樂聲，仰視雲表，《廣記》作「際」。見仙女數十，冉冉而下，往《廣記》作「逕」。

【一一】恒以焚修服餌爲事　「焚修」，談本《廣記》作「朝修」。

【一二】嘗遊都下洞觀　「都下」，談本《廣記》作「鬱術」。

之觀中【一三】，遍至像前焚香，良久乃去。彬匿室中，不敢出。既去，入殿視之，几案上皆有遺毛本誤作「道」。香【一四】，彬悉取置鑪中。已而自悔曰：「吾平生好道，今見神仙而能禮謁，得仙香而不能食之，是其無分歟！」初，彬恒誡其子云：「吾所居室《廣記》作「堂」，毛本同。中正是吉地，死即葬之。」及卒，如其言。掘地得自然磚壙，製造甚精，磚上皆作「吴興」字。彬年八十餘卒。其《廣記》無「其」字。後豫章有漁人，投生米於潭中捕魚，不覺行遠。忽入一石門，焕然明朗。行數百步，見一白髯翁，諦視之，頗類《廣記》有「於」字。彬。謂漁人曰：「此非爾所宜來，速出猶可。」漁人遽出登岸，云入水已三日矣。故老有知者，云此即西山《廣記》作「仙」。天寶洞之南門也。《廣記》卷五十四。

梅真君

汝陰人崔景唐，家甚富。嘗有道士自言姓梅，來訪崔，崔客之數月。景唐市得玉案，《廣記》作「鞍」。將之壽春，以獻節度使高審思。謂梅曰：「先生但居此，吾將詣壽春，旬月而還。使兒毛本作「爾」。姪輩奉事，無所憂也【一五】。」梅曰：「吾乃壽春人也，將《廣記》有「此」字。訪一親知，已《廣記》作「比」。將還矣，君其先往也。久居於此，思有以奉報。君家有水銀乎？」曰：「有。」即以十兩奉之。梅乃置鼎中，以水《廣記》有「銀」字。煉之，少久即成白銀矣。因以與景唐，曰：「以此爲路糧。君至壽春，可於城東訪吾家也。」即與景唐分路而去。景唐至

【一三】往之觀中　「往之」，談本《廣記》作「逕至」。

【一四】几案上皆有遺香　「上」原作「土」，據談本《廣記》、四庫本改。

【一五】無所憂也　「憂」，四庫本作「疑」。

壽春，即詣城東訪梅氏，數日不得。村人皆曰：「此中無梅家，亦無爲道士者。惟淮南岳廟中有梅真君像，得非此耶？」如其言訪之，果梅真君矣。自後竟不復遇。《廣記》卷四十五。

康氏

僞吴楊行密初定揚州，遠方《廣記》作「坊」。居人稀少，煙火不接。有康氏者，以傭貸《廣記》作「賃」。爲業，僦一室於太平坊空宅中。康晨出未返，其夕《廣記》作「妻」。生一子，方席藁，忽有一異人，赤面朱衣冠，據門而坐。妻驚怖久《廣記》作「叱」。之，乃走如舍西，訇《廣記》作「踣」。然有聲。康適歸，欲至家，而《廣記》無「而」字。路左忽有錢五千，羊半羫【一六】，《廣記》作「邊」。樽酒在焉。伺之久，無行人，因持之歸。妻亦告其所見。即往舍西尋之，乃一金人仆於草間，亦曳之歸。因烹羊飲酒，得以周給。自是出入《廣記》作「必」。獲富，《廣記》作「利」。日以富贍【一七】，而金人留爲家寶。所生子名曰平平，及《廣記》無「及」字。長，遂《廣記》有「爲」字。富人【一八】。有李潯者，爲江都令，行縣至新寧鄉，見大宅即平平家也。其父老爲李言如此。《廣記》卷四百一。

【一六】羊半羫　「半」原作「牛」，據談本《廣記》、四庫本改。

【一七】日以富贍　「富」，四庫本作「利」。

【一八】遂富人　「遂」後四庫本有二「爲」字。

豫章人

天復中，豫章有人治舍，掘地，得一木匱。發之，得金人十二軀，《廣記》作「頭」。各長數寸，皆古衣冠，首戴十二辰屬，鎸刻《廣記》「鎸刻」作「數款」。精妙，《廣記》作「麗」。殆非人功。其家寶祠之，因以致□福。《廣記》「福」上不空格，毛本作「因攜到金福」。時兵革未定，遂爲戍將劫《廣記》有「取」字。之，後不知所終。《廣記》卷四百一。

陳濬

江南陳濬尚書自言：其諸父在鄉里好爲詩，里人謂之陳白舍人，比之樂天也。性疏簡，喜賓客。嘗有二道士，一黄衣，一白衣，詣其家求舍，《廣記》作「宿」。舍之廳事。夜分，聞三字《廣記》作「夜間」二字。二客牀壞，訇然有聲，久之，若無人者。秉燭視之，見白衣人《廣記》無「人」字。卧於壁，《廣記》有「下」字。乃銀人也；黄衣人《廣記》無「人」字。不復見矣。自是豐《廣記》作「致」。富。《廣記》卷四百一。

建安村人

建安有人村居者，常使一小奴出《廣記》有「入」字。城市，經過《廣記》無「過」字。舍南大塚，塚旁恒有一黄衣人，《廣記》作「兒」。與之較力爲戲。其主因歸遲，將責之，《廣記》無「歸」字及「將責」二字。奴以實告。往《廣記》無「往」字。覘之，信然。一日挾撾而往，伏於草間。小奴至，黄衣兒復出，即起擊之，應手而仆，《廣記》作「踣」。乃金兒也。因持以歸，家遂殷《廣記》

「遂殷」作「自是」。富。《廣記》卷四百一。

蔡彦卿

廬州軍吏蔡彦卿，爲拓臯鎮將。暑夜坐鎮門外納涼，忽見道南桑林中有白衣婦人獨舞，就視即滅。明夜，彦卿扶《廣記》作「挾」。杖先往，伏於草間。久之，婦人復出而《廣記》作「方」。舞，即擊之墜《廣記》作「墮」。地，乃白金一餅【一九】。《廣記》作「鉼」。復掘地，獲銀數《廣記》無「數」字。千兩，遂致富裕云。《廣記》卷四百一。「致」作「爲」，「裕」作「人」。

岑氏

臨川人岑氏嘗遊山，溪水中見二白石，大如蓮實，自相馳逐。捕而獲之，歸置巾箱中。其夕，夢二白衣美女，自言姊妹，來侍左右。既寤，益知二石之異也，恒結於衣帶中。後至豫章，有波斯國《廣記》作「胡」。人邀而問之：「君有寶耶？」《廣記》作「乎」。曰：「然。」即出二石示之。胡人欲《廣記》作「求」。以三萬爲價《廣記》作「市」。得之。《廣記》無「得之」二字。岑雖寶藏，《廣記》作「之」。而實《廣記》無「實」字。無用，得錢甚《廣記》無「甚」字。喜，因《廣記》作「即」。以與之。胡謝而去。岑氏因此而贍，以上十字《廣記》作「以錢爲生資，遂致殷贍」九字。但恨不能問其名與所用云。《廣記》卷四百四。

【一九】乃白金一餅 「金」，談本《廣記》作「銀」。

建州《廣記》作「安」。村人

建安有村人，乘小舟往來建溪中，賣薪爲業。嘗泊舟登岸，將伐薪，忽見山上有數百錢流下【二〇】，稍上尋之，累獲數十。未《廣記》作「可」。及山半，有大樹，下一《廣記》「一」字作「有大」二字。甕，高五六尺，錢滿其中，而甕小欹，故錢流出。於是推而正之，以石支之，納衣襟得《廣記》「納」作「以」，「得」作「貯」。五百而歸【二一】。盡率其《廣記》無「其」字。家人，復往《廣記》有「將」字。盡取。既至，得舊路，見大樹而亡其甕。村人徘徊數日，不能去。夜夢人告之曰：「此錢有主。向爲甕欹，以五百雇而《廣記》「而」作「爾」。正之，不可再得也。」《廣記》卷四百五。「再得」作「妄想」，「不可」上有「餘」字。曾慥《類説》亦引。

徐仲寶

徐仲寶者，長沙人。所居道南有大枯樹，合數大抱。有僕夫灑掃其下，沙中獲錢百餘，以告仲寶。仲寶自往，亦獲數百。自爾每需錢，即往掃其下，必有所得。如是積年，凡得數十萬。仲寶後至揚都，選授舒城令。暇日與家人共坐【二二】，地中忽有白氣甚勁毛本誤作「動」。烈，斜飛向外而去，中若有物。其妻以手攫之，得一玉蛺蝶，製作精妙，人莫能測。後爲樂平令，家人復於廁厨《廣記》作「厨側」。鼠穴中得錢甚多。仲寶即率人掘之，深數

【二〇】有數百錢流下　談本《廣記》無「百」字。

【二一】納衣襟得五百而歸　「百」後談本《廣記》有一「餘」字。

【二二】暇日與家人共坐　「家人」，四庫本作「妻」。

尺，有一白雀飛出，止於庭樹，其下獲錢至百萬。錢盡，白雀乃去，不知所之。《廣記》卷四百五。

邢氏

建業有庫子姓邢，家貧，聚錢滿二千，輒病或失去。其妻竊聚錢，埋於地中。一日，旦《廣記》作「夕」。忽聞有聲如蟲飛，自地出，穿窗户而去，有觸牆壁墮《廣記》作「墜」。地者。明旦《廣記》作「日」。視之，皆錢也。《廣記》無「也」字。其妻乃告邢，使埋《廣記》無「邢」字，「埋」作「里」。瘞之。再《廣記》作「發」。視，則皆亡矣。《廣記》有「後」字。邢得一自然石龜，其狀如真，置庭中石榴樹下。或見之，曰：「此寶物也。」因裝《廣記》作「收」。置巾《廣記》作「筐」。箱中。自爾稍稍《廣記》少一「稍」字。充足，後頗富饒矣。《廣記》卷四百五。無「饒」字。

林氏

汀州有林氏，其先嘗爲郡守，罷任家居。一日，天忽雨錢，充積其家。林氏乃整衣冠，仰天而祝曰：「非常之事，必將爲禍，於此《廣記》「於此」作「願天」。速止，林氏之福也。」應聲而《廣記》作「則」。止。所收已鉅萬。至今爲富人云。《廣記》卷四百五。

曹真

壽春人曹真，出行野外，忽見坡下有數千錢，自遠而來，飛聲如鈴。真逐之，入一小穴，以手掬之，可得數十而已。又舒州桐城縣雙成港，有因《廣記》作「回」。風卷錢，經市而過，市人隨攫其錢，以衣襟貯之。風入石城《廣記》作「古墓」。荆棘中，人不能入而止。所得錢歸家視之，與常錢無異，而皆言亡八九矣。《廣記》卷四百五。

破木有肉

建康《廣記》無「建康」二字。有木工《廣記》「木工」二字作「人」。破《廣記》有「大」字。木，木中有肉《廣記》有「可」字。五斤許，其香《廣記》無「許其香」三字。如熟豬肉。此又不可以理窮究者矣。《廣記》卷四百七。無「此又」句。

登第皂莢

泉州文宣王廟，庭宇嚴峻，學校之盛，冠于藩府【二三】。庭中有皂莢樹，每州人將登第，即《廣記》作「則」。生一莢，以爲常矣。梁貞明中，忽然生二《廣記》作「一」。莢有半，□《廣記》作「人」。莫喻其意【二四】。乃其年州人陳逖進士及第，黄仁肆《廣記》作「穎」，下同。學究及

【二三】冠于藩府　「冠」原無，據談本《廣記》補。

【二四】□莫喻其意　空格處四庫本作「人」。

第。仁隸恥之，復應進士舉【二五】。至同光中，舊生半莢之後《廣記》作「所」。復生全莢，其年仁隸及第。後數年，廟爲火焚。其年《廣記》有「閩」字。自稱尊號，不復生莢，《廣記》作「貢士」。遂至今矣。《廣記》卷四百七。「至」下有「於」字，無「矣」字。

張懷武

南平王鍾傳鎮江西，遣道士沈太虛禱廬山九天使者廟。毛本脱「廟」字。太虛醮罷，夜坐廟廡間。忽然若夢【二六】，見壁畫一人前揖太虛，曰：「身張懷武也，嘗爲軍將。上帝以微有陰功及物，今配此廟爲靈官。」既寤，起視壁畫，署曰「五百靈官」。太虛歸以語進士沈彬。彬後二十年遊醴陵，縣令陸生客之。方食，有軍吏許生後至，語及張懷武，彬因問之。許曰：「懷武者，蔡之裨將，某之長吏《廣記》作「史」。也。頃甲辰年大饑，聞豫章獨稔，即與一他將各帥其屬奔豫章。既即路，兩軍稍不相能，比至武《廣記》作「五」。昌，釁《廣記》作「一」。隙大作，剋日將決戰，禁之不可。懷武乃攜劍上戍樓雲《廣記》「雲」字作「去其」二字。梯，謂其徒曰：『吾與汝今日之行，非有他圖，直救性命耳。奈何不忍小忿，而相攻戰？夫戰，必强者傷而弱者亡，如是則何爲去父母之國，而死於道路耶？凡兩軍所以致爭者，以有懷武故也。今爲汝等死，兩軍爲一，無徒召《廣記》「徒召」二字作「御名」，二字並寫。難矣。』遂自刎。於是兩軍之士皆伏樓下慟哭，遂相與和親。比及豫章，無《廣記》有「一」字。人逃亡者。」許但

【二五】復應進士舉　「應」，談本《廣記》作「登」。

【二六】忽然若夢　「忽」，談本《廣記》作「怳」。

懷其舊恩，亦不知靈官之事，樞密述記以申明之【二七】。豈天意將感發死義之士，故以肸蠁告人乎？《廣記》卷三百十三。

【二七】樞密述記以申明之　「樞密」，談本《廣記》、四庫本作「彬因」。

第六卷

李攻

天祐初，舒州有倉官李攻，《廣記》作「玫」，下同。自言少時因病遂見鬼，爲人言禍福多中。淮南大將張顥專廢立之權，威震《廣記》作「振」。中外。攻時宿於鬵《廣記》作「灊」。山司命真君廟，翌日，與道士崔綽《廣記》作「繟」，下同。然數人將入城。去廟數里，忽止同行於道側，自映大樹以窺之，良久乃行。綽然曰：「復見鬼耶？」曰：「向見一人，桎梏甚嚴，吏卒數十人衛之，向廟而去。是必爲真君考召也。雖意氣尚在，已不自免矣。」或問爲誰，久之乃肯言曰：「張顥也。」聞者皆懼，共秘之。不旬月《廣記》作「日」。而聞顥誅。李宗造開元寺成，大會文武僧道於寺中。既罷，攻復謂綽然曰：「向坐中有客，爲二吏固緝《廣記》作「揖」。之而去，是不久矣。」言其衣服容貌，則團練巡官陳絳也。不數月【一】，絳暴疾卒。道士邵修默，崔之弟，皆《廣記》作「子」。親見之。《廣記》卷三百十三。

校勘記

【一】不數月　「月」，談本《廣記》作「日」。

趙瑜毛本衍一「瑜」字。

明經趙瑜，魯人，累舉不第，困厄甚矣。《廣記》無「矣」字。因遊太山，祈死於嶽廟。將出門，忽有小吏自後至，曰：「判官召。」隨之而去。奄至一廳事，簾中有人云：「人所重者生【二】，君何爲求《廣記》作「祈」。死？」對曰：「瑜應鄉薦，累舉不第，退無歸耕之資【三】，湮厄毛本誤作「埋死」。貧病，無復生意，故祈死耳。」良久，聞簾中檢閲簿書，既而言曰：「君命□《廣記》不空格，毛本有「生」字。至薄，名與《廣記》作「第」。禄仕皆無分。既此見告【四】，當有以奉濟。今以一藥方授君，君以此給足《廣記》作「足給」。衣食。然不可置家，置家則貧矣。」瑜拜謝而出。至門外，空中飄大桐葉至瑜，《廣記》有「前視之」三字。乃書巴豆丸方於其上，《廣記》有「亦」字。與人間之方正同。瑜遂《廣記》有「自」字。稱前長水令，賣藥於夷門。市餌其藥者，病無不癒，獲利甚多。道士李德陽親見其桐葉，已十餘年，尚如新折者。《廣記》卷三百十三。無「折者」二字。

【二】人所重者生　「人」原無，據談本《廣記》補。

【三】退無歸耕之資　「資」，四庫本作「處」。

【四】既此見告　「既」，四庫本作「今」。

袁州老父

袁州村中有老父，性謹厚，爲鄉里所推，家亦甚富。一日，有紫衣少年，車僕甚盛，詣其家求食。老父即延入，設食甚豐，《廣記》作「至」。遍及從者。老父侍食於前，因思：「長吏朝使行縣，當有頓地，此何人哉？」意色甚疑。少年覺之，謂曰：「君疑我，我不能復爲君隱，仰山神也【五】。」父悚然再拜，曰：「仰山日獻《廣記》作「厭」。於祭祀，奈何求食乎？」神曰：「凡人之祀我，皆從我求福。我有力不能致者，若《廣記》作「或」。非其人不當受福者，我皆不敢享之。以君長者，故從君求食爾。」食訖，辭讓而去，遂不見。《廣記》卷三百十四。

曾慥《類説》亦引。

朱廷禹

江南内臣朱廷禹言：其所親泛海遇風，舟將覆者數矣。海師云：「此海神有所求，可即取舟中所載，棄之水中。」物將盡，有一黄衣婦人，容色絶世，乘舟而來。四青衣卒刺船，皆朱髪豕牙，貌甚可畏。婦人徑《廣記》作「竟」。上船，問：「有好髪髢，可以見與。」其人忙怖不復記，但云：「物已盡矣。」婦人云：「在船後掛壁篋中。」如言而得之。船屋上有脯腊，婦人取以食四卒。視其手，鳥爪也。持髢而去，舟乃達口。《廣記》無「口」字。廷禹又言：其所《廣記》作「諸」。親自江西如廣陵，攜一十歲兒。行至馬當泊舟，《廣記》無「舟」字。登岸晚望。及還船，失其兒。遍尋之，得於茂林中，已如癡矣。翌日乃能言，云：「爲人召去，有所教我。」乃吹指長嘯，有山禽數十百隻，應聲而至，彩毛《廣記》作「毛彩」。怪異，人莫能識。自爾東下，時時吹嘯，衆禽必至。至白沙，不敢復入。博訪醫巫治之，積久《廣記》「積久」作「久乃」。愈【六】。《廣記》卷三百十四。

【五】仰山神也　「仰」前四庫本有二「我」字。

【六】積久愈　「久」後四庫本有一「乃」字。

僧德林《廣記》作「秋」。

浙西僧德林，少時游舒州，路左見一夫，荷鋤治方丈之地，左右數十里不見居人。問之，對云：「頃時自舒之桐城，至此暴得痁疾，不能去，因卧草中。及稍醒，已昏矣，四望無人煙，惟虎豹吼叫，自分必死。俄有一人，部從如大將，至此下馬，據胡牀坐，《廣記》有「良」字。久乃《廣記》無「乃」字。召二卒曰：『善守此人，明日送至桐城縣下。』遂上馬去，倏忽不見，惟二卒在焉。某即强起問之，答：『此茅將軍也，常夜出獵虎，憂汝被傷，故使護汝。』欲更問之，困而復卧。及覺，已日出，不復見二卒。即起而行，意甚輕健，若無疾者。至桐城，頃之疾愈。故以所見之處立祠祀之。」德林上舒州十年，及回，則村落皆立茅將軍祠矣。《廣記》卷三百十四。

司馬正彝

司馬正彝者，始爲小吏，行溧水道中，去前店尚遠，而飢渴甚，意頗憂之。俄而遇一新草店數間，獨一婦人迎客，爲設飲食，甚豐潔。正彝謝之，婦人云：「至都有好粉燕支，《廣記》作「胭脂」。宜以爲惠。」正彝許諾。至建業，遇其所知往溧水，因以粉燕支托遺其婦，九字《廣記》作「因市粉脂遺之」七字。具告其處。既至，不復見店，有《廣記》作「但」。一神女廟，因置所傳云往往有遇《廣記》有「之」字。者，不知其詳。遺而去。正彝後爲溧水令。《廣記》有「相」字。《廣記》卷三百十四。「不」作「未」，「詳」作「審」。

劉宣

戊寅歲，案：戊寅，當梁貞明四年，吴天祐十五年。吴帥《廣記》作「師」。征越，敗於臨安，裨將劉宣傷重，卧於死人中。至夜，有官吏數人，持簿書至，遍閲死者。至宣，乃扶起視之，曰：「此漢非是。」引出十餘步，置路左而去。明日賊退，宣乃得歸。宣肥白如瓠，初伏於地，越人割其尻肉，宣不敢動。後瘡愈，肉不復生，臀竟「臀竟」二字毛本誤作「事」字。小偏。十餘年而卒。《廣記》卷三百十四。「而」作「乃」。曾慥《類説》亦引。

黄魯

徐三誨爲撫州録事參軍，其下幹力黄魯者，郡之俚人，年少，頗白皙。有父母在鄉中，數月一告歸，歸旬日復來。一旦歸，月餘不至，三誨遣吏至其家召之。家人云：「久不歸矣。」於是散尋之。又月餘，乃見在深山中，黄衣屣履，挾彈而游，與他少年數人，皆衣服相同。《廣記》作「類」。捕之不獲。魯家富，乃召募《廣記》有「人」字。伏於《廣記》無「於」字。草間以伺。三《廣記》作「之」。數日，果擒之，而諸少年皆走。歸問其故【七】，曰：「山中有石氏

【七】歸問其故　「歸」前談本《廣記》有一「既」字。

者，其家如王公，納我爲壻。」他無所言。留數日，復失去，又於山中求得之。如是者三。後一日竟去，遂不復見。尋石氏之居，亦不能得。此山乃臨川人採石之所，蓋石之神也。《廣記》卷三百十四。

張鋋

張鋋者，累任邑宰，以廉直稱，後爲彭澤令。使《廣記》作「始」。至縣，宅堂後有神祠，祠前巨木成林，烏鳶《廣記》「烏鳶」二字作「爲」字。野禽群巢其上，糞穢積於堂中。人畏其神，故莫敢犯。鋋大《廣記》無「大」字。惡之，使巫祝《廣記》作「祀」。于神曰：「所爲土地之神，當潔清縣署以奉居人，奈何使腥穢如是耶？爾三日中當盡逐衆禽，不然，吾將焚廟而伐樹矣。」居二日，有數大鴞《廣記》作「鶚」。奮擊而至，盡壞群巢。又一日，大雨，糞穢皆淨。自此宅居清潔矣。《廣記》卷三百十四。

潯陽縣吏

庚寅歲，案：庚寅，當唐長興元年，吳大和二年。江西節度使徐知諫以錢百萬修廬山使者廟，潯陽令遣一吏典其事。此吏嘗入城，召一畫工俱往，畫工負荷丹彩雜物從之。始出城，吏昏然若醉，自解衣帶投地【八】，畫工以吏《廣記》無「吏」字。爲醉而隨之。須臾，復脱衣棄帽。

【八】自解衣帶投地　「衣」，談本《廣記》作「腰」。

比至山中，殆至裸身。近廟澗水中有一卒，青衣，白韋蔽膝。吏至，乃執之。畫工救之，曰：「此醉人也。」卒怒曰：「交交加加，誰能得會！」竟擒之，坐於水中。工知其非人也，走往廟中告人，競往視之。卒已不見，其吏猶坐水中，已死矣。乃閲其出納之籍，則已乾没過半。進士謝岳見之。《廣記》卷三百十四。「見」上有「親」字。

朱元吉

烏江縣令朱元吉言：其所知泛舟至采石，遇風，同行者數舟皆没。某既溺，不復見水，道路如人間。其人驅之東行，可在東岸山下，有大府署，門外堆壞船版木如邱陵，復有諸《廣記》「諸」字在「運」字下。人運溺者財物入庫中甚多。《廣記》作「衆」。入門，堂上有官人，遍召溺者，閲籍審之。至某，獨曰：「此人不合來，可令送出。」吏即引去，復至舟所，舟中財物亦皆還之。怳然不自知，出水已在西沙岸《廣記》作「岸沙」。上矣。舉船儼然，亦無霑濕。《廣記》卷三百十四。

酤《廣記》作「沽」，下同。酒王氏

建康江寧縣廨之後，有酤酒王氏，以平直稱。癸卯歲二月既望夜，店人將閉外户，忽有朱衣數人，僕《廣記》有「馬」字。甚盛，奄至户前，叱曰：「開門，吾將暫憩於此。」店人奔告其主。其主曰【九】：「出迎。」則已入坐矣。主人因設酒食甚備，又犒諸從者，客甚謝焉。頃之，有僕夫執細《廣記》作「緗」。繩百千丈，又一人執撅杙數百枚，前白請布圍。紫衣可之。即出，以杙釘地，繫繩其上，圍坊曲人家使遍。良久曰：「事訖。」紫衣起至户外，從者白：「此店亦在圍中矣。」紫衣相謂曰：「主人相待甚厚，空《廣記》作「免」。此一店可乎？」皆曰：「一家耳，何爲不可。」即命移杙出店於圍外，顧主人曰：「以此相報。」遂去，倏忽不見，顧視繩杙已亡矣。俄而巡使歐陽進邏《廣記》有「巡」字。夜至店前，使《廣記》無「使」。問：「何故深夜開門，又不滅燈燭，何也？」主人具告所見。進不信，執之下獄，將以妖言罪之。居一日【一〇】，江寧《廣記》「江寧」作「建康」。大火，《廣記》有「自」字。朱雀橋西至鳳臺山，居人焚之殆盡。此店四鄰皆爲煨燼，而王氏獨免。《廣記》卷三百十四。

鮑回

鮑回者，嘗入深山捕獵，見一少年裸卧大樹下，毛髮委地。回欲射之，少年曰：「我山神也，避君不及。勿殺我，富貴可致。」回以刃刺其口，血皆逆流，遂殺之。無何回卒。

《廣記》卷三百十四。

【九】店人奔告其主其主曰　「奔」後談本《廣記》有一「走」字；「曰」字談本《廣記》無，四庫本作「將」。

【一〇】居一日　「一」，談本《廣記》、四庫本作「二」。

梨山廟

建州梨山廟，土人云故相李迴《廣記》作「回」，下同。之廟。迴貶爲建州刺史，後卒于臨川。卒之夕，建安人咸夢迴乘白馬入梨山。及凶問至，因立祠焉，世傳靈應。王延政在建安，與毛本作「興」。福州構□《廣記》不空格。隙，使其將吴某帥兵向晉安。吴新鑄一劍甚利，將行，攜劍禱於梨山廟，且曰：「某願以此劍手殺千毛本作「十」。人。」其夕，夢神謂己曰：「人不當發惡願。《廣記》有「吾」字。祐汝，使汝不死於人之手。」既戰，敗績，左右皆潰散。追兵將及，某自度不免，即以此劍自刎而死。《廣記》卷三百十五。

吴延瑫

廣陵有倉官吴延瑫者【一一】，其弟既冠，將爲求婦。鄰有某嫗【一二】，素受吴氏之命。一日，有人詣門，云張司空家使召，隨之而去，在正《廣記》作「政」。勝寺之東南，宅甚雄壯。嫗云：「初不聞有張公在是。」其人云：「公没於臨安之戰，故少人知者久之【一三】。」《廣記》作「知」。其家陳設炳焕，如王公家。見一老姥，云是縣君。及《廣記》作「之」。坐，頃之，其女亦出。姥謂嫗曰：「聞君爲毛本作「謂」。吴家求婚，吾欲以此女事之。」嫗曰：「吴氏小吏貧家，豈當與貴人爲婚耶？」女因自言曰：「兒以母老無兄弟，家業既大，事托善人。聞

【一一】廣陵有倉官吴延瑫者　「有」，談本《廣記》作「豆」。

【一二】鄰有某嫗　「某」，四庫本作「媒」。

【一三】故少人知者久之　「久之」，談本《廣記》作「及至」。

吴氏子孝謹可事，豈求高門耶？」媪曰：「諾，將問毛本誤作「聞」。之。」歸以告延珆，異之，未敢言。數日，忽有車輿數乘詣鄰媪之室，乃張氏女與二老婢俱至。使召延珆之妻，即席具酒食甚豐，皆張氏所備也。其女自議婚事，珆妻内思之：「此女雖極端麗，然可年三十餘，其小郎年卻《廣記》作「節」。少，未必歡也。」其女即言曰：「夫妻皆係前定義《廣記》有「如有」二字。合，豈當嫌老少耶！」珆妻聳然不敢復言。女即出紅白羅二匹，曰：「以此爲禮。」其他贈遺甚多。至暮，邀鄰媪俱歸其家。留數宿，謂媪曰：「吾家至富，人不知爾。他日皆吴郎所有也。」室中三大厨，其厨高至屋，因開示之，一厨實以銀。《廣記》作「金」，下有「二厨實以銀」五字。又指地曰：「此中皆錢也。」即命掘之，深尺餘，即見錢充積。又至外廳，庭中係朱鬣白馬，傍有一冢，曰：「此皆禮物也。」廳之西復有廣廈，百工製作畢備，曰：「此亦造禮物也。」至夜就寢，聞冢有被驚聲，《廣記》「被」作「如」，無「聲」字。呼諸婢曰：「此冢不宜在外，是必爲蛇所囓也。」媪曰：「蛇豈食豬者耶？」女曰：「此中常有之。」即相與秉燭視之，果見大赤蛇自地出，縈繞其冢，復入地去，救之得免。明日，方與媪別【一四】，忽召二青衣夾侍左右，謂媪曰：「吾有故近出，少選當還。」即與青衣淩虚而去。媪大驚。其母曰：「吾女暫之天上會計，但坐【一五】，無苦也。」少《廣記》作「食」。頃，乃見自外而入，微有酒氣，曰：「諸仙留飲，吾以媒媪在此，固辭得還。」媪回，《廣記》作「歸」。益駭異，而不敢言。又月餘，復召媪去【一六】：《廣記》作「云」。「縣君疾亟。」及往，其母已卒。同《廣記》作

【一四】方與媪別　「別」，四庫本作「坐」。

【一五】但坐　「但」，四庫本作「且」。

【一六】復召媪去　「去」，四庫本作「雲」。

「因」。嫗至葬【一七】，葬於楊子縣北徐氏村中，盡室往會。徐氏有女可十餘歲，張氏撫之曰【一八】：「此女有相，毛本無「相」字。當爲淮北一武將之妻。善視之。」既葬，復厚贈嫗，舉家南去，莫知所之，婚事《廣記》無「事」字。亦竟不成。嫗歸，訪其故居，但里舍數間。問其里中，云住此已久，相傳云張司空之居，竟不得其處。《廣記》作「是」。後十年，廣陵亂□，《廣記》不空格，毛本作「妖」字。吴氏之弟歸於建業，亦竟無恙。《廣記》卷三百十五。

貝禧

義興人貝禧，爲邑之鄉胥。乾寧甲寅歲十月，宿於菱瀆別業。夜分，忽聞扣門者，人馬之聲甚衆。出視之，見一人緑衣秉簡，西面而立，從者百餘。禧攝衣出迎。自通曰：「某《廣記》作「隆」。姓周，殷名。」《廣記》「殷名」二字作「第十八」三字。即延入坐，問以來意。曰：「余《廣記》無「余」字。身爲地府南曹判官，奉王命，召毛本脱「召」字。君爲北曹判官爾。」禧初甚驚，殷《廣記》作「懼」。徐謂《廣記》「徐謂」二字作「隆」字。曰：「此乃陰府要職，何易及此！君無毛本作「何」。辭也。」俄有從者持牀褥、《廣記》作「榻」。食案、帷幕，陳設畢，《廣記》有「滿」字。置酒食對飲。良久，一吏趨入，白：「《廣記》有「殷」字。判官至。」復有一緑衣秉簡，二從者捧箱《廣記》作「簡」。隨之，箱中亦緑衣。殷揖禧曰：「命賜君，兼同奉召。」即以緑裳爲禧衣之，就坐共飲。將《廣記》作「可」。至五更，曰：「王命不可留矣。」即《廣記》有「相」字。與偕行。

【一七】同嫗至葬　「葬」後四庫本有一「所」字。

【一八】張氏撫之曰　「氏」，談本《廣記》作「女」。

禧曰：「此去家不遠，暫歸告别可乎？」皆曰：「君今已死，縱復《廣記》無「復」字。歸，安得與家人相接耶！」乃出門，與周殷各乘一馬，其疾如風，行水上。「行水上」《廣記》作「可復」。《廣記》作「涉水不溺」。至暮，宿一村居。《廣記》作「店」。店中具酒食，而無居人，雖設燈燭，如隔帷幔。云已行二千餘里矣。向曉復行，久之，至一城，門衛嚴峻。周殷先入，復出召禧。凡經三門，左右吏卒皆趨拜。復入一門，正北大殿垂簾，禧趨走參謁，一同人間。既出，周殷《廣記》無「殷」字。謂禧曰：「此《廣記》作「北」。曹闕官多年，第宅曹署皆須整緝，君可暫止吾家也。」即自殿門東行，可一里，有大宅，止禧於東廳。頃之，有同官可三十餘人，皆來造請慶賀，遂置讌。讌罷醉卧。至晚，《廣記》作「曉」。遍詣諸官曹報謝。復有朱衣吏以王毛本誤作「至」。命致泉《廣記》作「至錢」。帛、車馬、廩《廣記》作「饔」。餼，甚豐備。翌日，周謂禧曰：「可視事矣。」又相與向王殿之東北，有大宅陳設甚嚴，止禧於中。有典吏可八十餘人，參請給使。廳之南空《廣記》作「大」。屋數十間，即曹局，簿書充積其内。廳之北别室兩間，有几案及有數《廣記》「有數」作「數書」。厨【一九】，皆寶玉《廣記》「寶玉」作「雜寶」。飾之。周以金鑰授禧曰：「此厨簿書最爲秘要，管鑰恒當自掌，勿輕委人也。」周既去，禧開視之，書册積疊，皆方尺餘。首取一册，金題其上作《廣記》無「作」字。「陜州」字，其中字甚細密，諦視之，乃可見，皆世人之名簿也。禧欲知其家事，復開一厨，乃得常州簿。閲其家籍，見身及家人世代名字甚悉，其已死者以墨鉤之。至晚，周殷判官復至，曰：「王以君世壽未盡，

【一九】有几案及有數厨　「數」，四庫本作「書」。

遣暫還，壽盡當復居此職。」禧即以金鑰還授於周。禧始閲簿時，盡記其家人及己禍福壽夭之事。將歸，《廣記》「將歸」作「至是」。昏然盡忘矣。頃之，官吏俱至告别，周殷二人送之歸。翌日夜，乃至菱瀆村中。入室，見己卧於牀上，周殷與禧各就寢。俄而驚悟，《廣記》作「寤」。日正午時。問其左右，云死殆《廣記》作「始」。半日，而地府已四日矣。禧即愈，一如常人，亦無小異。又四十餘年，乃卒。《廣記》卷三百七十八。

支戩

江左有支戩者，餘干人。世爲小吏，至戩，獨好學爲文，竊自稱秀才。會正月望夜，時俗取飯箕，衣之衣服，插箸爲觜，使畫盤粉以卜。戩見家人毛本無「見」字、「人」字。爲之，即毛本「即」字作「其時」二字。戲祝曰：「請卜支秀才他日至何官。」乃畫粉宛成「司空」字。又戩嘗夢至地府，盡閲名簿。至己籍，云：「至司空，以上二十四字毛本脱。年五十餘。」他人籍不可記，惟記其友人鄭元樞：《廣記》有「云」字。「貧賤無官，毛本有「亡」字。年四十八。」元樞後居浙西，廉使徐知諫賓禮之，將薦於執政，行有日矣，暴疾而卒，實年四十八。戩後爲金陵觀察判官、檢校司空，但《廣記》作「恒」。以此事話於親友。竟卒於任，年五十一。《廣記》卷一百五十八。

食黄精婢

臨川有士人唐遇，《廣記》無「唐遇」二字。虐其所使婢。婢不堪其毒，乃逃入山中。久之糧盡，饑甚，坐水邊。見野草枝葉可愛，即拔取濯水中，連根食之，甚美。自是恒食，久之遂不飢而更輕健。夜息大樹下，聞草中獸走，以爲虎而懼，因念得上樹杪乃生《廣記》誤作「正」。也。正爾念之，而身已在樹杪矣。及曉，又念當下平地，又欻然而下。自是意有所之，身輒《廣記》作「即」。飄然而去。或自一峰之一峰頂，若飛鳥焉。數歲，其家人伐薪見之，以告其主，使捕之不得。一日，遇其在絶壁下，即以網《廣記》作「細繩」。三面圍之。俄而《廣記》無「而」字。騰上山頂。其主亦駭異【二〇】，必欲致之。或曰：「此婢也，安有仙骨？不過得靈藥餌之爾【二一】。試以盛饌，多其五味，令甚香美，致《廣記》作「值」。其往來之路，觀其食《廣記》有「之」字。否。」果《廣記》無「果」字。如其言，常《廣記》作「果」。來就食。食訖，不復能遠去，遂爲所擒，具述其故。問其所食草之形狀，《廣記》無「狀」字。即黄精也。復使尋之，遂不能得。其婢數年亦卒。《廣記》卷四百十四。曾慥《類説》亦引。

豫章人

豫章人好食蕈，有黄姑蕈者，尤爲美味。有民家治舍，烹此蕈以食工人。工人有登厨

【二〇】其主亦駭異　「亦」，談本《廣記》作「益」。

【二一】不過得靈藥餌之爾　「藥」，四庫本作「草」。

《廣記》無「厨」字。屋施瓦者，下視無人，惟釜中《廣記》無「中」字。煮物，以盆覆之。俄有一《廣記》無「一」字。小鬼【二二】，倮身繞釜而走，倏忽投《廣記》作「没」。于釜中。頃之，主人設葷，工人《廣記》無「人」字。獨不食，亦不言其故。《廣記》無「其故」二字。既暮，其《廣記》無「其」字。食葷者皆卒。《廣記》卷四百十七。

【二二】俄有一小鬼　「鬼」，談本《廣記》作「兒」。

拾遺

龍昌裔

戊子歲案：戊子，當唐天成三年，吴乾貞二年。旱，廬陵人龍昌裔有米數千斛糶。既而米價稍賤，昌裔乃爲文禱神岡廟，祈更一月不雨。祠訖，還至路，憩亭中。俄有黑雲一朵《廣記》作「片」。自廟後出，頃之雷雨大至，昌裔震死於亭外。官司檢視之，脱巾，於髻中得書一紙，《廣記》「書」在「紙」下。則禱廟之文也。昌裔有孫晤，《廣記》作「將」。應童子舉，鄉人以其事訴之，不獲送考。《廣記》卷二百四十三。無「考」字。

李生

中和末，有明經李生應舉如長安。途遇一《廣記》無「一」字。道士，同行宿數日，言意相乎。《廣記》作「得」。入關相别，因言黄白之術。道士曰：「點化之事，神仙小《廣記》作「淺」。術也，但世人多貪，將以濟其侈，故仙道秘之。夫至道不煩，仙方簡易，今人或貴重其藥，艱難其事，皆非也。吾觀子性靜而寡慾，《廣記》作「欲」。似可教者。今以方授子，可以濟乏絶而已。如遂能不仕，亦當不匱衣食。如得禄，則勿復爲。如《廣記》無「如」字。爲之，則貧也，仙道所不許也。」因手疏方，授之而别，《廣記》有「方」字。常藥草數種而已。每遇乏絶，依方爲之，無不成者。後及第，歷州縣官，時時爲之，所得轉少。及爲南昌令，復爲之，絶不成矣。從子智修爲沙門，李以數丸與之。智修後游鍾離，止賣藥家，燒銀得二十兩以易衣。時劉仁規爲刺史，方好其事，爲人所告，遁而獲免。《廣記》卷八十五。

徐明府

金鄉徐明府者，因《廣記》作「隱」。而有道術，《廣記》有「人」字。莫能測。河南劉崇遠，崇龜從弟也，有妹爲尼，居楚州。常有一客尼寓宿，忽病勞，瘦甚且死。其姊《廣記》作「妹」。省之，衆共見病者身中有氣如飛蟲，入其姊衣中，遂不見。病者死，姊亦病，俄著《廣記》作「而」。劉氏，舉院皆病，病者輒死。劉氏既亟，《廣記》作「函」。崇遠求於明府。徐曰：「爾有别業在金陵，可致金陵絹一疋，吾爲爾療之。」如言送絹訖。翌日，劉氏夢一道士執簡而至，以簡遍毛本作「編」。撫其身，身中白氣騰上如炊。既寤，遂輕爽能食，異於常日。頃之，徐封絹而至，曰：「置絹席下，寢其上，即差矣。」如其言，遂愈。已而神《廣記》作「視」。其絹，乃畫《廣記》有「一」字。持簡道士，如所夢者。《廣記》卷八十五。

華陰店嫗

楊彦伯，盧陵新淦人也。童子科《廣記》無「科」字。及第。天復辛酉歲，赴選至華陰，舍於逆旅。時京國多難，朝無親識，選事不能如意，《廣記》作「期」。亦《廣記》作「意」。甚憂悶。會豫章郎《廣記》作「邸」。吏姓楊，鄉里舊知，同宿於是，因教己云：「凡行旅至此，未嘗不禱於《廣記》作「金」。天，必獲夢寐之報。縱無夢，則此店之嫗亦能知方來事。苟獲一言，亦可矣。」彦伯因留一日，精意以祠之。爾夕竟無夢。既曙，店嫗方迎送他客，又無所言。彦伯愈怏怏。將行，忽失所著鞋【一】，詰責僮僕甚喧。既即路，嫗乃從而呼之曰：「少年何其喧耶？」彦伯因具道其事。嫗曰：「嘻，此即神告也。夫將行而失其鞋，則《廣記》無「則」字。是事皆不諧矣，非徒如此而已也。京國將有亂，當不可復振。《廣記》作「不復振振」，無「當」字、「可」字。君毛本作「官」。禄皆在江淮，官《廣記》作「宜」。當至門下侍郎。」彦伯因思之：「江淮安得有門下侍郎？」遂行。至長安，適會大駕西幸，隨至岐隴。梁寇圍城，《廣記》有「三年」二字。彦伯辛苦備至。駕既出城，彦伯逃還吉州，刺史彭珍厚遇之。累攝縣邑。僞吴平江西，復見選用，登朝至户部侍郎。會臨軒策命齊王，彦伯攝爲門下侍郎行事。既受命，思店嫗之言，大不悦。數月遂卒。《廣記》卷八十五。

【一】忽失所著鞋　「忽」，談本《廣記》作「複」。

劉處士

張易在洛陽，遇處士劉某，頗有奇術，易恒與之遊。《廣記》有「劉」字。常《廣記》作「嘗」。賣藥於市，《廣記》作「賣銀與市」，下「市」字無。市中人負《廣記》作「欠」。其直，劉從易往訴《廣記》作「索」。之。市人既不酬直，又大罵劉。劉歸，謂易曰：「彼愚人不識理，於是吾當小懲之。不爾，必將爲土地神靈之所《廣記》有「重」字。譴也。」既夜，滅燭就寢，積薪《廣記》「積薪」作「劉牀前」三字。熾炭燒藥。易寐未熟，暗中見一神《廣記》作「人」。就爐吹火，火光中識其面，乃向之市人也。迨曙，不復見。易後求其間，《廣記》「其間」二字作「之」字。問市人云：「一夕夢人召去，逼□毛本「逼」作「通」，《廣記》無空格。使吹火，氣殆不續。既寤，脣腫氣乏，旬日乃愈。」劉恒爲河南尹張全義所禮，會與梁太祖食，思魚鱠。全義曰：「吾有客能立致之。」即召劉公。《廣記》作「劉」。使掘小坎，汲水溝《廣記》作「滿」。之，垂鉤良久，即獲魚數頭。梁祖大怒曰：「妖妄之甚者也。」即杖背二十，械繫《廣記》誤作「擊」。於獄，翌日將殺之，其夕亡去。劉友人爲登封令，其日至縣，謂令曰：「吾有難，從此逝矣。」遂去，不知所之。《廣記》卷八十五。

張武

張武者，始爲廬《廣記》有「江道」二字。中一鎮副將，頗以拯濟行旅爲事。嘗有老僧過其所，武謂之曰：「師年老，前店尚遠，今夕止吾廬中可《廣記》誤作「所」。乎？」僧忻然。其鎮將聞之，怒曰：「今南北交戰，間諜如林，《廣記》誤作「休」。知此僧爲何人，而敢留之也！」武曰：「吾《廣記》有「業」字。已留師，行又日《廣記》作「益」。晚，但宿無苦也。」武僧乃求去。武室中惟有一牀，即以奉其僧，己即席地而寢。盥濯之備，皆自具焉。夜數起視之。至五更，僧乃起而歎息，謂武曰：「少年《廣記》有乃字。能如是耶！吾有藥，贈子十丸，每正旦吞一丸，可延十年之壽。善自愛。」珍重而去，出門忽不見。武今爲常州團練副使，有識者計其年已百歲，常自稱七十，輕健如故。《廣記》卷八十五。

茅山道士

茅山道士陳某，壬子歲遊海陵，宿於逆旅。雨雪方甚，《廣記》誤作「其」。有同宿者身衣單葛，欲與同寢，而嫌其垢弊，乃曰：「雪寒如此，何以過夜？」答曰：「君毛本無「君」字。但卧，無以見憂。」既皆就寢，陳竊視之，見懷中出三角碎瓦數片，鐵條貫之【二】，燒於燈上。俄而火熾，一室皆煖。陳去衣被乃得寢。未明而行，竟不復見也。《廣記》卷八十五。無「見」字。

逆旅客

大梁逆旅中有客，不知所從來，恒賣皂莢百莖於市。其莢豐大，有異於常者。《廣記》無

【二】鐵條貫之　「鐵」，談本《廣記》作「鋉」。

「者」字。日獲百錢，輒飲而去。有好事者，知其非常人，乃與同店而宿。及夜，穴壁窺之。方見鋤《廣記》作「椎」。治牀前數尺之地甚熟，既而出皂莢實數枚種之。少頃即生，時窺之，轉復滋長。向曉【三】，則已垂實矣。即自採掇，伐去其樹，剉而焚之。及明，攜之而去。自是遂出，莫知所之。《廣記》卷八十五。

教坊樂人子

教坊樂人某，有兒年十餘歲，恒病，黄瘦尤甚。忽遇《廣記》有「一」字。道士於路，謂之曰：「汝病食癥耳，吾能瘳《廣記》作「療」。之。」因袖中出藥數丸，使吞之。既而復視袖中曰：「訝賺《廣記》「訝賺」作「嘻誤」。矣！此辟穀藥也，自此當不食，然病亦瘳矣。爾必欲食，常取少木耳食之。吾他日復以食癥藥遺爾也。」遂去。兒歸，三《廣記》「三」作「一二」兩字。日病癒。然其父母恒以不食爲憂，竟逼使餌木耳，遂飲啖《廣記》「飲啖」作「飯啖」。如故矣。《廣記》無「矣」字。已而自悔曰：「我餌仙藥而不自知，道士許我後《廣記》作「復」。送藥來，會當再見乎？」因白父母，求遍歷名山尋訪道士。母不許，其父許之，曰：《廣記》有「向」字。「使兒病《廣記》無「兒病」二字。不愈，今亦死矣。既志堅如此，或當有分也。」遂遣之。今不知所在。《廣記》卷八十五。

【三】向曉　「曉」，談本《廣記》作「曙」。

蔣舜卿

光州檢日《廣記》作「田」。官蔣舜卿行山中，見一人方採林檎，以《廣記》作「一」。二枚與之食，因爾不飢。家人以爲得鬼食，不治將病，求醫甚切而不能愈。後聞壽春有人善醫【四】，令《廣記》作「乃」。往訪之。始行一日，宿一所村《廣記》作「旅」。店，有老父問以所患，具告之。父曰：「吾能救之，無煩遠行也。」出藥方寸匕使服之，吐《廣記》作「此」。二林擒如新。父收之去，舜卿之《廣記》有「飲」字。食如常。既歸，他日《廣記》有「復」字。訪之，店與老父俱不見矣。《廣記》卷八十五。

盧延貴

盧延貴者，爲宣州安仁場官。赴職中途阻風，泊舟《廣記》作「大」。江次數日。因登岸閑步，不覺行遠。遥窺《廣記》作「望」。大樹下若有屋室，稍近，見室中一物，若人若獸，見人即行起而來逐。《廣記》無「逐」字。延貴懼而却走，此物連呼：「無懼，吾乃人也。」即往就之。狀貌奇怪，《廣記》作「偉」。裸袒而通身有毛，長數寸。自言：「我《廣記》無「我」字。商賈也，頃歲漂《廣記》作「泛」。舟至此，遇風，舉家没溺，而身獨得就岸。數日，食草根，飲澗水，因得不死。歲餘，身乃生毛，自爾《廣記》有「乃」字。不飲不食。自傷孤獨，無復世念，結廬於

【四】後聞壽春有人善醫「人」，談本《廣記》作「叟」。

此，千《廣記》「千」字作「已十二」字。餘年矣。」因問：「獨居於此，得無虎豹之害？」《廣記》有「乎」字。答曰：「吾已能騰空上下，虎豹無奈何也。」延貴留久之，又問：「有所需乎？」對曰：「亦有之。每浴於溪中，恒患身不速乾。得數尺布爲巾，乃佳也。又得一《廣記》無「一」字。小刀以掘藥物，益善。君能致之耶？」延貴延之過《廣記》作「至」。船，固不肯，乃送巾與刀而去。罷任，復尋之，遂□《廣記》作「迷」。失路。後復《廣記》作「無」。有遇之者。《廣記》卷八十六。

杜魯賓

建康人杜魯賓，以賣藥爲事。嘗有客自稱豫章人，恒來市藥，未嘗還直。魯賓善待之。一日復至，市藥甚多，曰：「吾欠君藥錢多矣，今更從君求此，吾將還西天毛本作「大」。市版木，比三字毛本作「服術此」。及再求，足以并酬君矣。」杜許之。既去，久之乃還，贈杜山木棒十條【五】，委之而去，莫知所之。杜得之，不以介意，轉遺《廣記》作「移」。親友。所存三條，偶命工人剖之，其中得小鐵杵二具焉，《廣記》「杵」下有「臼」字，「二」作「一」，「焉」作「高」。可五六寸。舊《廣記》作「臼」。有八《廣記》作「入」。足，間作獸頭，製作精巧，不類人力。杜亦凡人，不知所用，竟爲人取去，今失所在。杜又嘗《廣記》作「常」。治舍，有賣土者，自言金壇縣人，來往甚數，杜亦厚資給之。治舍畢，賣土者將去，留方寸之土，曰：「以此爲別。」遂去不

【五】贈杜山木棒十條　「木棒」，談本《廣記》作「桃木」。

復來。其土堅緻，有異於常。杜置藥肆中，不以爲貴。數年，杜之居爲火所焚，屋壞土裂，毛本脱「裂」字。視之，有小赤蛇在其隙中。剖之，蛇縈繞一白石龜，大可三二寸。蛇去而龜尚《廣記》無「而」字「尚」字。存，至今寶藏於杜氏。《廣記》卷八十六。

建州狂僧

建州有僧，不知其名，常如狂人。其所言動，多有微驗【六】。邵武縣前臨溪有大磐石，去水猶百步。一日，忽以墨畫其石又半，困《廣記》「又」作「之」，「困」作「因」。坐石上，爲《廣記》「爲」在「竿」下。持竿釣魚之狀。明日，山水大發，適毛本作「遇」。至其墨畫而退。癸卯歲，盡砍《廣記》作「斫」。去臨路樹枝之向南者。人問之，曰：「免礙旗旛。」又曰：「要歸一邊。」及吴師之入，皆行其下。又城外僧寺，大署其壁「某等若干人處」，書之。及軍至城下，分據僧寺以爲栅所，安置人數亦《廣記》作「一」。無所差。其僧竟爲軍士所殺。初，王氏之季，閩建多難，民不聊生。或問狂僧曰：「待《廣記》「待」字作「時世」二字。何時當安？」答曰：「儂去即安矣。」及其既死，閩嶺竟平，皆如其言。《廣記》卷八十六。

【六】多有微驗　「微」，談本《廣記》作「徵」。

補遺

李漢雄

李漢雄者，嘗爲欽州刺史，罷郡居池州。善風角推步之奇術，自言當以兵死。天祐丙子歲，遊浙西，始入府而嘆曰：「府中氣候甚惡，當有兵亂，期不遠矣。吾必速迴。」既見府公，厚待之，留旬日，未得遽去。一日，晚出逆旅，四顧而嘆曰：「禍在明日，吾不可留。」翌日晨，入府辭，坐客位中。良久曰：「禍即今至，速出猶或可。」遂出，至府門，遇軍將周交作亂，遂遇殺害於門下。《廣記》卷八十。

高安村小兒

高安村人有小兒作田中【一】，爲人所殺，不獲其賊。至明年死日，家人爲設齋。爾日有里中兒方見其一小兒，謂之曰：「我某家死兒也，今日家人設齋，吾與爾同往食乎？」里中兒即隨之至其家，共坐靈牀，食至輒餐，家人不見也。久之，其舅後至，望靈牀而哭。兒即逕指之曰：「此人殺我者也，吾惡見之。」遂去。兒既去，而家人見里中

【一】高安村人有小兒作田中　「作」，談本《廣記》作「行」。

兒坐靈牀上，皆大驚，問其故。兒具言之，且言其舅殺之。因執以送官，遂伏罪。《廣記》卷一百二十四。

陳勳

建陽縣録事陳勳，性剛狷，不容物，爲縣吏十人共誣其罪，竟坐棄市。至明年死日，家爲設齋。妻哭畢，獨嘆於靈前曰：「君平生以剛直稱，今枉死逾年，精魂何寂然耶！」是夕，即夢勳曰：「吾都不知死，向聞□□□□卿言【二】，方大悟爾。若爾，吾當報讎。然公署非可卒入者，卿明日爲我入縣訴枉，吾當隨之。」明日，妻如言而往，出門即見勳仗劍從之。至縣，遇一讎吏於橋上，勳以劍擊其首，吏即顛仆而死。既入門，勳徑之曹署，以次擊之，中者皆死。十殺其八，二吏奔至臨川，乃得免。勳家在蓋竹鄉，人恒見之，因爲立祠，號陳府君廟，至今傳其靈。《廣記》卷一百二十四。

鍾遵

江南大理評事鍾遵，南平王傅之孫也，歷任貪濁。水部員外郎孫岳素知其事，密縱於權要，竟坐下獄。會赦除名，遵既以事在赦前，又其祖嘗賜鐵券，恕子孫二死，因復詣闕自理。事下所司，大理奏：「贓狀明白。」遂棄市。臨刑，或與之酒，遵不飲，曰：「吾當訟於

【二】向聞□□□□卿言　談本《廣記》無四空格。

地下，不可令醉也。」遵死月餘，岳方與客坐，有小青蛇出於楝間。岳視之，驚起曰：「鍾評事！鍾評事！」變色而入，遂病，翌日死。《廣記》卷一百二十四。

魯思郾女

内臣魯思郾女，生拾柒年。一日臨鏡將妝，鏡中忽見一婦人，披髮徒跣，抱一嬰兒。迴顧，則在其後。因恐懼頓仆，久之乃蘇。自是日日恒見。積久，其家人皆見之。思郾自問其故，答曰：「己揚子縣里民之女，往歲建昌録事某以事至揚子，因聘己爲側室，君女即其正妻。歲餘生此子。後録事出旁縣，君女因投己於井，并此子，以石填之，詐其夫云逃去。我方訟於所司，適會君女卒。今雖後身，固當償命也。」思郾使人馳至建昌驗事，其録事老，猶在。如言發井，果得骸骨。其家多方以禳之，皆不可。其女後嫁褚氏，厲愈甚，旦夕驚悸，以至於卒。《廣記》卷一百三十。

袁弘禦

後唐袁弘禦，爲雲中從事，尤精算術。同府令算庭下桐樹葉數，即自起量樹，去地七尺圍之，取圍徑之數，布算良久，曰若干葉。衆不能覆，命撼去二十二葉，復使算。曰：「已少向者二十一葉矣。」審視之，兩葉差小，止當一葉耳。節度使張敬達有二玉碗，弘禦量其廣深算之，曰：「此碗明年五月十六日巳時當破。」敬達聞之曰：「吾敬藏之，能破否！」即命貯大籠，籍以衣絮，鏁之庫中。至期，庫屋梁折，正壓其籠，二碗俱碎。太僕少卿薛文美同府親見。《廣記》卷二百十五。

蒯亮

處士蒯亮言：其所知額角患瘤，醫爲割之，得一黑石碁子，巨斧擊之，終不傷缺。復有足脛生瘤者，因至親家，爲猘犬所齕，正齧其瘤，其中得針百餘枚，皆可用。疾亦愈。《廣記》卷二百二十。

張易

江南刑部郎中張易，少居菑川，病熱，困惙且甚。恍惚見一神人，長可數寸，立於枕前，持藥三丸，曰：「吞此可癒。」易受而亟吞之，二丸嗛之，一丸落席有聲。因自起求之，不得。家人驚問何爲，具述所見，病因即愈。爾日出入里巷，了無所苦。《廣記》卷二百二十。

廣陵木工

廣陵有木工，因病手足皆拳縮【三】，不能復執斤斧，扶踊行乞。至后土廟前，遇一道

【三】因病手足皆拳縮　「拳」，談本《廣記》作「舉」。

士，長而黑色，神采甚異。呼問其疾，因與藥數丸，曰：「餌此當愈。旦日平明，復會於此。」木工辭曰：「某不能行，家去此遠，明日雖晚，尚未能至也。」道士曰：「爾無憂，但早至此。」遂別去。木工既歸，餌其藥。頃之，手足痛甚，中夜乃止，因即得寐。五更而寤，覺手足甚輕，因下牀趨走如故，即馳詣后土廟前。久之，乃見道士倚杖而立，再拜陳謝。道士曰：「吾授爾方，可救人疾苦，無爲木匠耳。」遂再拜受之。因問其名居，曰：「吾在紫極宫，有事可訪吾也。」遂去。木匠得方，用以治疾，無不愈者。至紫極宫訪之，竟不復見。後有婦人久疾，亦遇一道士，與藥而差。言其容貌，亦木工所見也。廣陵尋亂，木工竟不知所之。《廣記》卷二百二十。

郭厚

李宗爲舒州刺史，重造開元寺。工徒始集，將浚一廢井，井中有斷碑，其文不識。是夜，李宗夢一人，自稱郭厚，「兹此前土寇犯闕【四】，天下亂，僧輩利吾行資，殺我投此井中，今骸骨在是。爲我白李公，幸葬我，無見棄也」。主者以告宗。翌日，親至井上，使發之，果得骸骨。即爲具衣衾棺槨，設祭而葬之。葬日，伍伯復仆地，鬼語曰：「爲我謝李公，幽魂處此已三十年，藉公之惠，今九州社令已補我爲土地之神，配食於此矣。」寺中至今祀之。《廣記》卷三百十四。

【四】井中有斷碑其文不識是夜李宗夢一人自稱郭厚兹此前土寇犯闕　原「井中」後有闕文，今據談本《廣記》補「有斷碑……兹此前」共二十一字。「土」原作「王」，據談本《廣記》改。「土寇犯闕」前原有「如言而得之船屋上有腊婦人取以食四卒視其手」二十一字，實爲本書卷六《朱廷禹》篇中的内容，不知何故羼入，今删。

彭虎子

彭虎子少壯有膂力，常謂無鬼神。母死，俗巫誡之云：「某日殃煞當還，重有所殺，宜出避之。」合家細弱悉出逃隱，虎子獨留不去。夜中有人排門入，至東西屋覓人不得，次入屋，向廬室中，虎子遑遽無計。牀頭先有一甕，便入其中，以板蓋頭。覺母在板上，有人問：「板下無人耶？」母云：「無。」相率而去。《廣記》卷三百十八。

馬舉

馬舉嘗爲山南步奏官，間道入蜀【五】。時兵後僻路，絶無人烟。夜至一館，聞東廊下有人語聲，因往告之。有應者云：「中堂有牀，自往宿去。」舉至中堂，唯有上榻【六】，求火，答云：「無火。」求席，隔屋擲出一席，可重十餘斤。舉亦壯士，殊不介意。中夜，有一物如猴，升榻而來，舉以鐵椎急擊之，叫呼而走。及明告别，其人怒去，更云：「夜來見伊獨處，令兒子往伴，打得幾死。」舉推其門，不可開，自隙窺之，積壤而已。舉後爲太原大將，官至淮南節度使。《廣記》卷三百六十六。

【五】間道入蜀　「間」原作「問」，據談本《廣記》改。
【六】唯有上榻　「上」，談本《廣記》作「土」。

陳龜範

陳龜範，明州人。客遊廣陵，因事贊善馬潛。一夕暴卒，至一府署，有府官視牒，曰：「吾追陳龜謀，何故追龜範耶？」範對曰：「範本名龜謀，近事馬贊善，馬公諱言，故改一字耳。」府公乃曰：「取明州簿來。」頃之，一吏持簿至，視之乃龜謀也。因引至曹署，吏云：「有人訟君，已引退矣，君當得還也。」龜範因自言：「平生多難，貧苦備至。人生固當死，今已至此，不願還也。」吏固遣之。又曰：「若是，願知將來窮達之事。」吏因爲檢簿，曰：「君他日甚善，雖不至富貴，然職禄無闕。」又問壽幾何，曰：「此固不可言也。」又問卒於何處，曰：「不在揚州，不在鄂州。」送還家，寤。後潛歷典二郡，甚見委用。潛卒，歸於揚州。奉使鄂州，既還，卒於彭澤。《廣記》卷三百八十五。

馬思道

洪州醫博士馬思道病篤，忽自嘆曰：「吾平生不省爲惡，何故乃爲女子？今在條子坊朱氏婦所托生矣。」其子試尋之，其家婦果娠，乃作襁褓以候之。及思道卒，而朱氏生，實女子也。《廣記》卷三百八十八。

海陵夏氏

戊戌歲，案：戊戌，晉天福三年，南唐昇元二年。城海陵縣爲郡，侵人冢墓。有市儈夏氏，其先嘗爲鹽商，墓在城西。夏改葬其祖，百一十年矣，開棺唯有白骨，而衣服器物皆儼然如新，無所損污。有紅錦被，文彩尤異。夏方貧，皆取賣之，人競以善價買去。其餘冢雖歷年未及，而皆腐敗矣。《廣記》卷三百九十。

廬陵彭氏

廬陵人彭氏葬其父，有術士爲卜地，曰：「葬此當世爲藩牧郡守。」彭從之。又掘坎，術士曰：「深無過九尺。」久之，術士暫憩他所，役者遂掘丈餘。欻有白鶴自地出，飛入雲中。術士歎恨而去。今彭氏子孫有爲縣令者。《廣記》卷三百九十。

武夷山

建州武夷山，或風雨之夕，聞人馬簫管之聲。及明，則有棺槨在懸崖之上，中有脛骨一節。土人謂之仙人換骨函。近代有人深入絶壑，俯見一函，其上題云：「潤州朝京門内染師張某第三女。」好事者記之。後至潤州，果得張氏之居，云第三女未嫁而卒，已數歲。因發其墓，則空棺矣。《廣記》卷三百九十。

林贇堯

丙午歲，案：丙午，晉開運三年，南唐保大四年。漳州裨將林贇堯殺監軍中使，據郡及保山巖以爲營。掘地得一古冢，棺槨皆腐，中有一女子，衣服容貌皆如生，舉體猶有暖氣。軍士取其金銀釵鐶，而棄其屍。又發一冢，開棺見一人被發覆面，蹲於棺中。軍士駭懼，致死者數人。贇堯竟伏誅。《廣記》卷三百九十。

張匡紹軍卒【七】

丙午歲，案：丙午，當南唐保大四年。江南之師圍留安。軍政不肅，軍士發掘冢墓以取財物，諸將莫禁。監軍使張匡紹所將卒二人，發城南一冢，得一椰實杯，以獻匡紹。因曰：「某發此冢，開棺見緑衣人，面如生，懼不敢犯。墓中無他珍，唯得此杯耳。」既還營，而緑衣人已坐某房矣。一日數見，意甚惡之。居一二日，二卒皆戰死。《廣記》卷三百九十。

馬黄谷冢

安州城南馬黄谷冢左有大冢，棺槨已腐，唯一骷髏，長三尺。陳人左鵬親見之焉。

【七】張匡紹軍卒　「匡」原無，據談本《廣記》補。

《廣記》卷三百九十。

秦進崇

周顯德乙卯歲，僞漣水軍使秦進崇修城。發一古冢，棺椁皆腐，得古錢破銅鏡數枚。復得一瓶，中更有一瓶，黄質黑文，隸字云【八】：「一雙青鳥子，飛來五兩頭。借問船輕重，寄信到揚州。」其明年，周師伐吴，進崇死之。《廣記》卷三百九十。

陳褒

清源人陳褒，隱居别業。臨窗夜坐，窗外即廣野，忽聞有人馬聲。視之，見一婦人騎虎自窗下過，徑入西屋内壁下。先有一婢卧，婦人即取細竹枝，從壁隙中刺之，婢忽爾腹痛，開户去如廁。褒方愕駭，未及言，婢已出，即爲虎所搏。遽前救之，僅免。鄉人云，村中恒有此怪，所謂虎鬼者也。《廣記》卷四百三十二。

朱氏子

廣陵有朱氏子，家世勳貴，性好食牛【九】，所殺無數。嘗於暑月中欲殺一牛，其母止之曰：「暑熱如此，汝已醉，所食幾何？勿殺也。」子向牛言曰：「汝能拜我，我赦汝。」牛

【八】隸字云　「隸」前談本《廣記》有一「成」字。

【九】性好食牛　「牛」前談本《廣記》有一「黄」字。

應聲下淚而拜。朱反怒曰：「畜生安能會人言！」立殺之。數日乃病，恒見此牛爲厲，竟作牛聲而死。《廣記》卷四百三十四。

張某妻

晉州神山縣民張某妻，忽夢一人，衣黄褐衣，腰腹甚細，逼而淫之，兩接而去。已而妊娠，遂好食生肉，常恨不飽。恒舐唇咬齒而怒，性益狠戾。居半歲，生二狼子。既生即走，其父急擊死之【一〇】。妻遂病恍惚，歲餘乃復，鄉人謂之狼母。《廣記》卷四百四十二。

張謹

道士張謹者，好符法，學雖苦而無成。嘗客遊至華陰市，見賣瓜者，買而食之。旁有老父，謹覺其飢色，取以遺之，累食百餘。謹知其異，奉之愈敬。將去，謂謹曰：「吾土地之神也，感子之意，有以相報。」因出一編書，曰：「此禁狐魅之術也，宜勤行之。」謹受之。父亦不見。爾日宿近縣村中，聞其家有女子啼呼，狀若狂者。以問主人，對曰：「家有女近得狂疾，每日昃，輒靚妝盛服，云召胡郎來。非不療理，無如之何也。」謹即爲書符，施簷户間。是日晚間，簷上哭泣且罵曰：「何物道士，預他人家事，宜急去之。」謹怒呵之。良久，大言曰：「吾且爲奴矣。」遂寂然。謹復書數符，病即都差。主人遺絹數十匹以謝

【一〇】其父急擊死之　「死」，談本《廣記》作「殺」。

之。謹嘗獨行，既有重齎，須得傔力。停數日，忽有二奴請謹【一一】，自稱曰德兒、歸寶，「嘗事崔氏。崔出官，因見捨棄，今無歸矣。願侍左右」。謹納之。二奴皆謹願黠利，尤可憑信。謹東行，凡書囊符法，行李衣服，皆付歸寶負之【一二】。將及關，歸寶忽大駡曰：「以我爲奴，如役汝父。」因絶走。謹駭怒，逐之。其行如風，倏忽不見。既而德兒亦不見，所齎之物皆失之矣。時秦隴用兵，關禁嚴急，客行無驗，皆見刑戮。既不敢東度，復還主人，具以告之。主人怒曰：「寧有是事？是無厭，復將撓我耳！」因止於田夫之家，絶不供給。遂爲耕夫邀與同作，晝耕夜息，疲苦備至。因憩大樹下，仰見二兒曰：「吾德兒、歸寶也，汝之爲奴苦否？」又曰：「此符法，我之書也，失之已久，今喜再獲。吾豈無情於汝乎！」因擲行李還之，曰：「速歸，鄉人待爾書符也。」即大笑而去。謹得行李，復詣主人，方異之，更遺絹數疋，乃得去。自爾遂絶書符矣。《廣記》卷四百五十五。

合肥富人

合肥有富人劉某，曾慥《類説》作「最下某」，「後病」作「後最病」。好食雞。每殺雞，必先刖曾慥《類説》作「刖」。雙足，置木櫃中，血瀝盡力乃烹，曾慥《類説》作「膏血瀝盡乃烹之」。以爲去腥氣。某後病，生瘡於鬢。既愈，復生小雞足於瘡瘢中。每巾櫛，必傷其足，傷即流血被面，痛楚竟日。如是積歲，無日不傷，竟以是卒。《廣記》卷四百六十一。曾慥《類説》亦引。

【一一】忽有二奴請謹　「請」，談本《廣記》作「詣」。

【一二】皆付歸寶負之　「寶」原作「負」，據談本《廣記》改。

平固人

處州平固人訪其親家，因留宿。夜分，聞寢室中有人語聲，徐起聽之，乃群鵝語。曰：「明旦主人將殺我，善視諸兒。」言之甚悉。既明，客辭去。主人曰：「我有鵝甚肥，將以食子。」客具告之。主人於是舉家不復食鵝。頃之，舉鄉不食矣。《廣記》卷四百六十二。

海陵鬥鵝

乙卯歲，案：乙卯，周顯德二年。海陵郡西村中有二鵝，鬭於空中，久乃墜地。其大可五六尺，雙足如驢蹄。村人殺而食之者皆卒。明年，兵陷海陵。《廣記》卷四百六十二。

海陵人

海陵縣東居人，多以捕雁爲業，恒養一雁，去其六翮，以爲媒。一日，群雁迴塞，時雁媒忽人語謂主人曰：「我償爾錢足，放我迴去。」因騰空而去。此人遂不復捕雁。《廣記》卷四百六十二。

廣陵少年

廣陵有少年，畜一鸛鴿，甚愛之，籠檻八十日死。以小棺貯之，將瘞於野。至城門，閽吏發視之，乃人之一手也。曾慥《類説》作「乃一人頭」。執而拘諸吏。凡八十日，復爲死鸛鴿，乃獲免。《廣記》卷四百六十二。曾慥《類説》亦引。

染人

廣陵有染人，居九曲池南。夢一白衣少年求寄居焉，答曰：「吾家隘陋，不足以容君也。」乃入厨中。爾夕舉家夢之。既曰，厨中得一白鼈，廣尺餘，兩目如金。其人送詣紫極宫道士李棲一所，置之水中，則色如金而目如丹，出水則白如故。棲一不能測，復送池中，遂不復見。《廣記》卷四百六十七。

海上人

近有海上人，於魚扈中得一物，是人一手【一三】，而掌中有面，七竅皆具，能動而不能語。傳翫久之。或曰：「此神物也，不當殺之。」其人乃放置水上【一四】，此物浮水而去。可數十步，忽大笑數聲，躍没於水。《廣記》卷四百六十七。

【一三】是人一手　「是」，談本《廣記》作「似」。

【一四】其人乃放置水上　「上」，談本《廣記》作「中」。

契丹

盧文進，幽州人也，至南封范陽王。嘗云：陷契丹中，屢又絶塞射獵，以給軍食。晝方獵【一五】，忽天色晦黑，衆星粲然，衆皆懼。捕得蕃人問之，乃所謂笪卻日也。此地以爲尋常，當復矣。頃之乃明，日猶午也。又云：常於無定河見人腦骨一條，大如柱，長可七尺云。《廣記》卷四百八十。

楊蘧

王贊，中朝名士。有弘農楊蘧者，曾至嶺外，見楊朔荔浦山水，心常愛之，談不容口。蘧嘗出入贊門下，稍接從容，不覺形於言曰：「侍郎曾見楊朔荔浦山水乎？」贊曰：「未曾打人唇綻齒落，安得見耶？」因大笑。此言嶺外之地，非貶不去。《廣記》卷五百。

洞中道士對棋

婺源公山二洞有穴如井，咸通末，有鄭道士以繩縋下百餘丈。旁有光，往視之，路窮阻水，隔岸有花木。二道士對棋，使一童子刺船而至，問：「欲渡否？」答曰：「當還。」童子回舟而去。鄭復縋而出。明日，井中有石筍塞其口，自是無入者。曾慥《類説》。

【一五】晝方獵　「晝」前談本《廣記》有一「正」字。

波中婦人

謝仲宣泛舟西江，見一婦人没波中，腰以下乃魚也。竟不知人化魚，魚化人？曾慥《類説》。

采菱遇蛟【一六】

晉曲阿民謝盛，乘船入湖採菱。見一蛟來向船，盛以叉殺之，懼而還家。後數年亢旱，盛步至湖，見先叉在地，拾取之。忽心痛，還家而卒。曾慥《類説》。

北斗君主簿【一七】

許攸夢烏衣叟奉漆案【一八】，上有六封文書，拜跪曰：「府君當爲北斗君，陳康爲主簿。」既覺，康忽來謁，攸告之。康曰：「我作道師，死不過作社公。今得北斗主簿，主爲忝矣【一九】。」明年，同日而死。曾慥《類悦》。

楊祐患頭風

楊祐常患頭風，醫欲治之。祐曰：「吾生三日時，首向北，北户覺風吹項，意甚患之，

【一六】采菱遇蛟　此條《廣記》卷一三一亦收，文字差别較大，題作《謝盛》，注云引自《幽明録》。

【一七】北斗君主簿　此條《廣記》卷二七六亦收，文字差别較大，題作《許攸》，注云引自《幽明録》。

【一八】許攸夢烏衣叟奉漆案　「叟」，談本《廣記》作「吏」。

【一九】主爲忝矣　「主」，談本《廣記》作「餘」。

不能語耳。病源已遠，不可治也。」曾慥《類説》。

鄭玄老奴

王輔嗣注《易》，笑鄭玄云：「老奴甚無意。」夜久，忽聞外閣有著屐聲，須臾入，自云是鄭玄，曰：「君年少，何以穿鑿文句，妄譏老子？」言訖而去。輔嗣暴卒。曾慥《類説》。

恥與魑魅爭光

嵇康燈下彈琴，忽一人長丈餘，著黑單衣，革帶。康熟視，乃吹火滅，曰：「恥與魑魅爭光。」曾慥《類説》。

鄧公場采銀

饒州鄧公場，採銀之所，山有澗水出底。天祐末，銀夫十餘人，傍澗鑿地道。入數步，空闊明朗，山頂有穴如天窗，日光下照，樓閣四柱石皆白銀也。采銀者復出，持斧而入，將斲取之。俄而山摧，入者盡壓死。頃之，流血自澗出，數日不絶，自是無敢入者。曾慥《類説》。

李白舊宅酒榼

滄州有李巡官，居洛陽空宅。其子夜讀書，有皂衣肥短人，被酒排闥而入。其子懼走。皂衣人怒曰：「李白尚與我爲友，汝何爲者耶！」其子疑其神仙，再拜延坐。皂衣曰：「吾有酒，與汝飲。」乃以席帽盛酒，而至數盃。其父從户外窺見，以爲怪魅，以磚擲之，皂衣走。視其帽，酒榼蓋也。明日，糞壤中得榼一隻。故老云李翰林舊宅也。曾慥《類説》。

老猿竊婦人

晉州含山有妖鬼，好竊婦人。嘗有士人行至含山，夜失其妻，旦而尋求，入深山。一大石，有五六婦人共坐，問曰：「君何至此？」具言其故。婦人曰：「賢夫人昨夜至此，在石室中。吾等皆經過，爲所竊也。將軍竊人至此，與行容、彭之術，每十日一試。取索練周纏其身及手足，作法運氣，練皆斷裂。每一試輒增一疋，明日當五疋。君明旦至此伺之，吾等當以六七疋急纏其身。俟君至，即共殺之，可乎？」其人如期而往，見一人貌甚可畏，衆婦以練縛之。至六疋，乃直前格之，遂殺之，乃一老猿也。因獲其妻，衆婦皆得出。其怪遂絶。曾慥《類説》。

凶宅掘銀

壽州大將趙璘，本州有凶宅，人莫敢居，璘入居之，獨據中堂。夜有物推床曰：「我等在此已久，爲君所壓甚不快。君可速去。」鬼乃相與移其床於庭下，璘亦安寢。明日，於堂上置床處掘得銀一窖，宅遂安。曾慥《類説》。

紫薇宮題壁

建業市有卜者，忽於紫薇宮題壁云：「昨日朝天過紫薇，玉壇風冷杏花稀。碧桃昵我傳消息，何事人間更不歸。」自是絶跡，人皆言其上升。曾慥《類説》。

右《稽神録》六卷，拾遺一卷，補遺一卷，宋徐鉉撰。晁公武《讀書志》題六卷，載其自序：「自乙未至乙卯，凡二十年，僅得百五十事。」今案毛氏《津逮秘書》、張氏《學津討原》所刊六卷，得百七十五事，又有拾遺十三事，與公武所云不合。《宋・藝文志》作十卷。陳振孫《書録解題》作一卷，亦云：「元本十卷，今無卷第，總作一卷，當是從他書中録出者。」疑此書在宋有三本：一本六卷，鉉自序所稱百五十事，止於乙卯者也；一本十卷，鉉於乙卯後續有所記，振孫所謂元本，《宋志》所著録者也；一本一卷，振孫所疑從他書中録出者。今本即出於此，而後人强分爲六卷，以求合於《讀書志》者也。考鉉生於梁貞明二年丙子，卒於宋淳化二年辛卯，年七十有六。乙卯當周顯德二年，鉉年才四十。又二十年，始隨南唐後主歸宋。振孫謂：「世傳鉉喜言怪，賓客之不能自通與失意而見斥絶者，皆詭言以求合。」以官位言之，必在自饒州召還復知制誥以後。而鉉仕南唐貴顯，亦當周顯德以後也。今書中記「番禺村女」，書庚申歲；記「南唐縣令」及「金精山木鶴」，書辛酉歲，當宋建隆元、二年。記「陸洎」，書乙丑歲；記「劉威」，書丁卯歲，當宋乾德三年、五年。記「劉隲」，則直云「顯德五年，周有淮南之地」。是其書非止於辛卯，尤可斷言矣。或謂庚申、辛酉，當唐之光化三年、天復元年，乙丑、丁卯當唐之天祐二年、三年，然是書凡記貞明丙子以前事，悉書年號，世固未有述往代之事，而但書甲子者也。《四庫提要》引《楓窗小牘》，證此書全載《太平廣記》中，後人録出成帙。陸心源《群書校補》乃以《太平廣記》校異補遺於舊本，拾遺十三條外又得三十四條。而舊本「董昌」一條，《廣記》引作《會稽典録》；「周延翰」一條，《廣記》引作《廣異記》；「建業婦人」一條，《廣記》引作《搜神記》；「熊勛」「洪州樵人」二條，《廣記》失載出處。是實可證其誤入者三，存疑者二。兹編以陳仲魚校宋刊《太平廣記》重勘，與陸校字又多異同。復從曾慥《類説》所載二十九條中，校得《廣記》未收者十二條，最録爲補遺一卷。内從

《類説》出者，「波中婦人」及「恥與魑魅爭光」，皆與是録不相類，或爲鉉所比類引證之語，而慥删削其本事歟。己未仲春，新建夏敬觀跋。

江淮異人録

◉吴　淑撰

張劍光　整理

點校説明

《江淮異人録》，吴淑撰。吴淑（九四七—一〇〇二），字正儀，潤州丹陽人。吴淑自幼屬文敏速，詞學典雅，得到韓熙載、潘佑等人的器重。應南唐進士舉，補丹陽尉。後以校書郎直内史。南唐滅亡後，他隨後主李煜來到宋都開封。後得到大臣的延薦，試學士院，授大理評事，參與編修《太平御覽》、《太平廣記》、《文苑英華》。歷任太府寺丞、著作佐郎，充校理秘閣。至道二年，兼掌起居舍人事，預修《太宗實録》，再遷職方員外郎。卒年五十六。《宋史》卷四四一有傳。《隆平集》卷一四、《東都事略》卷一一五等亦記其事蹟。除本書外，他還著有《秘閣閑談》五卷、文集十卷、《異僧記》一卷及《事類賦注》三十卷等。

《江淮異人録》是一部志怪類的筆記小説，專記五代至宋初的異人怪事。由於作者是《稽神録》作者徐鉉的女婿，學風受到一定的影響，因而書中描寫的都是俠客術士。這些故事中的情節雖然有不少虚構的成份，但常常會表現出作者的思想傾向。一些故事，作者爲了表示是有所根據的，特地指明是聽聞來的南唐宫廷傳説，是自己耳目所及。就如《四庫全書總目提要》所説：「徐鉉嘗積二十年之力成《稽神録》一書，淑爲鉉婿，殆耳濡目染，挹其流波，故亦喜語怪歟？鉉書説鬼，率誕漫不經，淑書所記，則《周禮》所謂『怪民』，《史記》所謂『方士』，前史往往載之，尚爲事之所有。其中如『耿先生』之類，馬令、陸遊二《南唐書》皆採取之，則亦未盡鑿空也。」因此，該書是有相當高的史料價值。

《江淮異人録》的卷數，各書記載不盡相同。《宋史》、《崇文總目》傳記類、《通志·藝文略》道家類、《隆平集》、《京口耆舊傳》等記載爲三卷，但陳振孫《直齋書録解題》卷五、《文獻通考》卷二百等記載爲兩卷，尤袤《遂初堂書目》雜傳類没有記載撰人和卷數。明清時期，關於是書的版本流傳情況，仍有不同的記録。錢曾《述古堂書目》神仙傳類著録有三卷抄本，但此抄本不見傳世。記録較多的是不分卷者，如收入《正統道藏》洞玄部記傳類的，既不分卷，亦未著明作者；清《知不足齋叢書》本，以吴枚庵藏嘉靖間伍氏刊本爲底本，此本現藏國家圖書館；瞿鏞《鐵琴銅劍樓藏書目録》著録有明鈔一卷本，「從《永樂大典》録出，此本出明人所鈔」。後人又據《知不足齋叢書》本翻刻，收于《龍威秘書》、《藝苑捃華》。另外，不分卷本還有明正德嘉靖間顧氏家塾刊《廣四十家小説》本，一九一五年上海文明書局石印本據其刊印。此外尚有二卷本，如傅增湘《雙鑒樓善本書目》提到明嘉靖刊二卷本；再如從《永樂大典》中輯出的《四庫全書》本，以及據四庫本而翻刻的《函海》本。今人整理本主要有上海古籍出版社《宋元筆記小説大觀》孔一校點本等。

不分卷本與二卷本出入較大，如四庫本收有「唐寧王」、「花姑」兩條，《知不足齋叢書》本無；《知不足齋叢書》本有「瞿童」條，四庫本無；「司馬郊」、「耿先生」、「張訓妻」等條，兩本内容各有多少。《四庫全書總目提要》談到《江淮異人録》「其書久無傳本，今從《永樂大典》中掇拾編次，適得二十五人之數，首尾全備，仍爲完書。謹依《宋志》仍分上下二卷，以複其舊焉」。顯然四庫的二卷本是據《永樂大典》重新編排的，與原書是有一定差距。而《知不足齋叢書》本是據明人刊本刻印，稍經潤色，未失其真。鑒於此，本次整理，我們以更接近原書的《知不足齋叢書》本爲底本，校以《四庫全書》本和《正統道藏》本。整理中難免有所不足，敬請批評指正。

目録

校勘記

司馬郊

司馬郊，一名凝正，一名守中。遊於江表，常被冠褐，躡屐而行，日可千百里。衣褐不改，作而常新。所爲麄暴，人無敢近之者。能詐死，以至青腫臭腐，俄而復活。嘗止於宣州開元觀，自宣之歙，時道士紹修默亦往歙州，至城門遇之，與同行。修默避之先往，至一鎮戍，方息於逆旅，郊續至。修默隱身潛窺之，見郊入別店中，召主人與飲，因而凌辱之。主人初亦敬謝，郊不爲已，而更擊之。既而互相搏擊，郊忽踣於地，視之已死，體冷色變，一市皆聚觀。乃召集鄉里，縛其主人，檢屍責詞，將送於州。時已向夕，欲明旦乃行。至中夜，復聞店中喧然，曰已失司馬尊師矣。而人方悟郊詐死，釋其主人。修默明日侵曉乃行，至前百里許，問人曰：「司馬尊師何時過此？」曰：「今早已過矣。」明日復行百里問之，曰：「昨日已早過矣。」及到歙州問之，亦然。每往來上江諸州，至一旅舍，安泊久之，將去，告其主人曰：「我所有竹器，不能將行，取火焚之。」主人曰：「方風高，且竹屋低隘，不可舉火。」郊不已，衆人共拜勸之，郊怒不聽，乃發火於室中，持一大杖立於門側，敢至者擊之。郊有力，人無敢近之者。俄而火甚【一】，焰出於竹瓦之隙，人皆惶駭。既而火滅，郊所有器什皆盡，所卧床皆熏灼，而薦席無有焦者。有朱翺者，爲池州法掾，郊過詣之，謂朱曰：「君色甚惡，當病。我即去，君病中能念我，或呼我姓名，當有所應。」翺不之信，後十餘日果病熱疾，數日甚劇。忽憶郊之言，意甚神之，因稽首思念求祐。初朱已病惡，見人在己前。有小吏陳某者，常指使如意，令入室侍疾，亦叱去之。家人守之户外，無得入者。至是朱恍惚見陳某持一甌藥進之，朱飲之，便覺意爽體佳，呼家人曰：「適陳某所持來藥甚效，當令更進一服。」家人驚曰：「比不令人入室，陳安得至此？」朱乃悟郊之垂祐也。自是朱疾漸平。郊嘗居歙州某觀，病痢困劇，觀主欲申白官司，先以意聞郊。郊怒曰：「吾疾方愈，何勞若此？」既漸困篤，觀主不得已，乃口白縣令姚藴。藴使人候問之，郊曰：「姚長官何故知吾病也？」來者以告，郊怒，忽起結束，徑入某山中，其行如飛。後十餘日，持一大杖，求觀主，將捶之。觀中道士共禮拜求救，乃免。嘗至洪州市中，探鮓食之。市中小兒呼曰：「道士喫鮓。」郊怒以物擊小兒，中面流血【二】。巡人執郊，送於虞候。虞候素知其名，方善勸説之。郊乃極口怒駡。虞候不勝其忿，杖之至十。郊謂人曰：「彼杖我十五，可得十五日活。杖我十，十日死矣。」既而果然。後入廬山，居簡寂觀，因醉卧數日而卒。臨終，令置一杖於棺中。及葬，覺棺空，發之，唯杖在焉。

【一】俄而火甚　「甚」，道藏本、四庫全書本作「盛」。

【二】中面流血　「面」，四庫本作「額」。

錢處士

錢處士，天祐末遊於江淮，嘗止於金陵楊某家。初，吴朝以金陵爲州，築城，西抛江【三】，東至朝溝。錢指城西里餘荒穢之地，勸楊買之，楊從其言。及建爲都邑，而楊氏所買地正在繁會之處，乃搆層樓爲酒肆焉。嘗宿於楊家，中夜忽起，謂人曰：「地下兵馬喧鬨，云接令公，聒我不得眠。」人皆莫之測也。明日，義祖自京口至金陵，時人無有預知者。嘗見一人，謂之曰：「爾天罰將及，可急告謝自責。」人曰：「我未省有過。」錢曰：「爾深思之。」人良久乃曰：「昨日飲食不如意，因怒其下，棄食於溝中。」錢曰：「正是此爾，可急取所棄食之。」乃取之，將以水汰去其穢，俄而雷電大震，錢曰：「急取穢食之。」如言而雷電果息。嘗有人圖錢之狀，錢見之曰：「吾反不若此，常對聖人也。」人不之悟。後有僧取其圖置於誌公塔中，人以爲應。後烈祖復取之入宫，陳於内寢焉。又每爲讖語，説方來事，言李氏之祚曰：「仿佛之間一倍楊。」初，吴氏有江東之地【四】，凡四十六年，而李氏三十九年。或謂楊氏自稱尊，至禪代二十年【五】，故仿佛倍之耳。

聶師道

聶師道，歙人。少好道。唐末，于濤爲歙州刺史，其兄方外爲道士，居於郡南山中，師

【三】西抛江　「西」原無，據道藏本、四庫本補。「抛」，四庫本作「接」，義較勝。

【四】吴氏有江東之地　「江東」，四庫本作「江淮」。

【五】楊氏自稱尊至禪代二十年　「尊」後四庫本有一「號」字，「十」後有一「五」字。

道往事之。濤時往詣方外，至於郡政，咸以諮之，乃名其山爲問政山。吴朝以師道嘗居是山，因號爲問政先生焉。初，方外在山中，郡人少信奉者。及師道至，瓺信日至而富實【六】。師道嘗與友人同行，至一逆旅，友病熱疾【七】，村中無復醫藥。或教病者曰：「能食少不潔，可以解。」及病危，因復勸之。人有難色，師道諭之曰：「事急矣，何難於此？吾爲汝先嘗之。」乃取啗之，人感其意乃食，而病果愈【八】。後給事中裴樞爲歙州，當唐祚之季，詔令不通【九】。宣州田頵、池州陶雅舉兵圍之累月，歙人頻破之。後食盡援絶，議以城降，而城中殺外軍已多，無敢將命出者，師道乃自請行。樞曰：「君乃道士，豈可遊兵革中耶？請易服以往。」師道曰：「吾已受道法科教，不容易服。」乃縋之出城。二將初亦甚怪，及與之語，乃大喜曰：「真道人也。」誓約已定，復遣還城中。及期，樞適有未盡，復欲延期，更令師道出諭之。人謂其二三，咸爲危之，師道亦無難色。及復見二將，皆曰：「無不可，唯給事命。」時城中人獲全，師道之力也。吴太祖聞其名，召至廣陵，建紫極宫以居之。一夜，有羣盜入其所止，至於什器皆盡取之。師道謂之曰：「汝爲盜，取吾財以救饑寒也，持此將安用之？」乃引於曲室，盡取金帛與之。仍謂之曰：「爾當從某處出，無巡人，可以無患。」盜從所教【一〇】，竟以不敗。後吴朝遣師道至龍虎山設醮，道遇羣盜劫之，將加害，其中一人熟視師道，謂同黨曰：「勿犯先生。」令盡以所得還之，羣盜亦皆從其言。因謂師道曰：「某即昔年揚洲紫極宫中爲盜者。感先生至仁之心，今以奉

【六】瓺信日至而富實　「至而富實」，四庫本作「衆」。
【七】友病熱疾　「友病」，四庫本作「友人苦」。
【八】而病果愈　「愈」四庫本作「立愈」。
【九】詔令不通　「通」，四庫本作「行」。
【一〇】盜從所教　「從」，道藏本作「如」。

報。」後卒於廣陵。時方遣使於湖湘，使還，至某處，見師道，問之曰：「何以至此？」師道曰：「朝廷遣我醮南嶽。」使者以爲然。及入吴境，方知師道卒矣。師道姪孫紹元，少入道，風貌和雅，善屬文。年二十餘卒。初，紹元既病劇，有四鶴集於紹元所處屋上。及其卒，人見五鶴沖天而去。

于大

于大，居洪州西山中，無四時【一二】，常持花，不欲近人。嘗至應聖宫，以花置道像前。道士爲設茶，置之食案，須人退，于乃取飲。飲訖，置茶盞於案，長揖而去。人或揖之，亦復相揖，但不與人語耳。有少年好道，欲往事之，而不能得。一日，少年拜曰：「願事先生。」于走不顧。少年逐之，而持其衣，于驅之不去。上山渡水，不暫置之。至一處，臨水而坐，問少年曰：「頗渴否？」曰：「然。」懷中出物如茶末，與之曰：「置此口中，掬水下之。」如言，須臾困睡，及覺，失之矣。

李夢符

李夢符者，常遊洪洲市井中。年可二十餘，短小而潔白，美秀如玉人。以放蕩自恣，四時常插花，遍歷城中酒肆，高歌大醉。好事者多召之與飲，或令爲歌詞，應聲爲之，初不

【一二】無四時 「無」，四庫本無此字。

經心，而各有意趣。鍾傳之鎮洪州也，以其狂妄惑衆，將罪之。夢符於獄中獻詩十餘首，其略曰：「插花飲酒無妨事，樵唱漁歌不礙時。」鍾竟亦不罪【一二】。後桂州刺史李瓊遣使至洪州，言夢符乃其弟也，請遣之。鍾令求於市中旅舍，人曰：「昨夢符不歸【一三】。」因爾不知所終。

劉同圭

劉同圭者，居洪州，詣艾氏家，賃其屋而居，家唯翁媪而已。旦持一筐蕈賣之，夕而醉歸【一四】。積久，鄰人怪之，夜穴壁窺之。見出一缶土，以水噀之，須臾蕈生，及曉刈之。後翁病，謂媪曰：「我死，必置一杖於棺中。」及卒，如其言。初舉棺以出，人覺其重。及至半路，漸輕如無。流蕩其棺【一五】，唯覺杖在其中。發之，獨得杖耳。

耿先生

耿先生者，江表將校耿謙之女也。少而明慧，有姿色。頗好書，稍爲詩句，往往有嘉旨。而明於道術，能拘制鬼魅，通於黄白之術、變怪之事，奇偉恍惚，莫知其何從得也。保大中，江淮富盛，上好文雅，悦奇異之事，召之入宫，葢觀其術，不以貫魚之列待，特處之别院，號曰先生。先生常被碧霞帔，見上多持簡，精彩卓逸，言詞朗暢。手如鳥爪，不便於

【一二】鍾竟亦不罪　「不罪」，四庫本作「不之罪」。

【一三】昨夢符不歸　「夢符」，四庫本作「夜」。

【一四】夕而醉歸　「而醉」，四庫本作「醉而」。

【一五】流蕩其棺　「流」，四庫本作「屍」。

用，飲食皆仰於人。復不喜行宫中，常使人抱持之。每爲詩句，題於牆壁，自稱北大先生，亦莫知其旨也。先生之術不常的，然發揚於外，遇事則應，黯然而彰，上益以此重之也。始入宫，問以黄白之事，試之皆驗。益復爲之，而簡易不煩。上嘗因暇顧謂先生曰：「此皆因火以成之。苟不須火，其能成乎？」先生曰：「試爲之，殆亦可。」上乃取水銀，以硾紙重復裹之，封題甚密。先生内於懷中，良久忽若裂帛聲。先生笑曰：「陛下嘗不信下妾之術，今日面觀，可復不信耶？」持以與上。上周視，題處如舊，發之，已爲銀矣。又嘗大雪，上戲之曰：「先生能以雪爲銀乎？」先生曰：「亦可。」乃取雪實之，削爲銀鋌狀。先生自投於熾炭中，灰埃坌起，徐以炭周覆之。過食頃，曰：「可矣。」乃持以出，赫然洞赤，置之於地，及冷，爛然爲銀鋌，而刀迹具在。反視其下，若垂酥滴乳之狀，蓋初爲火之所融釋也。因是先生所作雪銀甚多，上誕日，每作器用，獻以爲壽。又多巧思，所作必出於人。南海嘗貢奇物，有薔薇水、龍腦漿。薔薇水清泚郁烈，龍腦漿補益男子，上寶惜之，每以龍腦漿調酒服之，香氣連日不絶於口，亦以賜近臣。先生曰：「此未爲佳也。」上曰：「先生豈能爲之？」曰：「試爲，應亦可就。」乃取龍腦，以細絹袋之，懸於琉璃瓶中。上親封題之，置酒於其側而觀之。食頃，先生曰：「龍腦已漿矣。」上自起附耳聽之，果聞滴瀝聲。且復飲。少選，又視之，見琉璃瓶中湛然如勺水矣。明日發之，已半瓶，香氣酷烈，逾於舊者遠矣。先生後有孕，一日謂上曰：「妾此夕當産，神孫聖子，誠在此耳。請備生産所用之物。」上悉爲設之，益令宫人宿於室中。夜半，烈風震霆，室中人皆震懼。是夜不復産。明旦，先生腹已消如常人。上驚問之，先生曰：「昨夜雷電中生子，已爲神物持去，不復得矣。」先生嗜酒，至於男女大欲，亦略同於常。後亦竟以疾終。古者神仙多晦跡混俗，先生豈其人乎！余頃在江南，嘗聞其事，而宫掖秘奥，説者多異同。及江南平，在京師，嘗詣徐率更游，游即義祖之孫也，宫中之事，悉能知之。因就質其事，備爲余言。

潘扆

潘扆者，大理評事潘鵬之子也。少居於和州，樵採雞籠山，以供養其親。嘗過江至金陵，泊舟秦淮口。有一老父求同載過江，扆敬其老，許之。時大雪，扆市酒與同飲【一六】。及江中流，酒已盡，扆甚恨其少，不得醉。老父曰：「吾亦有酒。」乃解巾，於髻中取一小葫蘆子傾之，極飲不竭。扆驚，益敬之。及至岸，謂扆曰：「子事親孝，復有道氣，可教也。」乃授以道術。扆自是所爲詭異，世號之爲潘仙人。能掬水銀於手中，按之即成銀。嘗入人家，見池沼中有落葉甚多，謂主人曰：「此可以爲戲。」令以物漉取之，置之於地，隨葉大小，皆爲魚矣。更棄於水，葉復如故。有蒯亮者，嘗至所親家，同坐者數人，見扆過於門。主人召之，乃至。因謂扆曰：「請先生出一術以娱賓。」扆曰：「可。」顧見門前有

【一六】扆市酒與同飲　「同飲」，四庫本作「同載者飲」。

鐵砧，謂主人曰：「得此鐵砧，可以爲戲。」因就假之。既至，𡒄乃出一小刀子，細細切之至盡。坐客驚愕。既而曰：「假人物，不可壞之也。」乃合聚之，砧復如故。又於袖中出一幅舊方巾，謂人曰：「勿輕此，非一人有急【一七】，不可從余假之。他人固不能得也。」乃舉以蔽面，退行數步，則不復見。能背本誦所未嘗見書，或卷而封之，置之於前，首舉一字，則誦之終卷，其間點竄塗乙，悉能知之。所爲多此類，亦不復盡紀。後亦以疾卒。

潤州處士

潤州處士，失其姓名。高尚有道術，人皆敬信之。安仁義之叛也，郡人惶駭，咸欲奔潰。或曰：「處士恬然居此，必無恙也。」於是人稍安堵。處士有所親，挈家出郡境以避難，有女已適人，不克同往，托於處士，處士許之。既而圍急，處士謂女曰：「可持汝家一物來，吾令汝免難。」女乃取家中一刀以往。處士於刀邊以手抑按之，復與之曰：「汝但持此，若端簡然，伺城中出兵，隨之以出，可以無患。」如言，在萬衆中無有見之者。至城外數十里村店中，見其兄亦在焉。女至兄前，兄不之見也。乃棄刀於水中，復往，兄乃見之。驚曰：「安得至此？」女具以告。兄復令取刀持之，則不能蔽形矣。後城陷，處士不知所之。

【一七】非一人有急　「一」，四庫本無。

洪州將校【一八】

鍾傳之鎮洪州也，嘗遣衙中將校晏某使於浙中。晏至杭州，時方寒食，州人出城，士女闐委。晏亦出觀之。見翁嫗二人，對飲於野中，其翁忽爾乘雲而上，萬衆喧呼。嫗仰望慟哭，翁爲下十數丈，以手慰止之。俄而復上，極高而没。洪州艾氏，其先識晏，親聞其説。

史公鎬

史公鎬者，江南大將史公銖弟也。性沖淡樂道，未嘗見其喜怒。人或干之，亦不以介懷。既貴盛，衣服鮮楚。每至人家，必解衣而坐，不以賓主爲意。及去，誤著他人故弊衣，亦不之覺也。或持其衣逐之，方悟，乃易之。兵部尚書張翰典銓，公鎬求爲揚子令，會已除官，不果。翰見其曠達多可，試謂之曰：「且爲揚子尉，可乎？」公鎬亦忻然從之。後爲瑞昌令，卒於官。時方晴霽，而所居宅上獨雲雨。人有望見雲雨之上有一人，緋衣乘馬，冉冉而上，極高而没。

【一八】洪州將校　四庫本作「杭州野翁」。

江處士

歙州江處士，性沖寂，好道，能制鬼魅。鄉里中嘗有婦人鬼所附著【一九】，家人或仿佛見之。一夜，其夫覺有人與婦共寢，乃急起持之，呼人取火共縛。及火至，正見捉已所繫腰帶也【二〇】。廣求符禁，終不能絶。乃往詣江，江曰：「吾雖能禦之，然意不欲與鬼神爲讎。爾既告我，當爲遣之。」令歸家灑掃一室，令一童子烹茶，待吾至，無得令人輒窺。」如其言。江尋至，入室坐，令童子出迎客。果見一緑衣少年，貌甚端雅，延之入室，見江再拜。江命坐，乃坐啜茶，不交一言，再拜而去。自是婦人復常。有人入山伐木，因爲鬼物所著，自言曰：「樹乃我之所止，汝今見伐，吾將何依？當假汝身爲我窟宅。」自是其人覺皮膚之内有物馳逐，自首至足，靡所不至，人不勝其苦。往詣江，人未至，鬼已先往。江所居有樓，樓北有茂竹，江方坐樓上，覺神在竹林中，呼問之，鬼具以告，且求赦過。江曰：「吾已知矣。」尋而人至，謂之曰：「汝可於鄉里中覓空屋人不居者，復來告吾。」人往尋得之。江以方寸紙置名與之【二一】，戒之曰：「至空屋棄之。」如言而病失。又嘗有人爲夔鬼所撓，其家置圖畫於樓上，皆爲穢物所污，以告之。江曰：「但封閉樓門三日，當使去之。」如言，三日開之，穢物盡去，圖畫如故。余有所知，世居歙州，親見其事。

【一九】嘗有婦人鬼所附著 「人」後四庫本有一「爲」字。

【二〇】正見捉已所繫腰帶也 「正」，四庫本作「止」。

【二一】江以方寸紙置名與之 「置」，四庫本作「署」。

李勝

書生李勝，嘗遊洪州西山中，與處士盧齊及同人五六輩雪夜共飲。座中一人偶言曰：「雪勢若此，固不可出門也。」勝曰：「欲何所詣？吾能往之。」人因曰：「吾有書籍在星子，君能爲我取之乎？」勝曰：「可」。乃出門去。飲未散，攜書而至。星子距西山，凡三百餘里也。游帷觀中有道士，嘗不禮勝。勝曰：「吾不能殺之，聊使其懼。」一日，道士閉户寢於室，勝令童子叩户，取李處士匕首。道士起，見所卧枕前插一匕首，勁勢猶動，自是改心禮勝【二二】。

建康貧者【二三】

建康開城伍刻作「府城」。之東郊壇門外【二四】，嘗有一人，不言姓名，於此面野水搆小屋而居，纔可庇身。屋中唯什器一兩事，餘無他物。日日入城云乞匄【二五】，亦不歷街巷市井，但入寺逍遥遊觀而已。人頗知之。巡使以白上，上令尋迹其出處，而問其所欲。及問之，亦無所求。時盛寒，官方施貧者衲衣，見其劇單，以一衲衣與之，辭不受。强與之，乃轉以與人。益怪之【二六】，因逐之，使移所居，且觀其所向。乃毁屋，移於玄武湖伍刻「門」。西南内臣張謀果園【二七】。多荒穢，亦有野水，復於水際搆屋居之。時大雪數日，園人不

【二二】自是改心禮勝　「是」後四庫本有「畏懼」兩字。

【二三】建康貧者　四庫本作「建康異人」。

【二四】建康開城之東郊壇門外　「開」，四庫本作「關」。

【二五】日日入城云乞匄　「云」原作「去」，據道藏本、四庫本改。

【二六】乃轉以與人益怪之　「與人益」，四庫本作「與人人益」。

【二七】内臣張謀果園　「謀」，四庫本作「琪」。

見其出入，意其凍死，觀之，見屋已壞，曰：「果死矣。」遂白官司。既發屋視之，則方熟寢於雪中。驚起，了無寒色，乃去，不知所之。

陳允升

陳允升，饒州人也，人謂之陳百年。少而静默，好道。家世弋獵，允升獨不食其肉，亦不與人交言。十歲，詣龍虎山入道，棲隱深邃，人鮮得見之者。家人或見之，則奔走不顧。天祐中，人見於撫州麻姑山，計其去家七十年矣，而顔貌如初。昇元中，刺史危全諷少知其異【二八】，迎置郡中，獨處一室，時或失之。嘗夜坐，危謂之曰：「豐城橘美，頗思之。」允升曰：「方有一船橘泊牢城港，今爲取之【二九】。」港距城十五里，少選便還，攜一布囊，可數百顆，因共食之。危嘗有姻禮，市黄金郡中，少不足用，頗呵責其下。允升曰：「無怒，吾能爲之。」乃取厚紙，以藥塗之，投於火中，皆成金，因以足用。後危與吴師戰，允升告之曰：「慎勿入口中。」全諷不知悟【三〇】，果敗於象牙潭。

陳曙

陳曙，蘄州善壇觀道士也，人謂爲百歲，實亦不知其年。步行日數百里，郡人有宴席，常虚一位以待之，遠近必至。烈祖聞而召之，使者未至，忽歎息曰：「吾老矣，何益於國

【二八】刺史危全諷少知其異　「少」，四庫本作「早」。

【二九】今爲取之　「今」後四庫本有一「去」字。

【三〇】全諷不知悟　「知」，四庫本作「之」。

而枉見召？」後數日而使者至，再召，竟不行。保大中，嘗至夜獨焚香於庭，仰天拜祝，退而慟哭。俄而淮上兵革，人以爲預知也。後過江，居於永興景星廢觀，結廬獨居，常有虎豹隨之，人亦罕有見者。及卒，數日方棺殮，而遍體發汗焉。

張訓妻

張訓者，吴太祖之將校也。口大，時人謂之張大口。吴太祖在宣州，嘗給諸將鎧甲，訓所得故弊，不如意，形於詞色。其妻謂之曰：「此不足介意。但司徒不知，苟知之，必不爾。」明日吴公謂張曰：「爾所得甲如何？」張以告公，乃易之。後吴公移廣陵，嘗賜諸將馬，訓所得復駑弱，訓亦不滿意，妻復言如前。明日吴公又問之，訓復以爲言。公曰：「爾家事神耶？」訓曰：「無。」公曰：「吾頃在宣州，嘗賜諸將甲，是夜夢一婦人，衣真珠衣，告予曰：『公賜張訓甲甚弊，當爲易之。』及吾問汝，果然，乃爲汝易之。今賜諸將馬，復夢前珠衣婦人告予曰：『張訓所得馬，非良馬也。其故何哉？』」訓亦不能測也。訓妻有衣箱，常自啓閉，訓未嘗見之。一日妻出，訓竊啓之，果見珠衣一襲。及妻歸，謂訓曰：「君開我衣箱耶？」初，其妻每食，必待其夫。一日訓歸，妻已先食，謂訓曰：「今日以食味異常，不待君，先食矣。」訓入厨，見甑中蒸一人頭，訓心惡之，陰欲殺之。妻謂曰：「君欲負我耶？然君方爲數郡刺史，我不能殺君。」指一婢曰：「殺我必先殺此，不爾，君必不免。」訓遂殺妻及其婢。後果爲刺史。

董紹顔

董紹顔者【三一】，能知人。嘗詣鄂州節度使李簡，簡出諸子以侍紹顔。時有平頭小兒何敬洙侍簡側，紹顔曰：「諸子亦皆貴，然不若此平頭也。」後敬洙累授節鎮，爲時名將焉。義祖鎮潤州，紹顔在焉，嘗閲衙中諸將校品第之。有藍彦思者，謂紹顔曰：「爾多言或中也。」紹顔曰：「君勿言，郎君非善終者。」彦思曰：「吾軍校，死於鋒刃，吾事也【三二】，何足言哉！」紹顔曰：「汝寧得好鋒刃之下而死乎？」後郡中稍有火，衙中亦爲之備，盛造桶以貯水，而軍人因是持桶刀爲亂，彦思死於難焉。

魏王軍士【三三】

義祖子魏王知證鎮宣州，有軍士失姓名，家唯夫妻而已。一日，夫自外歸，求水沐浴，換新衣，坐繩床而終。妻見之，大驚曰：「君死耶！」於是不哭，亦沐浴換衣，與夫對坐而卒。魏王因並冢葬之。

【三一】董紹顔者　「董」前四庫本有「天祐時」三字。

【三二】吾事也　「吾」前四庫本有一「是」字，道藏本有一「事」字。

【三三】魏王軍士　四庫本作「宣州軍士」。

沈汾

唐末沈汾侍御，退居樂道，家有二妾。一日，謂之曰：「我若死，爾能哭我乎？」妾甚愕曰【三四】：「安得不祥之言？」固問之，對曰：「苟若此，安得不哭？」汾曰：「汝今試哭，吾欲觀之。」妾初不從，强之不已，妾走避之。汾執而挾之【三五】，妾不得已，乃曰：「君但升榻而坐。」汾如言，二妾左右擁袂而哭。哭畢視之，汾已卒矣。

虔州少年

虔州將校鍾某者【三六】，泛舟之廣陵，經太和戍，泊舟登岸。見一少年，貌甚端雅，亦求同載往揚州。鍾許之，遂同行。因江次上岸，共行市中，見屠肆有豕首，欲市之而無錢。少年曰：「此亦小事。」及還船，出豕首於袖中，因曰：「適以無錢而取之，今當還其值。」乃復至屠所，謂曰：「吾先付爾錢，少頃還取肉。」屠得錢，乃不復取肉。及至廣陵，與鍾同舍於逆旅。一日，有輕俠數人，行戲至店中。少年指一青衣曰：「此必今夕爲盜耳，宜備之。」鍾不甚信。中夜覺穴壁聲，伺其已穿，引首過竇，乃舉燭急持之，果少年所指者。因謂盜曰：「汝未獲財，不欲殺汝。」遂聽其去。後忽謂鍾曰：「不可久處。」促之歸去，鍾如言。及至白沙，而朱瑾殺昌化城中，驚擾焉。案「昌化」二字疑誤。

【三四】妾甚愕曰　「曰」前四庫本有一「然」字。

【三五】汾執而挾之　「挾」，道藏本作「扶」，四庫本作「扶」。

【三六】虔州將校鍾某者　「州」原作「年」，據道藏本改。

閩中處士【三七】

閩中處士張摽伍刻「標」。者，有道術，能通於冥府。或三日五日卧如死，而體不冷，既蘇，多説冥中事。或言未來，一一皆驗。郡中大信之。王保宜者，唐末爲閩帥，持章赴朝廷，道路不通，乃泛海，因溺死。其孫侃留居閩中，因家人疾，請摽禱於冥府。摽從之，因曰：「見君之先父在水府，有冥職。」言其家事委曲，一一皆是。

洪州書生

成幼文爲洪州録事參軍，所居臨通衢而有牕。一日，坐牕下，時雨霽，泥濘而微有路，見一小兒賣鞋，狀甚貧窶。有一惡少年與兒相遇，絓鞋墜泥中。小兒哭求其價，少年叱之不與。兒曰：「吾家旦未有食，待賣鞋營食，而悉爲所污。」有書生過而憫之【三八】，爲償其值。少年怒曰：「兒就我求錢，汝何預焉？」因辱罵之，生甚有愠色。成嘉其義，召之與語，大奇之，因留之宿，夜共話。成暫入内，及復出，則失書生矣。外户皆閉，求之不得。少頃復至前，曰：「旦來惡子【三九】，吾不能容，已斷其首。」乃擲之於地。成驚曰：「此人誠忤君子，然斷人之首，流血在地，豈不見累乎？」書生曰：「無苦。」乃出少藥傅於頭上，捽其髮摩之，皆化爲水。因謂成曰：「無以奉報，願以此術授君。」成曰：「某非方外之

【三七】閩中處士　四庫本作「張摽」。

【三八】有書生過而憫之　「而」原無，據四庫本補。

【三九】旦來惡子　「惡」後四庫本有一「少」字。

士，不敢奉教。」書生於是長揖而去，重門皆鎖閉而失所在。

㺄潭漁者【四〇】

吴太祖爲廬州八營都巡警，至㺄潭，憩於江岸。有漁父鼓舟直至前，饋魚數頭，曰：「此皆公之山川。」吴公異之，將遺以物，不顧而去。「此猶公子孫鱗次而霸也。」因四指曰【四一】：

瞿童

瞿童，字柏庭，以字爲名，辰州辰溪人也。華眉廣顙，長准秀目，勤事而寡言。大曆四年，西川潰將楊林爲澧陽守，不戢部下兵，縱其黨賈子華率千人假道武陵，劫五溪。五溪之人，逃難四散。時柏庭十四，侍母走武陵，寓居崇義鄉烏頭里桃源觀道士黄山寶偏宅。柏庭因山寶願師事上清三洞法師黄洞源，山寶引覲，具道柏庭志。洞源辭以柏庭奉母須甘旨，山寶曰：「柏庭母在山寶廬，幸有繼給，倘蒙收拾貧賤，所望容納。」洞源許之。後亦時給柏庭母衣食。僅二周載，六年正月，柏庭喪母。既葬，服勤事洞源不懈。凡事役，力辦不倦。抛棄惡食，必興愛惜，辭而飯之。七月，洞源買藥至襄陽市。每入市，令柏庭持裝槖，柏庭必閉目處衆中。洞源讓曰：「處衆而睡，人奪汝攜。」柏庭曰：「非有睡也，

【四〇】㺄潭漁者　「漁者」四庫本作「漁父」。

【四一】因四指曰　「四」後四庫本有一「顧」字。

閎衆之喧喧耳。」九月，洞源南歸。行及宜城，去襄陽百餘里。洞源遽曰：「香爐捐主人，奈何？」柏庭請復取，白洞源暫休以俟。不時頃，持爐還。洞源驚問，答曰：「尊師方在途，恐留滯，故疾行。」洞源信然。七年二月，朗州刺史胡叔清招洞源下郡，赴之，留柏庭山中植果藥。逾二十日，洞源來，柏庭一一詰之，答曰：「自尊師去州，衹於仙林尋仙穴。」洞源問所尋何見，答曰：「見石室、石床、石几。」洞源曰：「石室何許？」曰：「約去一里半。」洞源疑而不窮。又旬，柏庭於藝圃中得一棋子，捧呈洞源曰：「秦人棋子。」洞源異之，曰：「誰謂汝【四二】？烏知其然？」復曰：「是誠秦人棋子。」洞源諦視之，狀若小龜，光潤如玉，遂貯籙囊中。後因閱籙，開囊，緘記如舊，亡棋子矣。夏四月，忽白洞源，願屈歸巖洞。時久霖雨澍，洞源既未決信，竟不果行。八年五月二十七日，始昕。洞源命柏庭河畔視船，往復不二里，及午方回。洞源訶之：「來何遲？」柏庭曰：「觀西南十五步許，有小橋，橋上遇一老尊，負杖掛物，呼令隨去。柏庭不敢，由是晚。」三十早朝，褫常所繫布帶，以一紙繩束腰，跣足履草屨，昇尊殿，及洞源嚴修之處，各焚香跪拜。既而辭洞源，又拜。洞源憑几問曰：「汝辭吾安往？」答曰：「歸仙洞。」洞源曰：「吾隨汝可乎？」曰：「不可。」洞源又曰：「何爲不可？」柏庭曰：「前時尊師不決去，迺今不可。」因諭洞源，當以時遷棲。洞源曰：「十年易居，昔賢遺旨，吾有志矣。今汝去，何時復見？」答曰：「期十八年。」洞源欲留之，不克，即聲命同觀道士朱靈詧曰：「朱老師，看仙

【四二】誰謂汝　「誰」後道藏本有一「爲」字。

人來。」靈晉睨柏庭曰：「童子今日顏色異常光輝。」洞源門人胡清鎬、朱神靜，童子陳景昕、譚伯璡偕圜矚。柏庭服短布衣、烏繒巾，逡巡卻行，三移步，忽然不見。洞源與道徒皆愕眙。庭際有一栗樹，謂暫旁立。洞源曰：「得無映樹乎？」求之，無蹤。即聲鐘集觀户，將遍索林莽。觀户至東北林際，遇一大蛇當路而止。十一年，兄僊信從辰州來，聞弟登仙。至桃源，又師事洞源爲道士。巖薜兩茂，遊嵩山，失所止。建中元年四月，洞源遷居江州廬山。貞元五年十一月，復還居潤州茅山。十八年春，潤州郵檄人於延陵縣界，見一少年前行，行如人。郵者促步期及，竟不能。迭延陵，闖茅山三十里，郵人望見徐步入山門。是日，女道士蕭泠然在鶴臺，見少年持小漆函蓋貯素書，直未及門，舉一足履閾。泠然問曰：「汝爲誰？」答曰：「瞿柏庭。」因問泠然：「黄尊師何在？」泠然指示路處，仿佛記有柏庭名，卒然不悟，久之忽了辨。即攝衣詣洞源，問：「瞿柏庭來乎？」洞源唯唯，不明諭。秋八月既朔之旬，洞源謂門弟子曰：「吾將蹈滄海，爲備裝。」或以未可行爲請。踰一年，當午，洞源化真造曰：「代人傳瞿童登仙之跡，皆怪異可惑。予自幼貶武陵守，至之日，則詳詢舊老，乃詼詭加甚。值暇日遊沅江，滄浪合流，聞之於漁人曰：柏庭有同學陳景昕，已五徙居。今復爲桃源道士，易名通微，又改正長。始均勢勞，久練行事。傳疑百説，不若一見。予得言忘食，遂命迓之。未獲至，若不克見。及期而朝，門吏導景昕前庭，冠青蘿冠，衣碧緑衣，冰顏雪膚，皓髭蒼眉，端簡足跡，肅容陳詞，予不知幸之喜之至也。既至，休館，徐徐問所惑，景爲具辨。因裂牘直紀，用祛後疑。」長慶二年五月三日，朗州刺史温造述，上清三洞道士陳通微傳實。此記乃簡輿親劄，曩爲好事者磨去重刻，惟存碑側數字。

右《江淮異人録》一卷，宋職方郎中潤州吴淑正儀撰。記南唐時道流、俠客、術士，凡二十五人，與《直齋書録解題》相符，惟陳本作二卷耳。淑在江南，舉進士，擢高第，尉丹陽，以祕書郎直内史，從後主歸朝仕宋。其傳耿先生甚詳，獨不書寶華宫事，與徐鉉受詔撰《江南録》不及後主之過，用意略同，君子深有取焉。淑有文集二十卷，久佚不傳。惟所撰《事類賦》，士林雒誦，至今不輟。是録明嘉靖中伍光忠本，稍經潤色，尚未失真。近刻首列明皇游月宫事，展卷即知其僞矣。喜得善本，特梓以存其舊云。

乾隆丁未十月既望，歙長塘鮑廷博識於知不足齋。

◉〔宋〕晁迥撰

法藏碎金録

朱剛整理

點校説明

《法藏碎金録》十卷，北宋晁迥（九五一—一〇三四）撰。迥字明遠，澶州（今河南濮阳）人，太平興國五年進士，累官至工部尚書、判西京留司御史臺。天聖五年以太子少保致仕，退居京師昭德里。景祐元年卒，年八十四，謚文元。史稱其性格樂易，爲官清正，有「好學長者」之名。著《翰林集》三十卷、《道院集》十五卷，及筆記多種，今存《法藏碎金録》十卷、《昭德新編》三卷、《道院集要》三卷。《宋史》卷三〇五有傳。其子孫後代，有晁端彦、晁補之、晁説之、晁公武等，在兩宋時期蔚爲文化家族。

晁迥好讀佛道之書，與儒家經典相參，有三教會通思想。《法藏碎金録》即其晚年退居後，條敘讀佛書之心得而成。其文體則多用駢句扇對，亦宋初風氣使然。除《四庫全書》本外，尚有明刻本二種傳世，一爲嘉靖二十五年寶文堂刻本，一爲趙府居敬堂刻本。寶文堂本乃晁氏後裔晁瑮（一五一一—一五七五）所刻，跋語稱：「《碎金》之作，其義意頗參三教，執樞契要，妙契真詮。向予但於類書中見其片言隻語，心殊愛之，而遍求全本，無從得。嘉靖乙巳春三月，奉命入典綸誥，得盡窺中秘書，蓋咸勝國時收宋故物，我國朝投戈之後，因以儲之館閣者也。偶啓一廚，是書適在，中心躍然，奚啻拱璧之獲。諦審字畫，多忌北宋廟諱，知爲宋刻無疑。因私録而藏之。」全書之末，又列出「從元孫朝奉大夫敷文閣待制（晁）謙之校刊」、「七世孫右朝散大夫權知汀州軍州主管學事兼管内勸農使借紫（晁）子健重刊」等字樣，知晁瑮乃依其所獲南宋重刻本翻刻。趙府居敬堂刻本，當是趙康王朱厚煜（一四九八—一五六〇）所刻，具體年月不明，但亦有晁瑮跋語，則趙府本又是據寶文堂本翻刻者。

復旦大學圖書館所藏寶文堂刻本，書末有「胡斑咸豐四年親校一遍」字樣，每頁書眉有校語，云「趙本」如何如何，則胡斑乃據趙府本對校。本次整理，即以此寶文堂刻本爲底本，過録胡氏校語，再以影印文淵閣《四庫全書》本參校。

序【一】

予爰自弱齡，逮兹暮齒，探古聖之域，闚衆妙之門。涉獵儒道諸經，必也考求微旨，修身慎行，著爲箴規。又於貝典，詳觀了義，法喜融液，映奪居多。倦聞世諦，不爭戲論，洞見至理，新新無窮。然知撫心馴柔，道所由致，而且揮翰祖述，志未能忘。暨挂冠之後，棲息乎浚都昭德坊之舊居，别葺静齋，翛然獨處。素所樂欲，習以成性，手不釋卷，筆不停綴。貫微臻極，深入骨髓，消憂釋結，大沃襟靈。雖患思縈，亦慶緣熟，斐然章句，聯翩衍溢，開陳有補，弗忍遐棄。衆製詞律，存乎别集，每分類例，頗煩命篇。自今聽覽機會，或該演勸，屬文導意，靡拘詳略，片言鱗次，混而編之，數無預定，興盡當止。奉法寶而推美，非小智之自矜，故名之曰《法藏碎金録》。内有意涉重出，積習之故，前輩亦爾，不復删簡。若其束於教者，或以迦談見誚，亦無憚焉，不能以外妨内也。時天聖五年丁卯歲季秋望日序云爾。天聖九年仲冬月，稍量字數，分爲十卷。

校勘記

【一】底本此後有晁瑮所集《晁文元公逸事》，及嘉靖丙午晁瑮跋。今删去《逸事》，而將跋文移至全書之末。

校勘記

卷一

定慧之法，宜知至理，仍令均濟，二者相資。何謂也？凡言定者，貴乎澄明之定，勿入頑空之定。定而無慧，譬如石人木偶，雖不動而奚爲？凡言慧者，貴乎安詳之慧，勿肆輕狂之慧。慧而無定，譬如雲電風燈，於久照而何有？混而爲一，曲盡其妙。

至信發外之著者，可以貫金石，蹈水火；密行積中之深者，可以動天地，感鬼神。其次權實隨宜，外順世間之法，得中而不失其正者，上也。

凡諸識想之數，內妄也；名物之飾，外妄也。人能去二妄之惑，詣一真之理，久於其道，何以加焉。

良將御兵，多多而益辦，方略有餘也。大士御情，亦多多而益辦，智慧有餘也。萬緣紛紜，一心曉了，道馴致而善應，德日新而無窮，默識冥符，豈凡庸之可及。

啄食之禽，善驚畏而疾起，虞縶捕之奄及也；涉境之心，善驚覺而疾止，防流宕之忘返也。內習之士，宜乎知此。此言雖小，可以喻大。

《大乘四法經》云：「求菩提者當修四法，一者發大菩提心，寧失身命，不應退轉。」予今於此四法之中，止舉第一之法。詳其語意，因知菩提心至精至妙，雖身命至親至切，若比菩提心，猶是外物。予久知菩提心之義，即是真正本覺之心也。唯此心字，方是真我，其餘我所，節次疎遠。窮到此際，弥歎己之道孤矣。

東方之教以言行爲本，言顧行，行顧言，處世之第一義； 西方之教以理性爲本，理合性，性合理，出世之第一義。擬象經語，垂文導意，古今之人一也，勿以榮陋爲蔽。

予觀《寶積經》第一百四臨末有語云：「若彼比丘，於一切法，但取一行，極隨順者，所謂無生，是爲禪行。」予詳此語，若有的然明禪理，而學佛法者止用此一科足矣。諦觀悠悠萬事，無不是空，智者一以貫之，歸於無物。事來干我，我皆應之以無生。無生謂心不起念，譬如物觸虚空，有何妨礙？ 隨順謂物我皆如，無所違逆。故《圓覺經》云：「照了諸相，猶如虚空，此名如來隨順覺性」是也。此無生法，是禪中一行，簡當臻極之處，何必以多爲貴者。

無上妙道，敻超諸有。上上智人，了達一切法，不住一切相，心如虚空，自然無礙。何以故？ 心住於相，即屬有法。予歷觀經旨，大率以此爲根極。

議處世之士，當以才行兼備； 議出世之士，當以理性相符。此外云爲，資其崇飾者也。

順違二境，俱爲纏縛。順則生愛，結細業而難解； 違則生憎，結麤業而易解。有大智力行【二】，方能擺脱之也。

【一】有大智力行　胡珽校：趙本無「行」字。

學道之人，須由觀行。息心達本，貫微洞密，謂之觀。收視反聽，忘情契理，謂之行。觀行明備，根力堅深，入道法門，此當樞要。

諦觀物情，大率以僞爲智，邪爲樂。不知至人以真爲智，正爲樂。僞邪多，真正少，自古而然。豈非流轉浩劫中，宿習猶存耶？

忘自身之至親，營他事之至重，狥不急之多欲，踐不測之畏途。非智眼觀，焉能洞見？

夫日月有晦明，陰陽有舒慘，天之常道，不得不爾。施之于人，亦其類也【二】。其樂滿志，理或難勝，間以鬱然，固當如是。

釋迦氏捨去王宮，入雪山修道，六年而成，不戀富貴之樂，其果決也如此。慧可斷臂立雪，求法於達摩，不顧支體之苦，其懇切也又如此。因原佛理，精真殊勝，可歸仗也，何如哉。

人愛萬金資用，以爲我所，何如萬行莊嚴，以爲佛土。夫深於妙道者，始可與之談此理，苟失言於不知者，必大笑其迂濶也，定矣。

窮理盡性，《易》義具矣。予嘗因此四字，别有所陳。夫剖析至理，有淺深次第。淺者及於名，深者及於身，深之又深者及於心，心由性生。必若窮其理之盡處，極於性而後已。故曰窮理盡性。

【二】亦其類也　胡珽校：趙本「亦」作「蓋」。

予有法喻，密獲二寶。其一曰如意淨明珠，圓而照，能破一切昏暗，而珠無染著。此喻不惑之智。其一曰降魔金剛杵，堅且利，能破一切障礙，而杵無虧損。此喻不退之志。持用二寶，天下無敵，何往而不至哉！其後因看《寶積經》第一百二十内有金剛杵、如意珠二物之名，予喜暗合。

衆生之心，本有空寂安樂之體，臻其極者，此名涅槃；本有靈明照了之用，臻其極者，此名菩提。既是本有，何假外求？又緣棄本逐末，迷失久矣，固當啓廸懷柔。須有穎悟之人，師資授受。

一切之形，形本無，無而有生，有生則有化滅，有化滅則復歸於無也定矣；一真之性，性本有，有而無象，無象則無化滅，無化滅則常存其有也定矣。不有之有，名曰妙有；不空之空，名曰真空。妙有、真空，其體一也。

夫良藥所以去病，加之信重則易服，必由誠感而其效彌應；妙法所以去迷，加之信重則易入，必由誠感而其道彌勝。是故切於去迷而見性，亦如切於去病而保命。

儒教之法，以正身爲深切，勿求其名而名自得矣；道教之法，以養生爲深切，勿求其功而功自成矣；佛教之法，以復性爲深切，勿求其證而證自知矣。是三者率以無心而然也。

中智以降，得地成勢，下必趨勢而動色，上亦乘勢而變態，其理所至，自然而然。達觀了知，不當驚異。

儒教本於名與情，佛教本於理與性。儒教大意，修己成美善之德，不許伐其德；佛教大意，清心得微妙之相，不許住於相。至論概舉，深學當知。

夫萬類萬形，形必不同，斯可見矣。萬類萬情，情亦不同，固當然歟。人心如面，安可同也？有一不同於己，己即非之，若以理斷，曲反在己。

《前漢書》有陳大道之要，去健羨，黜聰明。予嘗三復其言，深以爲然。夫去健羨則無貪欲，黜聰明則反真素。人能行此六字，亦足爲越世出塵之士矣。

予有宿志者二焉。其一欲得解去名利之場，獨歸自得之場，不被仕宦所拘，今則已遂志矣。其一欲得解去分段之身，別生意生之身，不被造化所拘，未知果能然乎？

予常愛白樂天詞旨曠達，沃人胸中。有詩句云：「我無奈命何，委順以待終。命無奈我何，方寸如虛空。」夫如是，則造化陰隲不足爲休戚，而況時情物態，安能刺鯁其心乎？

夫形之壯衰，隨時而變，理之常也。萬一不變，此乃神仙之流。情之順違，隨勢而變，亦理之常也。萬一不變，此乃聖賢之流。形之與情，若責以盡與神仙、聖賢爲比，不亦難乎？

予自問曰：「晚年學道，日課何如哉？」自對曰：動則觀書以廣智，求出世之階差；

靜則息念以存誠，恐涉境而流宕。如此而已，餘無所能。

昔向子平有言曰：「吾已知富不如貧，貴不如賤，但未知死何如生耳。」予因思莊子云：「以生爲附贅懸疣，以死爲決疣潰癰。」列子云：「善哉古之有死也，仁者息焉，不仁者伏矣。」斯亦可知矣【三】。

晉山濤不知山簡，父不知其子也，王濟不知王湛，猶子不知其叔父也，而況他人之踈遠乎？士之屈於不知己，據理當然，何恨之有哉？

觀練之法，我今自陳。其觀也，見諸相之本同，色空如一；其練也，勤守中而不失，心息相依。率是而行，以爲日用。

吾常諦觀一切因緣，有合有離，一切情識，有起有滅，親踈順逆，愛憎是非，雜然交并，混而成世。新新之事，與日無窮，身心之苦，何有紀極？其或萬萬數中，有一大達之人，越世高蹈，特立獨行，出此方域之外者，其人智力何如哉。

彼至人者，角立傑出。智了一真，餘惑不能障其明；心住一境，諸念不能奪其志。不挂名利之綱，不餽嗜欲之餌。我今誓願師之，服膺終老而已。

有名有色，隨造化而遷革；無色無名，亘古今而靈明。誰曾究此？徒自負於豪英。

人間有三大事，皆無可奈何，須歸委順而已。謂身也、世也、劫也。人之自身，生之始不能知，化之終不能知，無可奈何，此委順之大者一也。處於世，則有因緣之善惡，身心之

【三】斯亦可知矣　胡珽校：趙本無「斯」字。

苦樂，無可奈何，此委順之大者二也。又説浩劫運數中，則有陷歷陽之地，居人變水族之類，鑿昆明之池，胡僧辨劫灰之理，無可奈何，此委順之大者三也。唯聞別有至神至聖之人，超出此三事之外，無能及者，故謂之大雄氏。

顛倒之心，反掌成菩提。譬如迷路之人，忽爾醒然見其路覺背所趣，即時旋踵。先迷後悟之速，非反掌而何？苦惱之心，反掌成涅槃。譬如憂事之人，忽爾聳然聞其事得遂所志，即時開懷。先憂後喜之速，非反掌而何？

一氣幻化而生形，形之妍醜不一也；一性幻化而生情，情之善惡不一也。自古而然，無可奈何。唯聞大雄氏之法，至深至大，至微至妙，超出二幻化之外。此明復其理性之根本，非在末迹。孰有智識論議之勝，過於此乎？吾不敢以區區所見，臆斷其事也。

佛書中説安樂行，予今引儒書比類。儒書云「君子居易以俟命」，此是安樂行；「小人行險以儌幸」，此是不安樂行。

夫學道之人，在乎智力兼備，何謂也？設使觀慧明了，見法指歸，此名「智」也；須得妙心精密，入佛境界，此名「力」也。智力相濟，爲兩足尊。苟或止務高談，斯則未爲了義。

西方聖人，垂法詳悉，有大善利，不可非也。於幻化中明一切空，不執爲有，雖賢愚異貫，皆見其空矣。於虛空中立一切法，不落於空，深智之士，信知其法妙矣。終使人離空有二邊之見，出輪環大苦。其理如此，其能仁也何如哉？不達之人，若以世間法比方致詰，何可與之論議哉？

吾自省己，頗能推窮至理，直詣精深之處。唯有情累緜緜，未到豁然安穩之處。力量如此。

畫工之格致高妙，有能注思落筆，傳神寫照而逼真者。文士之格致高妙，有能注思落筆，窮理盡性而臻極者。此二事頗相類也。吾常覽唐賢著述，有陳心法宗趣，而立言穎利，明白鑿出大意，使其曉暢文義者，了了見妙道之源。信知才俊精敏，有資助發揚之力。

今之僧俗所談，分禪辨律，互相矛盾，各執其末，不究其本。但目作者之詞，曰文章也，非禪話也，吾所不取。吾能大和會，一以貫之爾。

吾能了知身、心、世三者，本從虛妄中有，而終歸於空。此則吾自斷之以智也。既知之，則一切念慮，徒有憂勞，而無所濟者，當令不生。此則吾自濟之以力也。此是出世智力，與世間智力不同，若霄壤矣。

予自陳頓悟漸修之説，各有二焉。予知一切之有都屬幻化者，無不終變滅，此爲頓悟之一也。唯一真法界，散而爲萬靈者，決定無變滅，此爲頓悟之二也。此二頓悟，既明而不昧者也。憂悲苦惱之念，無人無之，自省了達已久，今求日損，當以理遣，此爲漸修之一也。常樂我淨之道，唯大雄氏能然，自省信重已久，今求日益，當務馴致，此爲漸修之二也。此二漸修，有進而無退者也。内省詳求樂欲所趣如是，得非宿習使然乎。

予觀釋氏之書，而有一經一論，各言無生之法，簡妙大同，合而敷演，可以足用。《寶積經》中有説云：「若彼比丘，於一切法，但取一行，極隨順者，所謂無生，是爲禪行。」《摩訶止觀論》中有説云：「小乘對治，如應病用藥，藥必兼備。大乘對治，祇用第一義諦，如阿竭陀藥，能治衆病。」其語云：「空無生中，誰是煩惱，誰是能治？但以無生一方，徧治一切。此文極略，須善取意。」予博考諸經、諸論，大約盡是修行出世之法，若得其樞要之處，何須廣覽？今據此經指陳極隨順之理，又據此論指陳善取意之理，並在無生之法而已，其爲精當，何以加焉？必能觸境無生，則所謂盡善臻極矣。

世間俗士而爲名利纏縛，嗜慾纏縛，其身不得自在，而致敗壞。小乘人又爲空纏縛，法纏縛，其心不得自在，而有障礙。唯大乘上乘人免此二纏縛，謂之解脱，身心俱自在，無敗壞、障礙，得出世之樂，名曰涅槃。

人之談禪，好以隱晦爲深密。予之談禪，好以顯暢爲親切。雖談者隱顯不同，而道之本源則無異也。

予今自思，晚年内習，雖窮理盡性，務極於精研，而澄神定靈，未臻於純熟。疑善根之宿植，期勝果以圓成。聊用披陳，亦非矜伐。

衆緣之累，須以道斷理遣；一真之妙，須以馴致冥會。略舉大端，智者善自求之也。

夫醉者墜奔車而不傷，全其外也；乘蕩舟而不懼，全其内也。故先賢頌酒德，贊酒功，稱其美利，蓋非徒然。苟或遂肆沈湎，自貽諸失，前言作戒，抑又深切。

或問予曰：「先生不從遊賞之朋，不設歡娛之具，闔扉燕處，何以銷日？」予對曰：老夫致政之後，適意居多。觀練薰修，獲温尋於妙道；棲遲偃仰，遂頤養於天和。自便衰軀，更無他想。至寒暑之來往，歲時之代謝，任彼運行而已，與予了不相關。

約己自修，立爲條教。所學無生之法，或遇習氣欻爾而生，我當記之，即時而止。所學安住之法，未果全然安住，我當隨其緩急，量力而住。新新之智，其理可書，而旋復忘失。惜而求之，再縈心緒。我願不復追思。又欲禮必逮情，常念彌縫其闕，斯乃世間之法耳。學出世法，抑亦相妨。自今亦宜無可無不可，縱心浩然而已。

予於晚節，勝進彌堅，歷觀《莊子》微言，兼采《楞伽》妙法。吉祥止止，但務於心齋；正智如如，自符於成相。道釋二典，責實同歸，夫何末流，妄有分别。

我立一志，自學無生法忍，入道權輿，此乃小乘獨善之利也。佛度四生，盡入無餘涅槃，成功臻極，此乃如來兼濟之利也。力量殊致，固當如是。

儒家之書，大《易》爲首，有象本乎乾坤；道家之書，《老子》居最，無名始於天地。二家之説，率以此爲造極矣。若引佛書言之，空生大覺中，如海一漚發。又據譬喻，則天地乾坤，沙界之一沙也。

學道不易，爲師亦難。學道之人，性有優劣，上根之士來學，則師逸而功多，下根之人來學，則師勞而功少。譬如良駒駿利，見鞭影而疾行，駑馬鈍頑，受錐鋒而不動。

予於悟修，自能和會。研覃乎定慧之學，參驗以老莊之書。設使遵老聃之言，練谷神之粹，契莊子之説，發天宇之光，二教指歸，有何差别？

夫事君者不可以二心，唯一至忠而已矣。至忠則名光而衆仰。學道者亦不可以二心，唯一至誠而已矣。至誠則神會而自知。

昔向子平讀《易》至《損》《益》二卦，乃曰：「吾已知富不如貧，貴不如賤。」予讀《莊子》至「巧者勞而智者憂」，予又知巧不如拙，智不如愚矣。此與常情不同，唯有深達妙道者可與言之耳。

夫天地中空虛，生成萬物而不妨，有日月照臨而盡見。身心中空虛，含容萬法而無礙，有智慧觀察而盡知。真學之人，當須具此知見。

《易》曰「龍蛇之蟄，以存身也」，吾思據定以寧志；又曰「精義入神，以致用也」，吾思乘慧以立法。從事於道，唯變所適。吾能然爾，不求人知。

予嘗自思，獲其法利少分焉。何謂也？凝然不動，定力也；了然常明，慧用也；鏘然聞和，天樂也；翛然自得，道情也。合此四妙，歸乎一真，世間富貴功名，未可爭其勝負耳。

夫學法之人，尤宜洞達，雖發蒙辨惑，始務於從師，若榮古陋今，則乖於適變。予於此道，灼然了知，精思而究前言，觸類而生新意。開示悟入，佛存方便之門，收合凝融，自得修行之要。但懷宗趣，安可講求？

予偶自思而言曰：「夫有財而不能用，與無財同；有學而不能行，與無學同。」予今照了其事，不欲落二者之失。

姚秦時，釋僧肇初以莊老爲心要，後見《古維摩經》，歡喜曰：「始知所歸矣。」予今信以爲然。予初讀南華真人之書，因齊物之理，自得一法，目之曰逍遥大同觀，且無一事可爭。後讀西方聖人之書，因無我之理，又得一法，目之曰平等大空觀，兼無一物可齊。由是省己之所學有增長，二家之書有淺深矣。

夫學法之人，必在乎破相、觀空、見性、行道，此四次第，端如貫珠。與我同志，應作是念，知而能爾，斯所謂入佛境界者也。

初學道人【四】，念念須有所法。觸正念如不及，涉智地也如此；觸邪念如探湯，避諸趣也如此。

予自覺者，涓毫法利，安住無念之念，或時能然，獨聞無聲之聲，未嘗有絶，脗然相契，倐然自得而已。予自以爲粗得少分殊勝，但覺聞性彌聰，妙音無窮，猶未得心如大空，中有日月昭融。若能到此，吾道方隆。見可見，非常見，我見無色之妙；聞可聞，非常聞，

【四】初學道人　胡珽校：趙本「道」下有「之」字。

我聞無聲之和。雖如是言，亦無所有也。得者當自得，不可以言宣。

世間法，或能捨去大權位者，有語云「如釋重負」。出世間法，有語云：「菩薩斷除五事，所謂五陰【五】，能令衆生生死相續，不離重擔。」因思二重之累，予且於世間法中不當重負矣，猶於出世間法中欲得離其重擔。自念具足凡夫，未知智力志願果何如哉。

《涅槃經》云：「譬如芭蕉，生實則枯。一切衆生，亦復如是。」噫，予之生子，身相已衰，又見生孫，衰可知矣。去身逾遠，復憂於孫，以道眼觀，悠悠斯甚【六】。

老馬識路，猶歸國而不迷；老夫識道，豈還源而有失？雖云耄及，自憐智生。

施肩吾《三住銘序》云：「心常御氣，氣與神合。」《圓覺經·圓覺章》注云：「心息相依，息調心淨。」予觀兩處之説，因知道家言神仙之術，釋氏明禪那之法，其理大同矣。

已往事勿追思，未來事勿迎想，見在事勿留念。隨覺而止，習以爲常，久久彌堅，不煩多學。

世間所愛者，不過富貴功名而已。若以道眼觀之，豈能勝第一義諦。

老子云：「道冲而用之或不盈，淵兮似萬物之宗。」又云：「湛兮似或存。」予詳文意，所云「或」、「似」者，不敢決定言之。此於世智中，得爲高邈。唯西方古先生，直指顯説，無非臻極，可謂出世殊勝之智也。

予嘗有《晚年勤道自修》詩云：「老來何故惜分陰，如月明虧魄漸侵。進道不遑求廣

【五】所謂五陰　「陰」原作「音」，胡珽校：趙本作「陰」。按，晁迥引文出《大般涅槃經》卷二十三，作「陰」是。據改。

【六】悠悠斯甚　胡珽校：「甚」趙本作「世」。

智，隨時隨處且冥心。」因思自説「冥心」二字，蓋言四威儀中，不拘閑忙，每遇意到，即時隨分，檢情攝念是也。《晉書·隱逸·辛謐傳》云：「冥心至趣，而與吉會。」唐賢白樂天《寄訓常州陳使君》詩斷句云：「勿使問榮枯，冥心無不可。」近代僧俗有名者，詩僧貫休《懷香鑪峰道人》詩景聯句云：「冥心同槁木，掃雪带微陽。」又齊己《山寺喜道者至》詩斷句云：「知住南巖下，冥心坐緑苔。」又吴融《寄貫休》詩斷句云：「若得重相見，冥心學半銖。」如此之類，不可具舉。大約「冥心」二字，謂以其心向晦宴息，善入無爲，潛符妙道之理也。

我願得天聰明，入佛知見，以決定信，致精進力，到涅槃域，無退心也。

或問予曰：「子嘗言不求功名，不求富貴，何謂也？」予對曰：「予不求富貴而取樂，樂變則苦；不求功名而干譽，譽變則毁。夫至樂無樂，至譽無譽，此道家之閫域也。可以意到，不可以言宣。」問者曰：「妙矣哉，虚往而實歸矣。」

儒家以名教爲親切，而道書云士以身殉名。道家以壽命爲親切，而佛書云壽者見。度長挈大，窮理盡性，若非允臻其極，何名第一義諦。

大覺聖人，推爲無上尊者，何謂也？以其豁達大觀，洞見形質空、言語空、文字空、名器空，大約無數空。如是真見，無人能及，故曰無上尊。夫淺識滯泥挾私，而爭彼我者，亦如夢中所爭，及其覺也，方知盡空矣。而此聖人，又特見空中不空，此則別論。

予思鑑圍燈、帝網珠，光影重重，交相涉入。此喻諸佛妙契，心心混融，非異非同之相也。

予晚歲自修，協用二法：止觀也，導引也。止念令静，觀理令明，念静理明，無生可成；導氣令和，引體令柔，氣和體柔，長生可求。此二法，内外相資之法也。

予有二有餘、一不足。演法無盡意，聞和無盡音，此二有餘。既盡美矣，未得無念心，此一不足。若得此心，又盡善矣。

世間人有二大怖而不怖，何謂也？在則必有涉畏途，觸禍機，以貪冒而致死者，事可信，亦可見，此既可怖而不怖；殁則必有落陰崖，入苦海，以昏冥而流轉者，事可信，不可見，此又可怖而不怖。夫如是觀其根性，以擇法器，萬中無一，而與之議出世之法，不亦難乎。

詳夫「止觀」二字，但以文順而言，用隨便宜，不拘先後。或先止而後觀也，有如臨池俯視，對止水而影象可觀。或先觀而後止也，又如秉燭夜行，觀險路而車徒乃止。譬喻易曉，明敏當知。

夫開示悟入，錫智則由乎師；觀練薰修，致力則由乎己。與我同志，當如是解。

吾今自約，當以先覺智、無生忍，奉爲頓教、實教；又以對治法、方便門，奉爲漸教、權教。二者并用，其理備矣。

予初觀老莊之書，其心豁然，包太虚而不礙。次觀釋梵之書，其心㡱然，貫微塵而深入。所以安貧佚老，蔚爲羲皇上人也。

吾居靜境，可比華胥國之境；吾爲逸民，可比葛天氏之民；吾聞和聲，可比鈞天樂之聲。飲食節約，無求所嗜之滋味；寢興順適，何須外助之嬉戲？不改其樂，永錫難老，動與吉會，其如予何。

眼中不可有一物，有則不安；心中不可有一法，理亦如是。是故佛佛所傳，無一法可得。

罪人出枷，名爲釋放；智人出家，名爲解脱。與其免有限之拘繫，曷若免無窮之拘繫乎？

百骸導引，貴乎動久，久必和柔，此道家之妙用也；一心檢攝，貴乎靜久，久必凝明，此禪家之妙用也。非二妙用，吾何所歸？

内外二定有深淺，吾得其淺者矣。外有捨名利之心，已能得定，内有學禪觀之心，未能得定。此心若定，可謂卓然而獨立者也。

世人貪於我所，種煩惱根；我願常於佛所，種諸善根。此自然智，不從外得。

孔子云：「富貴如可求，雖執鞭之士，吾亦爲之。如不可求，從吾所好。」予謂先聖所言，外富貴耳。予之所求，内富貴也。予欲得華嚴藏百錬金，以此爲富，又欲佩祕密王三昧印，以此爲貴。未知可求不可求，吾所好也。

榮啓期三樂，則嘗聞之矣，予又別愛三樂。以儒家言之，予愛顔氏子簞瓢陋巷，不改其樂；以道家言之，予愛莊氏子栖遲一丘，天下不易其樂；以佛家言之，予愛釋氏子生滅滅已，寂滅爲樂。是三者，由外以及内，自淺而至深矣。

天聖六年戊辰歲，予年七十八矣，身輕安，心清爽。竊謂之自覺身心境界，但未知《楞伽經》中所説自覺聖智境界何如耳。

佛書之言菩提，如道書之言大覺，莊子云「有大覺而後知此其大夢」是也。佛書之言涅槃，如道書之言至樂，莊子云「至樂無樂，至譽無譽」是也。吾好旁達於理也如此。

向子平讀《易》至《損》、《益》二卦，乃曰：「吾已知富不如貧，貴不如賤，但未知死何如生耳。」予詳子平學而知之者也，而學不兼該。止曾汎覽儒書，知富貴之爲累，不及肥遯之超絶，未嘗深究佛書，不知生死之爲累，不及寂滅之解脱，所以有所知而有所不知矣。

夫出世入道之法，廣大微妙之臻極者，非世人所能知，故隱君子之書有語云「不可致詰」，古先生之書有語云「不可思議」，豈可以世人情量測度哉？智人不當與之是非鋒起而爭勝負耳。

予以爲煩惱性空，不當過執，須以智慧燭理，勿與愚夫混同。故佛書云「以智慧劍破煩惱賊」，又云「以智慧力裂煩惱網」，又云「以智慧火燒煩惱薪」是也。

禪門樞要，唯以無念爲宗。嘗有學人與予談云：「不怕念起，唯恐覺遲。」予深以爲然，因而依韻別作四句續之以自規云：「覺速止速，二妙相宜。知非改過，蘧顔可師。」

唐刺史李繁述《玄聖蘧廬》十六篇，其序有云：「冀深信照之，能度苦厄，又知有以常相見，不在於眼界。」予因思白樂天有詩云：「東宫白庶子，南寺遠禪師。何處遥相見，心無一事時。」是知至人之相見，在心不在眼也。

吾今諦觀人倫，一切之形、一切之情、一切之聲、一切之名，重重虚妄。唯一真之靈，謂之實際。固當隨緣而過，以順外事，如理而住，以辨内事。獨斷在己，無以詢于衆論。蓋由殘年迅景，不可以踈而害親，以小而妨大也。

吾有二失，與道爲累。觸境小忿，焰焰成炎；嬰情隱憂，緜緜不斷。改之爲貴，唯力是視。琢磨至此，吾道庶幾。

論者言養生之道，身貴乎勞，心貴乎逸。予因思之，得正爲妙。身貴乎勞，蓋謂勞動之勞，非勞役之勞；心貴乎逸，蓋謂優逸之逸，非放逸之逸。智人當知其理如是。

白樂天酷好遊觀，形于吟詠。有詩句云：「留春不住登城望，惜夜相將秉燭遊。」又有詩句云：「眼看筋力減，遊得且須遊。」如此之類，不可具舉。予謂樂天所好者常遊耳，予所好者遊可遊，非常遊。予好列子之遊。列子曰：「人之遊也，觀其所見；我之遊也，觀其所變。」謂凡人唯覩榮悴殊觀，以爲休戚，未覺與化俱往，勢不暫停。予又好壺丘子之遊。壺丘子曰：「務外遊不如務内觀。外遊者求備於物，内觀者取足於身。取足於身，遊之至也；求備於物，遊之不至也。」予詳其意，謂人身取象二儀，無有不備，大約貴乎反躬觀理，心遊於大道足矣，故予好之。予於遊觀，又好莊子云：「假道於仁，託宿於義，以遊逍遥之墟。」又好老子云：「常無欲以觀其妙。」予以立意爲宗，觸類而長，唯變所適，下筆不休也。

吾獲三勝之利，其理超然。知寡欲之道，無大疾疢，而獲康勝；見正念之法，無大濁亂，而獲清勝；居不競之地，無大咎悔，而獲吉勝。此三者自得而已。

身相日日變衰，心相念念遷謝，汩没浮世，誠宜自惜。洞見至真之源，梵語謂之菩提；安住至樂之境，梵語謂之涅槃。上智兼該，當如是解。

予因汎覽究觀，具知世爲幻也，人爲幻也，心爲幻也，智爲幻也。何以明之？白樂天有詩云：「幻世春來夢，浮生水上漚。」此言世爲幻也。又有詩云：「生去死來都是幻，幻人哀樂繫何情。」此言人爲幻也。《圓覺經》云：「衆生幻心，還依幻滅。諸幻盡滅，覺心不動。」此言心爲幻也。《圓覺道塲修證儀》云：「佛運如幻智慧，出谷響音聲，説空中風畫言教，救攝夢想苦惱衆生，還令悟入法性。」此言智爲幻也。夫如是，則從凡至聖，無不是幻。誰能於此重重大幻化之中【七】，妄執有法以自苦耶？而今而後，予當遇物而應，無所將迎，順緣而過，無所固必。未知果能然乎？而志願如此。

【七】誰能於此重重大幻化之中　「大」原作「夫」，胡珽校：趙本「夫」作「大」。據改。

吾嘗覽儒書《禮記・禮運》云：「人者天地之德，陰陽之交，鬼神之會，五行之秀氣也。」又嘗覽道書《列子冲虚至德真經》云：「一體之盈虚消息，皆通於天地，應於物類。」吾久未感悟，及引年致政之後，閑居於浚都之舊廬，至天聖六年戊辰歲季春月，一日之中，忽爾先降細雹，後作密雪，一句之内而多風不雨。吾見本族卑幼，屢有微爽康寧者，或有咽喉壅閉不利，皆經信宿而愈。復聞鄰里之家亦如之，蓋愆玉燭之和而使然也。二書之言，信不虚矣。豈敢自謂學際天人，但明氣類果同，決定無疑耳。因而諦思，由於天者既了知而無悶，由於人者當調護而攸宜。偶書其事，徧示諸兒孫，俾之詳究，且表古聖垂文設教，灼然有據，又表吾老年之學，重增精至，非孟浪而言也。

姚秦時，釋僧肇初以莊老爲心要，後見《古維摩經》，始知所歸。吾已嘗述之矣。復有緒餘之意，今續書之，再明理之淺深焉。道家所説，猶涉世間之法，貴乎混然大同，外無一迹可識。釋氏所説，直是出世之法，貴乎豁然大空，内無一法可得。具此知見者，必能自信自足，彼此無往來定矣。

佛書中意，不許人偏計之心，爲其悞認虚妄無窮，重增太煩也；道書中意，不許人逆計之心，爲其預生勞慮過當，未必果然也。二計之失，吾當自戒。

畏苦愛樂，當修福業；出世入道，當修慧業。修慧業者固不可得，修福業不失其正者亦鮮矣。

夫悲哀感恚，成其性習者，道家不許，以爲幽陰之病也；鼓發狂鬧，恣其娱樂者，禪家不許，以爲放逸之咎也。離邊得中，由己之智。

用智之道，精之至者可洞貫於人神，其道有爲，故有成有敗，有所不備焉；不用智之道，誠之至者必洞貫於人神，其道無爲，故有成無敗，無所不備焉。此則大概而言，不可剖析者也。

向子平所云「富不如貧，貴不如賤」，予嘗立理爲文，因言及此者多矣，而未始引證其事，有所明據。夫二不如之事，歷代尤多，難以具舉，今且以古人富貴之極，灼然易見者，陳其二人，以爲驗焉。昔晉石季倫奢豪角勝，可以言富矣，及乎孫秀矯詔，季倫遇害，乃歎曰：「奴輩利吾財。」此則富不如貧，信有之矣。隋越王侗留守東都【八】，及乎唐公起義，而東都之臣立侗爲帝，仍號皇太主，可以言貴矣，而遭王世充威勢所迫，乃焚香發願：「從今已去，不生尊貴家。」此則貴不如賤，信有之矣。

我於一念、二念、三、四、五念，乃至百千萬念，於念念中存其覺慧，即是一佛、二佛、三、四、五佛，乃至百千萬佛，於佛佛所種諸善根。圓頓之宗，貴簡而速，其有妄想冰執，當使應時融液，不歷僧祇獲法身，其理如此。

世間法，歷任之身則一也，考其官業，而陟降各各不同；出世間法，歷生之性則一也，隨其行業，而升沉各各不同。世間法麤，或容規求規避；出世間法妙，如影響之應形

【八】隋越王侗留守東都　「隋」原作「隨」，胡珽校：趙本作「隋」。據改。

聲，決定無差也。

吾今立言，明學人頓悟漸修之喻。頓悟如燈來照物，入闇室，即時而洞分；漸修如春至融冰，積和氣，移晷而消盡。其理親切，誰曰不然。

唐相裴公休所作《勸僧俗發菩提心文》，各有條目，内有一條勸通圓頓經典，有句云：「《金剛》、《圓覺》，簡妙通明；《華嚴》、《涅槃》，廣大具足。」予於簡妙二經，最所留意。因思《金剛經》云：「須菩提聞説是經，深解義趣，涕淚悲泣。」又思圭峰密禪師，初爲僧在蜀，隨衆齋于民家，居下位，以次受經，遇《圓覺了義》，卷未終軸，感悟流涕。是知二經殊勝大同，貫心達性，感動之深切也如此。予今止采二經名義，決定總持，以爲智力。先以《圓覺》淨明之體爲其智，此則識心達本，其智永不迷永不昧矣。又以《金剛》堅利之用爲其力，此則有進無退，其力不可礙不可壞矣。得此二法，守而弗失，可自號曰無敵公也。

我願以無所住心，退藏於密，令人不可窺測。有如季咸善相，不能相壺丘子末後之相。在《列子》第二、《莊子》第三。又如大耳三藏得他心通，不能觀慧忠國師末後之心。在《景德傳燈録》第三。此相此心，無迹可尋故也。

予因看《景德傳燈録》第十五，筠州洞山良价禪師有語云：「若不體此意，何超始終之患？直須心心不觸物，步步無處所，常不間斷，稍得相應。」予三復怡然，冥符宿志，乃録於此，以爲法要。

勸農墾荒，勿責近利。責近利則闢土不成，何以廣滋殖之業？立法垂裕，勿定深文。定深文則殘人無極，何以贊生成之德？賢良翼聖，明恕居最，非其明不能達佐治之本，非其恕不能逃始禍之罪。唯濟世安民之主，曁論道經邦之臣，同心而行，方期集事。

古語有云：「見怪不怪，怪自壞。」予因擬之，别爲兩句語云：「見魔非魔，魔自和。」

幻身諸病，須以藥攻；幻意諸病，須以理攻。病既去矣，其攻即止。

諦觀吾身：身之未生，不知預喜；身必有化，如何預憂？此是覺慧，此是理斷。其次緣累，抑亦浸踈。

予問覺道之人曰：「此物大包太虛，爲何百步視秋毫之眼不能覩？輕無一毛羽，爲何擘太華山之力不能舉？」彼但熟視於予，嘿然而已。

學道之人，雖曰有心，心常在定，非同猿馬之未寧；雖曰無心，心常在慧，非同株塊之不動。理性體用【九】，至論如此。

身隨一氣而聚散，孰能制也；心應衆緣而起滅，孰能避也。唯燭理之明者，善以智力委順裁遣耳。

予自謂曰：爾能總持三事，可以足用。讀儒書，若能樂天知命，不以世故貽憂；讀佛書，若能識心達本，不以外緣致撓；讀道書，若能遺物離人，不以衆人同趣。既明且

【九】理性體用　胡珽校：「性」趙本作「情」。

守，夫復何求。

吾今直指，顯説心法，簡妙精微之理，取其正真，但得明了安靜，到純熟而已。

物有生化，心有起滅，事有遷變，天下古今理之大常者也。達觀熟者，不當驚異。

校勘記

卷二

一念照了，一念之菩提也；一念宴息，一念之涅槃也。吾心日夕趣向依止，欲念念常然，故或默或語，而匪疾匪徐。夫如是，雖曰微細善緣，儻積習純熟，何憂失途淪墜哉？上深根固蔕，長生久視，道家保身之要也；生滅滅已，寂滅爲樂，釋氏清心之要也。上智明了，可以足用。

吾老矣，而能生一智，執一志。何謂也？外順世間法，無固無必，以此爲無所礙之智；内學出世間法，有初有終，以此爲不可奪之志。志與智交相濟，久而彌堅，吾之道其殆庶幾乎。

開示悟入，大事之因緣也，由乎師；觀練薰修，大事之功用也，由乎己。若止務空言，則必貽後悔。

《摩訶止觀》有語云：「躡躡而入。」《玄聖蘧廬》有語云：「溶溶而進。」人多閑好禪談，罕見實知妙用。

天台教止觀二法，《法華經》悟入兩字。入字最後濟覺之力也。予自得此精意，不能剖析而言。

有客謂予曰：「嘗觀吾子落筆成言，不求功名，不求富貴。奚獨如此，蒙竊惑焉。」予對曰：「夫拜將拜相，處世之榮名；學仙學禪，出塵之妙事。各從所好，復何疑哉。」

予引古佛名號，人多笑其迦談，因思以理和會之也。莊子云「至德之人，無聲之中獨聞和焉」，豈非觀音佛之法門乎？又云「宇泰定者，發乎天光」，豈非定光佛之名相乎？予於二者，覺有至微朕兆，苟或膠固致詰，予當默然而已。

予嘗歷覽釋教經論，所説有二生滅、一寂滅。若具引本書，即文繁隔越，難爲直指。予今節略裁成，俾人易曉。二生滅者，其一是分段生滅，即今一切衆生相續有情是也；其一是變易生滅，即所謂阿羅漢、菩提薩埵，随意生身，出没自由是也。一寂滅者，謂如來覺利自他，兼濟功畢，入于圓寂，不復生滅是也。

古人有言，爲善最樂。吾亦有言，學禪最樂。此理大同而小異，自淺而及深者也。爲善，世間法；學禪，出世間法。知者自知，説則難説。

予老矣，人多見稱，言其面色紅潤，神氣清健。此以發外而可知也。而不知予入道深密，抗心高遠，此以積中而不知也。

予覽羅什答慧遠書，加之一偈，其首云：「既已捨染樂，心得善攝否？若得不馳散，深入實相否？」予愛此語，但能深入實相，安住妙境，何假參禪問法耶？

《高僧傳》云，晉司徒王謐致書於廬山慧遠，有語自陳曰：「年始四十，衰同耳順。」遠答書曰：「古人不愛尺璧而重寸陰，觀其所存，似不在長年。檀越乘佛理以御心，復何羨於遐齡耶？」予因思之，壽長不及於道勝，況諸悠悠之事，豈勝於道乎？

釋道常，此字本是雷風卦名【一】，予避廟諱權改。秦姚興敦逼，欲奪其法服，令居翼贊之任。固辭得免，乃嘆曰：「古人有言曰：益我貨者損我神，生我名者殺我身。」於是竄影岩壑【二】，畢命幽藪，蔬食味禪，緬迹人外。予因思向子平云「富不如貧，貴不如賤」，殆相類乎。

顧此法但能識心達本，無微細之疑，忘情契理，到純熟之地，其道成矣，安用繁云。塊處清閑，自誨曰：迹務退藏，避虛名之爲累；心勿馳散，入實相以增深。善緣既獲冥符，餘景豈宜空過？古人輕尺璧，重寸陰，良有以也。

浮雲或聚或散，豈碍太虛之清曠；浮漚或成或破，豈損寒潭之湛淨；浮想或起或滅，豈壞真心之靈照。念念不息，人皆有之，勿以其然，遂虧進道。

予以決志辭榮，閑居佚老，躋仁壽之域，樂育無疆【三】，闢衆妙之門，勝進不退，翛然自得，何必求之。

身如翔鴻不可籠，心如蓮華不著水。身心所樂，已出世間，何況純修，別有妙處。

《晉書·隱逸傳》云：「嵇康從孫登游三年，問其所圖，終不答。康每嘆息，將別，謂曰：『先生竟無言乎？』登乃曰：『子識火乎？火生而有光，不用其光，而果在於用光；

【一】此字本是雷風卦名　「雷風」，胡珽校：趙本作「風雷」。

【二】於是竄影岩壑　「影」，胡珽校：趙本作「形」。

【三】樂育無疆　「疆」原作「彊」，胡珽校：趙本作「疆」。據改。

人生而有才，不用其才，其果在於用才。故用光在乎得薪，所以保其耀；用才在乎識真，所以全其年。今子才多識寡，難乎免於今之世矣。子無求乎。』康不能用，果遭非命，乃作《幽憤詩》曰：『昔慙柳下，今愧孫登。』」予詳「識真」二字，愛之重之，以爲明哲保身之法也，賢達詣道之見也。有智之士，可不務乎？

莊老之書，理有明據。嗜欲深而天機淺，道德高而下士笑。真隱寡偶，自古而然，塊處逍遥，亦足爲樂。

今有文士，目《莊子》曰「碎金」，多采先生之語，以資應用章句耳。予亦耽味其書，求理綴文，以爲助道之品。入此《法藏碎金録》中，名同而實異者也。

又《晉・隱逸傳》云：「董京字威輦，至洛陽行吟，常宿白社中。時乞於市，得殘碎繒絮，結以自覆，全帛佳緜則不肯受。或見推排罵辱，曾無怒色。孫楚貽書勸仕，京不從，答以古詩，其末有句云：『萬物皆賤，惟人爲貴。動以九州爲狹，静以圜堵爲大。』」予詳最後二句，明知足常足，鵬鷃逍遥之意也。又詳其少欲忍辱，涉于梵行，得非高僧、高士，倫類相參而流轉乎？

范喬字伯孫，禀德真粹，立操高潔。以父粲有疾，侍養衡門，至于白首。凡一舉孝廉，八薦公府，再舉清白異行，又舉寒素，一無所就。予覽此，愛之重之。古人純孝高節有如此者，與夫名實相違者異矣。

譙秀字元彦，巴西人也。祖周，以儒學著稱，顯名蜀朝。秀少而静默，不交於世，知天下將亂，預絶人事，雖内外宗親，不與相見。郡察孝廉，州舉秀才，皆不就。遇亂避難，宗族依憑之者以百數。秀年出八十，衆人欲代之負擔，秀曰：「各有老弱，當先營護。吾氣力猶足自堪，豈以垂朽之年，累諸君也。」年九十餘卒。予讀秀傳，美其有清節，有先見，推分克己，無所干擾，而獲康强壽考，乃福報之使然乎。

《莊子》云：「大浸稽天而不溺，大旱金石流，土山焦而不熱。」注云：「無往而不安，則所在皆適，死生無變於己，況溺熱之間哉。故至人之不嬰乎禍難，非避之也，推理直前而自然與吉會。」又《晉書·隱逸·辛謐傳》云：「賢人君子，雖居廟堂之上，無異於山林之中。斯窮理盡性之妙，豈有識之者耶？是故不嬰於禍難者，非爲避之，但冥心至趣而與吉會耳。」予以二書意同，乃合而書之。

索襲字偉祖，敦煌人也。虚靖好學，不應州郡之命，舉孝廉、賢良方正，皆以疾辭。敦煌太守陰澹奇而造焉，經日忘返。澹曰：「世人之所有餘者，富貴也。目之所好者，五色也。耳之所玩者，五音也。而先生棄衆人之所收，收衆人之所棄，味無味於恍惚之際，兼重玄於衆妙之内，宅不彌畝，而志忽九州，形居塵俗，而棲心天外。」因詳陰澹之言，予以爲古之賢人君子，道德内充而自得者，其實沛然滿足，不可以常情擬議也。

張忠字巨和，中山人也，永嘉之亂，隱于泰山。恬靖寡欲，清虚服氣，餐芝餌石，修導養之法，以至道虛無爲宗。其教以形不以言，弟子受業，觀形而退。年在期頤，視聽無爽。予味先生所授之道，有似禪師密傳心印者也。又以爲窒嗜慾之源，居清曠之域，壽長神王，固當然歟。

宋纖字令艾，少有遠操，沈靖不與世交。隱居于酒泉南山，不應州郡辟命。酒泉太守馬岌，具威儀，鳴鐃鼓造焉。纖拒而不見。岌歎曰：「名可聞而身不可見，德可仰而形不可覩，先生人中之龍也。」年八十，篤學不倦。後張祚遣使者備禮徵爲太子友，尋遷太子太傅。頃之，上疏曰：「臣受生方外，心慕太古，生不喜存，死不悲没。素有遺屬，屬諸知識，在山投山，臨水投水，處澤露形，勿告我家。今當命終，乞如素願。」遂不食而卒，年八十二，謚曰玄虛先生。予詳達人大觀，形骸爲外物，族類爲妄緣，不以形累性，不以族嬰情，與夫大禪師臨終勿塔勿悲之言，何異之有？

郭瑀字元瑜，敦煌人也。少有超俗之操，精通經義，雅辯談論，多才藝，善屬文。隱于臨松薤谷，鑿石窟而居，服柏實以輕身。張天錫遣使者孟公明持節，以蒲輪玄纁備禮徵之，遺瑀書曰：「先生潛光九皐，懷真獨遠，心與至境冥符，志與四時消息。豈知蒼生倒懸，四海待拯者乎？孔聖車不停軌，墨子駕不俟旦，皆以黔首之禍，不可以不救。先生懷濟世之才，故遣使者虛左授綏。鶴企先生，乃眷下國。」公明至山，瑀指翔鴻以示之曰：「此鳥也，安可籠哉？」遂深逃絶迹。予讀瑀傳，愛張天錫遺瑀書云「心與至境冥符」，此一句入道之門也。

祁嘉字孔賓，酒泉人也。少清貧好學，年二十餘，夜牕中有聲呼曰：「祁孔賓，祁孔賓，隱去來，隱去來。修飾人間事，甚苦不可諧。所得未毛銖，所喪如山崖。」旦而逃去，西至敦煌，依學官誦書，遂博通經傳，精究大義。西游海渚，教授門生百餘人。張重華徵爲儒林祭酒，天錫謂爲先生而不名之，竟以壽終。予讀祁嘉傳，異其牕中呼者，蓋神人也。所言得喪利害之殊，堪爲鑒誡耳。

吾今逼大耋之年，已老之身，舉止輕健，不爲惡欲之所敗，已老之心，觀照明了，不爲邪見之所昧。必因宿習，何憂後緣。此真實語，非增上慢。

《晉書·謝鯤傳》中，多説鯤規諫王敦之事，是時朝望被害，皆爲其憂，而鯤推理安常，時進正言，而敦不能用。予讀鯤傳，愛此「推理安常」凡四字，蔚爲心要。夫自古及今，有無數之人，無數之情，無數之事，是非曲直，得失利害，憂恚苦樂，種種不同，理之常而大者也。若以道斷，但推而安之，都爲夢幻。如觀群動，終歸乎空，不用鼓發於言下，留滯於胸中。此乃無礙法門之最也。予嘗爲《安順大常略論》，意亦如此，今重言之也。

出世大聖人，具有一切智，能行一切行，不住一切相。此是佛功德，以世間法如何擬議？

夫齋戒沐浴，清淨身之法也；滌除疏瀹，清淨心之法也。必若識真拔俗，退居進道之士，可用此外内二清淨，潔其身心，以爲資助爾。

顧此法自悟自得，契真不殊，可目之曰同文印； 覺他利他，照闇相繼，可目之曰無盡燈。在上上之智，謹授受之理，不可輕也。

我自立一科法言，欲得己心至空至明以爲體，善利萬物，不求其報以爲用，亦不分屬名家。

《論語》云：「子張問行，子曰：『言忠信，行篤敬，雖蠻貊之邦行矣。言不忠信，行不篤敬，雖州里行乎哉？』子張書諸紳。」予因思内典教中有語云：「衆生無邊誓願度，煩惱無邊誓願斷，法門無盡誓願學，無上佛道誓願成。」如此言句，豈止書紳，銘肌鏤骨可也。

解脱門三，親切方便而出纏縛，良以次第相成也； 涅槃路一，直截坦蕩而歸寂滅，不由歧逕致迂也。我如是言，人謂我何？

予詳教中所説之意，謂小乘著空，是心住於相，而起見障。蓋言空之爲法，執亦成礙。而況外道之學，別作異計，種種邪妄，其爲病也可知矣【四】。

自顧晚年，信道彌篤，《南華經》髓遊逍遥之墟，西聖書心泛寂滅之海。盡攝大千沙界，無蔕芥於胸中； 深入不二法門，非剖析於言下。所好如此，誰爲同人？

《法華經》云：「諸佛世尊，唯以一大事因緣，故出現於世。」其下陳列，欲令衆生開示悟入佛之知見。予嘗率意立言云：「開示由乎師，悟入由乎己。」其後因覽唐李繁著書十

【四】其爲病也可知矣　原無「其」字，胡珽校趙本有之，據補。

六篇，名曰《玄聖蘧廬》，内有《心宗第十一》、《不動第十二》、《夢覺第十三》、《聞思第十四》，有説云：「經言開示悟入，而不説開示悟入之方，因著此四篇，開心宗之性，示不動之體，悟夢覺之真，入聞思之寂。」予詳四篇所述，咸有妙旨，就中悟夢覺之真，入聞思之寂，暗合予即今朝夕趣向，事理親切。由是忻然自得，以爲天獎冥符爾，不復一一具載之也。

白樂天有《自詠》詩云：「鬭閑僧尚鬧，較瘦鶴猶肥。」予因自思，抑亦如此。仍叙餘意，可資清談。爰自引年挂冠，攝生修道，居深迹晦，絶無汎交，行健聽聰，覺有所得。乃復爲兩句，以擬前詩云：「介居僧尚雜，警聽鶴猶聾。」

初讀老莊之書，入大觀之理，見世間夢幻，盪胸中蔕芥。後讀釋梵之書，得上乘之法，啓我明徹之智，無窮而不昧，鋭我堅利之志，無窮而不壞。根力次第，有如此者。

法止一乘，日常三省。幻身虚假，雖悟有涯之生；本覺空明，未歸無念之體。然於淨信，不忘真修。

文殊表信解之智，普賢明周徧之德，合而爲一，是謂毗盧遮那。華嚴名曰「三聖圓融觀」，信妙矣哉！

予覺晚年益甘道味，酷好含華隱曜，收視反聽，優游何有之鄉，放曠自得之場，從造物者爲師友，而世間幻累，其如予何。宜乎三徑就荒，一室不掃，凝塵滿席，其心湛然。

《圓覺經義》有云：「從本起末爲出，攝末歸本爲入。」又云：「迷之則出，悟之則入。」予因知悟入二字，理合相連。又知既能覺悟，而乃攝其妄念，入于無念，斯爲法要。而況聞中靈應，助發道緣，豈非天瑞冥符，資其宿習，俾我策勵，何法喜之深乎。

夫恬愉相資，成長久之道；喜怒不節，傷陰陽之和。顧己暮年，尤宜知明而力勝也。予覽二教之書，有所愜當，而能唯變所適，推而廣之。釋氏經旨，予愛其見空而度苦厄，一見其空，則一一皆空矣。自然目之所及，見其無全物，無全事，無不是空，何能障礙于目哉？老氏經旨，予愛其知常而益明了，一見其常，則一一皆常矣。自然心之所及，知其天時之慘舒晦明，人身之災福苦樂，世故之順逆成敗，無不是常，何能刺鯁于心哉？二者對治，可以足用。

身心之法，舉要而言，一真是本，名之爲道，萬緣是末，名之爲累。不可棄本逐末，以累妨道。如此達觀，謂之初學。

人之學禪，率多隨其影，和其響【五】，效爲語，立爲文。予之學禪，無不貫于心，達于性，發以智，濟以力。其理如此，何必繁云。

有道友嘗説考驗修行功課之法，令置白黑二碁子，每有一善念，投一白子入於一器中，每有一惡念，投一黑子別入一器中，至夜比較其數，即知善惡之念增減多少矣。予竊謂此法太迂闊，誰能細碎致煩？予又自思，但性急耳，除有觸境小忿未能頓除外，且無故

【五】和其響　「響」原作「嚮」，胡珽校：趙本作「響」。據改。

心造惡之念，不當如斯拘執筭數也。唯知務在靜勝於動，最爲要切。宜於日夕四威儀中，不計情境如何，隨分量力，常習靜念而已，不可廢也。

莊子所說，有以死生爲小變，我與變俱而無失爲大常。此則深契佛書所明理性真常之道。夫如是，則知身外悠悠，愈不足以介意也，昭然矣。

莊子云：「百里奚爵祿不入於心，故飯牛而牛肥，使秦穆公忘其賤，與之政也。有虞氏死生不入於心，故足以動人。」吾因思之，若或即今有人，二者不入於心，吾當推而尊之，曰至人、真人、道人也。

予省己，方期耄及，似覺智生。切欲内習絶倫，離人而獨立；外順晦迹，虚緣而葆真。確乎彌堅，怡然自得。

荀卿有言曰：「志意脩則驕富貴，道義重則輕王公。」予謂此世間法也。予别作二句語云：「達觀深則遺情累，内習至則還天真。」此出世間法也。

中乘之人，能觀根本十二緣轉爲生死輪，不煩更述。予今又觀枝末三緣結爲煩惱網，謂身緣、家緣、世緣是也。續説三者，該括盡矣。此緣此理，古今大常。既知大常，足以消遣。

昔老聃於新沐之餘【六】，凝然遊心於物之初，且云不能知、不能言。我亦於新痦之餘，凝然遊心於聞之初，亦不能知、不能言。引類而書，以明殊勝。

【六】昔老聃於新沐之餘　「沐」原作「沭」，胡珽校：趙本作「沐」。據改。

佛書云，須菩提解空第一。予於觀空之智，亦得少分，然而不入斷滅，又知有不空如來藏也。

一切凡夫，終日念念，營致五欲樂具。不知萬中有一真大丈夫，回向一乘妙法。如此勝事，與誰交談？

《楞嚴經》云：「情想均等，不飛不墜，生於人間，想明斯聰，情幽斯鈍。」竊詳此語，信不虛矣。予今年近八旬，而覺耳聰心爽，每於清宵，靜卧虛白堂中，或聞左右前後，兒孫列宇，言音所及，辨其誰何。故有效白體詩云「介居僧尚雜，警聽鶴猶聾」之句。是知想明斯聰，予得萬一。因思貫休之詩，有以《楞嚴》爲禪髓，樂天之詩，有以《壇經》爲佛心，凡此類例，予最稱美。

予觀世界倫類，都是衆多幻化，因緣生滅，假合而成。其中情氣，各各微細分别，遂有紛擾無窮之事，新陳相續，隨時運，任造化，古今常然，無如之何，然而到了虛妄。唯有一種妙説，目曰一真法界，非但少有到者，抑亦少有知之。予愛如此而言，曲盡其理。

《莊子・雜篇》有云長生、安體、樂意之道，予愛此語，因而簡省聯貫，目之曰長安樂之法。竊謂此三者，無賢不肖皆愛之。雖愛之之心同，而致之之道異，所以利害相反矣。予若形于文言，則淺近而犯時忌，人能自以意取，則深遠而得天機。今故不復具陳，智者詳之可也。

予自謂心遊環瑋之書，所以慕高遠；　目想清曠之域，所以遺繁華。　於道雖非大成，於理亦爲小善。

道集虚，吾所信；　仁者静，吾所師。　無聲之聲，聲成文，非因叩寂；　無學之學，學日益，止務棲真。　不作聖心，安住妙境，有如此者，謂之何哉。

唐圭峰密禪師，有指示學人最後安心方便之法。　先有叙述之言云，「諸修行人，但將不認不随之智，照於身心，自然覺疾病時、痛惱時，或暫安樂時、侍者乖意時、喜事適情時，所有種種念慮，千般萬類，皆如幻化影像，皆是他緣。　靈靈一心，如鏡之明，未曾不照，斯爲真我。　我既本無病健，無死生，誰能勞神而憂他妄緣乎？　已曾千萬億劫妄憂之，竟何所益？　非惟無益，仍展轉招於妄苦。　今但自保靈明，免遭妄執所繫，即捨此身趣後身時，無所慮也」云云。　予詳密公之言，雖僧俗不同，而緣累一也。　乃至族之蕃衍，因而緣亦增多。　固當如是，但依此教，誠以覺智斷之，慎勿一向憂撓。　若能如此，便是得親切法門也。

觀諸文字之中，有使棲心、棲神、棲真、棲禪，大約祇是檢情攝念之意。　有如鳥之棲宿，不飛不動是也。　予以爲明正學人，但於一切時中，随分止息，思慮凝然，宴寂而已，復何疑焉。

列子所説：「周之尹氏，大治産，心營世事，慮鍾家業，資財有餘，心形俱疲。　夜則昏憊而寐，夢爲人僕，趨走作役。　而尹氏之趨役者，晨昏弗息，有老役夫，筋力竭矣，而使之彌勤。夜亦昏憊熟寐，夢爲國君，其樂無比。」此章立理，大約齊物，以明夢覺不異，苦樂各適一方，未足分勝負。予於此外別得新意，以爲尹氏家雖富盛，心有營運之勞，故有夢中之苦；役夫身雖貧賤，而心無營運之勞，故有夢中之樂。若復有人，晝無役夫之勞苦，夜無尹氏之勞苦，其享福也何如哉？予又獨斷，以爲勞心之苦甚於勞身之苦也【七】，如何分勝負？

五鼓夢回，緣念未起。靈響清徹，聞和達聰。凝聽靜專，頗資禪悦。安住妙境，何勝如之。

《阿育王經》云：「優波笈多宿世爲獼猴，學緣覺坐禪，證阿羅漢果。」又《玄聖蘧廬・心法篇》云：「東都有人養鸜鵒，以其慧甚而施於僧。僧教之，能念經。往往架上不言不動，問其故，對云：『身心俱不動，爲求無上道。』及其死，焚之，有舍利。洛人爲之作塔。」予詳二者得道，皆自宴寂中入。夫如是，則《華嚴經》云「心佛及衆生，是三無差別」，信不虚語矣。唯人爲萬物之貴者，苟不知此道，乃猨鳥之不若也。知之者安可自輕棄乎？

晉劉毅對武帝之言，比帝爲漢之桓靈，尤爲不遜。晉武能笑而容之，此事有人君之量，情之所難也。因思爲人臣者忍受惡言，於理差易，而不自抑制於理，可乎？受人凌辱，畏其勢而忍之者，不足爲忍；無可畏之勢，而能忍之者，真爲忍也。

教中説煩惱即菩提，予嘗比方而可曉。夫人之爲惡，一變成善，譬如盜賊亦有勸諭感

【七】以爲勞心之苦甚於勞身之苦也　「勞心之苦」後原衍一「苦」字，胡珽校：趙本無此「苦」字。據删。

悟，翻然改圖，便爲良民者，即盜賊本良民也。煩惱即菩提，固當無二。

無益之言，自戒勿發；無益之事，自戒勿思。

世間法以讓爲德，然亦有不可讓者，故儒書有云：「君子不爭，必也射乎。」又曰：「當仁不讓於師。」出世間法尤不可讓，古德有偈云：「十方法界諸有情，念念以證善逝果。彼既丈夫我亦爾，何得自輕而退屈。」

談者曰：蠅能緣物，不能緣火，若能緣火，與火爲一；人能緣事，不能緣道，若能緣道，與道爲一。

聞人談論，但且虛受悅服，慎勿鋒起求勝。詳究取捨，在我而已。

老子曰「不爭而善勝」，予欲加此而行，非止不爭，亦不取其善勝之勝。

有故人嘗說，人自無始以來，情性相合，欲遣其情，有如親戚之人同居已久，相別之際戀戀難去。予以爲世間法貴乎情日厚，出世間法貴乎情日薄。然聖人忘情者，非木石之無情也，無偏愛之仁耳。故有緣之慈，以親親而慈，其慈小；無緣之慈，不以親親而慈，其慈大。

予嘗自立兩句語云：「欲可從于人，不可從于物。」上句取儒書「以欲從人則可，以人從欲鮮濟」之義，是屈己以濟事也。下句取佛書「若能轉物，即同如來」之義，是不令真隨妄轉也。

予自説云：因言會意，謂之悟道；忘情詣理，謂之修道；至寂洞照，謂之得道。

《易・遯卦䷠》：「上九，肥遯，無不利。」肥者，饒裕之義也。以其無應於内，故曰肥遯。予今以人心比之，若有人，其心既靜而能無應於外，亦可謂之肥靜矣。内心外迹，厥理何殊。

孔子曰：「克己復禮，天下歸仁焉。」予擬之，別立句：「克情復性，衆妙歸本焉。」

予自立言云：神氣相守，道家存有；心息相依，禪功造微。其理一揆，吾能貫之。竊爲口訣二句云：「須有智斷，方修止觀。」因自解云：「有智照了，乃能決定信；有斷猛利，乃能決定行。」

諦觀無明如醉。醉人起諸惡，展轉爲過咎，以至禍敗；無明生衆支，展轉爲因緣，以至老死。

佛書云寂滅者名爲一心，謂無念也。自一起念，則爲二矣。予因獨斷，人二心爲「念」字，似得此理。

佛書云本覺曰如，心住曰如，不變易曰如。予因觸類演之曰，性與理合曰如，物我混一曰如。

予謂小乘，初學者也；大乘，功成者也。故釋迦佛云，「我念過去諸佛方便力，皆以小乘引誘，然後令入究竟一乘」是也。予又謂，亦如世間法，童法蒙與老成之學量【八】，次

【八】童法蒙與老成之學量「法」字疑衍。

第不同矣。

覺了一切法如幻化者，如悟杯中蛇影，豁然而疾愈，知其疾妄想結成也。

唐陸象先嘗謂人曰：「天下本無事，祇是庸人擾之，始爲繁耳。」予又以爲，心間本無事，率由妄念擾之，始爲煩耳。

入道之門，須用止觀二法。何以故？夫理障礙正知見，事障續諸生死。非大觀之法，安能除理障？非大止之法，安能除事障？

《楞嚴經》有云：「非因緣，非自然。」予常疑其兩無所歸，一日忽自悟：夫因緣者，虚妄假合，凡夫世間法也；自然者，撥無因果，外道不了義也。唯出世了義，不墮二邊耳。亦可自謂得無師智也。

老子云「不見可欲，使心不亂」，此小乘之力也。若見可欲而心亦不亂，此大乘之力也。亦如牛頭山慧融禪師云，「有二種用心，一者不見一切物得空，唯見於空，不見一切物；二者一切物得空，了了見一切有，不住於有，了了見一切空，不住於空」是也。

昔晉王濟有馬癖，和嶠有錢癖，杜預有《左傳》癖。予亦有耽味禪悦，遺忘機心之癖。習僞智，矯性狥時，損天真，取世資。考其得失，至人弗爲也。

有客謂予曰：「欲求妙道，從何門而入？」予因決擇徑直而答曰：「當須悟人法二空，斷事理二障，學止觀二法，去沈掉二病。四者純熟，有進無退，勿問符應，久而自知。」

此法簡要親切而言之也。

學法之人，有聞談道而豁然頓悟者，亦是宿世修習之功，而不自知也。譬如學世間文章，曾經諷誦，歲深遺忘，或有舉其端緒，復能記之。又如久別之人，相逢不識，彼若話及姓字，此乃忽爾悟焉，亦猶是也。

世間博聞强記，洪筆麗藻之士，視其暴威武而不識姓名點畫者何如哉？達人大觀，窮理盡性，視其懵然不知者亦類於此。

禮以檢其迹，樂以和其心。予又別得無體之禮，檢攝之至者，南華莊真人所著書中述其「心齋」是也；無聲之樂，和暢之妙者，襄陽龐居士所集詩中述其「智樂」是也。此樂音落。

人多止好神仙之事，而不知禪功造極者，合至神之神，爲仙中之仙也。《抱朴子》曰：「辭千金之重聘，忽卿相之貴位者，無所修爲，猶尚如此。況加以知神仙之道，必不肯役身於世矣。」予以爲脱落世網，致禪功之深妙者，比諸神仙又增殊勝也。

外身出纏小自在，内身出纏太自在。如如不動寂爲體，了了常知照爲用。

智者知也，深知其理，勿復悮爲；行者行也，力行其道，勿復虚過。

《楞伽阿跋多羅寶經》云：「縁自得勝進相，遠離言説文字虚妄，趣無漏界、自覺地，光明輝發，是名宗通。」此一科，合《論語》云「古之學者爲己。」又《經》云：「説種種教法，以巧方便隨順衆生，令得度脱，是謂説通。」此一科，又合《論語》云「今之學者爲人」。於其本教，又合自覺、覺他，自利、利他。

脱世網，避畏途，簡妄緣，甘静居，小寂滅之樂也。塵事無所拘，勞慮悉已除，心如太虚，清遠恬愉，大寂滅之樂也。但趣此境，何必廣求異論哉。

詳佛法所明之理，有二殊勝，與凡情對背。有以親爲踈，謂五藴皆空，形相是外物，此智之深者也；有以踈爲親，謂一切衆生皆如己子，此仁之大者也。此智與仁何如哉？苟有敏識，不當輕議。

予以不貪之故，獲善利者三。不涉畏途，不履危機，一也；量入自足，身閑氣和，資養生之道，二也；習静悟空，深知理性之法，三也。

二姓之親，因媒而成。親成而留媒不遣，媒反爲擾。一真之道，因智而合。道合而留智不遣，智反爲礙。

古德云：「有所知者有所不知，無所知者無所不知。」予嘗設喻以明此理。上八字有似夜有其燭，燭不及而有所不見；下八字有似晝無其燭，燭不用而無所不見。

形質全具，人之外美，繫乎天，耳目手足是也；行實全具，人之内美，繫乎人，道德仁義是也。其外幸而全具，不能内修以相稱，誠堪自惜，誠堪自責。且夫外不全具，無如之何，内不全具，可以修補，而鮮克能然，堪惜堪責，豈虚語哉。

世人但見有之有，不見有之空，如此者無數；或見有之空，不見空之有，如此者甚多；既見有之空，又見空之有，如此者甚少。若能空有並見，智行相資，脗合深入，謂之得道。

名器權利，虛中之虛。壽康給足，虛中之實。詳擇所急，馴致天倪。踰量躁求，道家深忌。

心者身之本也，心不生滅，則身不生滅定矣。故荷澤法門有語云，雖備修萬行，唯以無念爲宗。無念即無生之法也。千經萬論，但廣敷揚，法之根源，止在無念。念增緣起，乃入輪回。

古人云：「燕雀焉知鴻鵠之志。」此於世間法中，志之大者也。予因擬之，别有語云：「醯鷄焉知雲龍之志。」此出世間法中，志之大者也。

《人物志》云：「晉楚帶劍，遞相詭反。」注云：「自晉視楚，則笑其右；自楚視晉，則笑其左。」因思好道德者避權利之地，修安樂之行，無傍觀之榮，免切身之苦，好富貴者大笑之；好富貴者據權利之地，失安樂之行，得傍觀之榮，被切身之苦，好道德者亦竊笑之。與帶劍相笑，其事雖殊，其理相類。

予好推求妙理，念念增新，落筆成文，編綴未已。有如心府之内，衆寶莊嚴，又如百鍊之金，轉加明淨。以此自慰，不亦然乎。

萬事貴乎得中。夫日過午則昃【九】，月過盈則虧，物過盛則衰，器過滿則溢，必然之理也。世人升高位，積羡財，不務得中，貪極致禍者多矣。宜乎自戒之也。唯有學道之志，貫微臻極，精修密詣，使太過此則無妨。

世間法不失其正者，究竟猶虚，若更邪僞紛擾，此又虚中之虚也。不知至真至妙之理，枉用其心，與物化滅者，但可嗟憫而已，何足貴乎？

妙法功行，勿憚難成。譬如瓦礫易取，珠玉難求，自然之理也。若不登山涉海，安得此寶？莫同瓦礫輕視之耳。得之則其利甚博。

後漢孟敏，字叔達，荷甑墮地，不顧而去。郭林宗見而問之，答曰：「甑已破矣，顧之何益？」林宗異之，勸令學業，果著其名。予謂斯人明理而有斷者也，爲事敏達，稱其名焉。以此推之，人有所失【一〇】，當以既往不咎，勿復介懷。有若更追思不已，亦猶顧惜破甑，何所益乎？

佛教説因果，道教説自然。説因果則有懲勸，説自然則無懲勸。夫萬事若皆謂自然，撥無因果，則陷人於不修，而虚生浪死，多入惡趣之中也。殊不知於其自然，亦有因果。試舉一端以明之耳。人有樹藝之功，則有采收之利，自然之理也。樹藝者豈非因乎？采收者豈非果乎？

人有未壯之子，而爲薄徒所誘，習以成非，罹于深刑者多矣。唯幼敏而殊常者，乃能

【九】夫日過午則昃　「昃」原作「昊」，據胡珽校趙本、四庫本改。

【一〇】人有所失　原無「有」字，據胡珽校趙本補。

不近薄徒。人有可欲之心，而爲塵境所誘，習以成迷，墮于惡趣者亦多矣。唯夙悟而殊常者，乃能不逐塵境。配而設喻，殆相類乎？

予欲自規，并勸學道之人，修四常行，謂常不障、常不礙、常不動、常不退。上二行在乎智明而量大也，次二行在乎志堅而力勝也。

昔向子平所言「富不如貧，貴不如賤」，予又知顯不如隱，蓋以隱近道家之旨。老聃大聖人，史氏止謂之隱君子。然而隱者亦有竊吹濫巾之士，釣聲華，希寵利而已。若能名迹俱隱，乃爲真隱。古人有詩云：「始知真隱者，不必在山林。」又有云：「禪師示我真隱心，月在中峰葛洪井。」又出處一貫爲通隱，古人有詩云：「禪門有通隱，喧寂共忘機。」如此之類是也。

卷三

《論語》云：「子絶四，毋意，毋必，毋固，毋我。」予詳義理，謂孔子絶去四事，與常人異也。毋意者，常人師心狥惑，自任己意，孔子以道爲度，故不任意。毋必者，常人行藏不能隨時，用舍好自專必，孔子用之則行，舍之則藏，故無專必。毋固者，常人之情，可者與之，不可者拒之，好堅固其所行也，孔子則無可無不可，故無固行。毋我者，我謂身也，多制作自異，以擅其身，孔子則述古而不自作，處羣萃而不自異，和光同塵，唯道是從，故不有其身。予於四者，似得百分之一。每希馴致其道，未嘗縱心所欲【一】，此近無意；昔仕宦之日，不苟求進用，此近無必；友交汎交，不偏執一，此近無固；好爲文立理，而無所自衒，此近無我。因思儒宗孔聖四絶之德，比夫釋氏經教有陳大乘四法、大乘四行，同歸善利，抑亦何殊哉？予今又以四絶之德，各以其類，分而合之。其一其四，無意無我，混而爲一，以屬於内；其二其三，無必無固，混而爲一，以屬於外。内習出世之法，事事無意無我；外順世間之法，事事無必無固。若能觸類融攝，果決盡然，此爲樞會，可目之曰無礙法門矣。

白樂天有詩云：「暫將理自奪，不是忘情人。」竊思理奪二字，正是予切用之法。夫

校勘記

【一】縱心所欲　胡珽校：趙本「縱」作「從」。

御世之道，求理而已，出世之道，理可廢乎？以理奪情，率由智勝；以理復性，率由力勝。若能智力兼備，理性相符，真學指歸，曲盡善矣。

達摩説大乘四行，其三曰無所求行。予甚慕之。奈何迫於情累，未能免此。雖求之在我，而可否在彼，既或應或違，須無固無必。因别持一行，勿以順逆自起忻恚，自爲所求無固必行。

梁氏《删定止觀》第一内有説云：「意之所起，即修三昧，謂之覺意三昧行者。心數起時，反照不見動轉根原【二】，故名覺意。又窮諸法本皆由意造，故以意爲言端。未對境覺知異乎木石名爲心，次心籌量名爲意，照了分别名爲識。如是辯别，墮心想見倒中。」予讀此一科，愛之重之，尤喜精要，因而崇重其名，立爲一法，以備自修，目曰覺智平意識法門。凡有意識所起，即時以覺智平之，而自斷曰：教中説身心於真性皆爲幻垢，則表意識諸念又屬身心之餘事，乃是重重疏遠之妄，顛倒之見。不知此理，則無智者也。既知此理，豈可與無智之人混同汩没？當觀意識是真我之賊，來即殺之，不復容縱，在我明鑑利刃而已。

昔向子平讀《易》至《損》《益》二卦，因而發歎，謝絶塵寰。又老子有「日損」「日益」之言。予漸老矣，夙好棲真禪寂，而鈍根重障，既不能速成圓頓之理，若不策勵，精修勝進，更俟何時？乃約己而自立損益二法門，用爲入道樞要。但省己不當復爲者，一一而

【二】反照不見動轉根原　胡珽校：趙本「反」作「返」，「原」作「源」。

日損之，憂恚二病居先也；省己即今切用者，一一而日益之，明住二妙居先也。自出於心，固難縷述。

《楞嚴經中》所説，如來命文殊師利法王子較量二十五無學，諸大菩薩及阿羅漢各陳從初入道法門，何者最爲圓通，令將來學者易得成就。時文殊辨白，最許觀音聞中入流圓照三昧。其對佛偈中有六句云：「我今白世尊，佛出娑婆界。此方真教體，清淨在音聞。欲取三摩提，實以聞中入。」予愛重此法，形於贊詠多矣。又獨聞靈響，殊常清妙，凝聽融怡，乃是天賜神奇吉祥，助發樂欲，俾成大事因緣也，何慶如之！自今了達天時、人事、世態、物情，往古以來，不可齊一，但委順而過，勿介於懷。凡諸魔境，我當以觀空覺妄之智，平定于外；唯此佛境，我當以聞和攝念之力，修詣于内。決定不退轉，不復別求入道法門也。

予嘗作《心禱六符》詩云：「恬和端潔及虛明，六妙均融道法成。願考此祥皆密契，不求知己浪傳名。」今復追解其意，意欲己心恬靜和暢，端直潔清【三】，虛白明了，妙妙相應。若得心之體用如此畢備，不必廣求禪學之法，亦不求衆人知己也。

白氏詩云：「自從苦學空門法，消盡平生種種心。」予因此語，曉悟學空之理，乃是無礙法門。何以故？夫學人有明智，有果斷，諦觀在外隨時過去者，事事盡空，不執其事，則身無礙也；在内隨時過去者，念念盡空，不執其念，則心無礙也。身心外内無礙無縛，

【三】端直潔清　「直」四庫本作「真」。

更去何處别求解脱？譬如雲翔之鳥，在空中自然自在。人若不能以空破有，自取罣閡，乃是凡愚知見，於己有何所利？所以佛許須菩提解空第一，斯人足可景慕。若能於空不著空，此又妙之又妙也。

衡山石頭希遷大師，有僧問：「如何是解脱？」師曰：「誰縛汝？」又問：「如何是淨土？」師曰：「誰垢汝？」又問：「如何是涅槃？」師曰：「誰將生死與汝？」予知禪家問答，有兹體勢，最爲切當。予能觸類適變，則而象之，設使有人問予：「如何得心地清凉？」當答曰：「誰令汝熱惱？」又問：「如何得心地安靜？」予答曰：「誰令汝煩動？」予非但能學其語類，又能悟其法意，直臻要妙之處。蓋明一切煩惱起滅，只由於己。己能照了諸法性空，不以爲礙，便是菩提涅槃之體用，豈待如來慧以三昧，必無此理。智者當如是解，勿與愚人混同也。顧此法至簡至易，其如知之者至少，行之者至難矣。

今自清審決擇，居常進道之功，莫若齋心服形，收視反聽，退藏於密，直在其中，住無所住，得無所得。堅久之志，日復一日。其餘法塵煩動，亦宜稍稍休息矣。

國家法要，則有任賢勿貳，去邪勿疑。予因擬之而立言曰：身心法要，則有任真勿貳，去邪勿疑。二者大同，唯改一字而已。

學法之人，或未能深入妙境，但且師老子之「日損」，莊子之「鞭後」，蘧子之「知非」，顔子之「改過」。若能致力悉備，自然暗合于道。

子今申明《圓覺》、《楞嚴》二經之旨趣【四】。夫《圓覺經》一味精純要妙，專説心起之真妄，悟修之頓漸，以利鈍根故，分辨學法之次第。《楞嚴經》於真心正法之外，又説種種事相，有邪有魔，有升有墮，令人曉會，不至差殊。

梁氏《删定止觀》第五内有語云：「若善修三昧，道力所持，何罪不滅，何業不轉？」

予於此法，素有信心樂欲，每覽如是語句，令人倍加策發。

即此第五卷内又有語云：「夫慧解真正，則不爲諸相所惑，然後鞭心入理，業不能礙。若本無解心，又發意邪僻，見相生愛，則魔得其便，入示吉兇，生爲鬼禪，死墮鬼界，必然之理也。」予知有一類之人，多作此見，是思引證爲戒，因復采而書之。

又有語云：「當安忍内外諸障，使不滯礙。又不起法愛，自然流入清涼之地【五】。得無上報，得自在業。返本還源，智照圓極，故名無上；普門示現，無往不應，故名自在。」予愛斯言，蔚爲妙法。若能詳求其理，力行其道，此可足用，何勞博訪空談。

又第六内有語云：「夫幻術法猶能變轉示人，亦如流金結冰，變化不一。定力所轉，理固宜然。」予因思入道至論，必須致力，但無爲與有爲異耳。

天時之順序，天文之垂象，本乎天也，據理則有常，而或有不常；人身之安否，人事之得失，本乎人也，據理則有常，而或有不常。是則常中有不常，古今如此，亦可以爲大常矣。予嘗爲《安處大常略論》，今復意及而書之，姑務修己，此意乃自然而然也。

【四】子今申明圓覺楞嚴二經之旨趣　胡珽校：趙本「申」作「伸」。

【五】自然流入清涼之地　「涼」原作「淨」，胡珽校：趙本作「涼」。按，晁迥引唐梁肅《删定止觀》文，見今存該書《續藏經》本卷下，作「涼」是。

予嘗自作禪門法語，四言五句二十字云：「正修行心，以破爲修，以住爲行。非正修行【六】，其心反是。」

《周易正義序》云：「江南義疏十有餘家，皆辭尚虚玄。若論住内住外之空，就能就所之説，斯乃義涉於釋氏，非爲教於孔門也。」又《後漢書・西域傳》論佛教云：「詳其清心釋累之訓，空有兼遣之宗，道書之流也。」此皆儒書正經之疏，正史之語，該説所及，證據公矣。但以内外之法，理難相參，故各行其教焉。後人更相排斥，未爲通論。

人有所作之夢，洎至明日，或有忽然聞見，與所夢相應者，世俗謂之解夢。吾因此似得二理：一則表事有所定，一則表神有所通。必若澄心至清，則能知未來之事，其理不虚也。

吾有一事，終未曉其由。嘗與人對談，或至一處所，忽然記憶，有似已曾如此言，已曾如此見，倏然復忘之耳。自壯歲及老年，相識故舊，歷遇五經及第人于澈、直集賢院范貽孫、知制誥路振，此三人亦説其事，與吾暗合，因追思而記之。

孔子罕言命與仁，《易》稱「窮理盡性，以至於命。」竊詳命者，正是佛書所説理性之法也，人鮮能及之。又仁爲五德之首，正是佛書所説能仁之事，此亦人鮮能及。故皆罕言，非全不言也。又對門人云：「未知生，焉知死？未能事人，焉能事鬼？」蓋爲力行世教，不欲言人所不及之理，非不知也。達識之士，宜體至聖密意。

【六】非正修行　「正」原作「止」，據胡珽校趙本、四庫本改。

今爲己立法者二：夫處世之法，如謝鯤之率性也，推理安常而已；出世之法，如阿難之回心也，息緣反照而已。

《楞嚴經》云：「空生大覺中，如海一漚發。」《圓覺經》云：「無邊虚空，覺所顯發。」予今引此二經，配而明之。蓋言見空見色，皆不離覺性之中也。又色、空二法，相對立名。空相在覺性之中，亦爲障礙。故《般若心經》云：「空即是色。」蓋言但有空相，空即色也，色即爲其障礙矣。

予嘗獨斷，以其無爲而大者謂之道，有爲而小者謂之術。道之神妙，無爲而自然也；術之神妙，有爲而精至也。學其道者，可名道士；學其術者，可名術士。道德、技術，不可同日而言。

古人有云：「寧我負人，無人負我。」此乃姦雄之魁，圖取之志大也。予别有語，正與此背，却云：「寧人負我，無我負人。」此勸仁智之士，趣受之理大也。又云：「寧天負我，無我負天。」此則但信福善禍淫之格言，勿疑其應與未應也。

昔子夏唯學素王之道，而義與利交戰於胸中，終義勝而肥，所學之道必成也。今予兼學法王之道，而信與疑交戰於胸中，終信勝而喜，所學之道豈有不成哉？

《冲虚至德真經》云：「孔子能廢心而用形。」注中所解之意，謂對接世務，止用形迹而已，其心則泊然不動也。予謂臨世間之法，固當如此，如此則事濟而不勞矣。又貫休

《寄山中伉禪師》詩云：「舉世遭心使，吾師獨使心。萬緣冥目盡，一句不言深。」其詩意謂舉世之人被心所役使，而伉師獨能制服其心也。予又謂學出世之法，亦宜如此，如此則道成而不悞矣。

了三空之盡空，知一真之至真，此大觀也。即時而萬念都息，此大止也。若能練之純熟，道學成矣。何必更尚多談，妄求異見哉。

人所分別者名相也，不可分別者體性也。若能不著名相而直歸體性者，何諍論之有？

經教中說一種外道，作無所有想，如兔無角，謂一切法亦復如是。經教中又有説未得謂得，名增上慢。予觀今之談禪者，多云知之則已，更何修也，故鄙其看經論、求方便者，以爲滯於名相。予謂執此見者，可惜悞人深矣。譬如以兵力討賊，兵力勝而賊退，然後罷兵，理之常也。故《法要》有云：「如人入賊，心不決定，不能破賊。破亂想軍，亦復如是。」修行致力，其喻如此。吾輩看經論，詳求旨趣，以濟覺力，又不得與課數希洪福，尋文起狂慧者一槩視之也。

予今集諸經妙言，貫而爲文，共成四句曰：「求自然智，住無礙行，成不壞業，名決定相。」

古語云：「臨河羨魚【七】，不如退而結網。」予以爲尋文好禪，不如坐而進道。

【七】臨河羨魚　「河」四庫本作「淵」。

《止觀論》有云「帖帖安隱」【八】，《楞伽經》有云「上上升進」，此二者皆謂入道之相也。

道家流謂黄庭内境，夐超外境。予以爲尚屬有法，未出幻魔之界。豈知夫自覺聖智，空寂靈明，絶妙之境乎？若有悟四相之非我，知一真之大同，始可與言此境矣。

榮啓期自云有三樂，予觀乎域中、象外，别有三樂焉。聲色之樂，樂之下者也；名教之樂，樂之中者也；禪寂之樂，樂之上者也。

予但得宴坐之室静，日涉之園幽，分恬智以均和，合端虚而進道，養太和之氣，棲天真之心。適我願兮，無出於此。

務安了了之心，常合深深之息，諸念不動，静勝而樂，斯入道之妙門也。

《莊子内篇·齊物論》注云：「夫是非者生於好辯，而休乎天均。」予詳大意，人好横議分别，道家所忌，當息其言。奈何所見各異，禀於自然，固難一揆責之也。因思辯是與非，唯有涖官爲政，分曲直之訟，事國治家，成規誨之道，如此則明是非可矣。若或真學之流，閑談之際，未能頓絶商確評品，斯亦有妨道行者也。《左氏春秋》云：「人心如面焉。」蓋言各各不同，不可齊一爾。若也須責人心之非，令皆歸於是，斯則何異須責人貌之陋，令皆同於美乎？自今力戒此事，爲吾日損之一。

夫學道之人，若能無事静居，清心調息，雖云宴坐，赢得養生。故《圓覺經》注中説道

【八】帖帖安隱　胡珽校：趙本「隱」作「穩」。四庫亦作「穩」。按，《摩訶止觀》卷九作「怗怗安隱」。

場修證之法，有云「遇善境界，得心輕安」，謂身心調暢，輕利安和，神爽氣清，支體柔潤。予以爲有此愛樹，但令本根深固，則枝葉自然茂盛也。

予吏隱洛中之留臺，忽踰六稔，詳《周易》之「樂天知命」，暨《莊子》之「安時處順」，省躬契理，庶乎得其少分焉。而燕居之際，與令順子孫之随侍者，往往談道，適意甚歡。於世論則爲福，猶愛善慶有餘之故也；於迦談則爲累，未到涅槃無餘之故也。

權公之文有云「精修密詣」，蓋明修詣之功也。白公之文有云「陰利潛益」，蓋明利益之德也。教門功德，其在茲乎。

士有學素王之行，行有枝葉，學空王之心，心無罣閡，若令冠以道號，方可目爲真君。

予今指陳佛書之簡要者，有二經焉：《般若心經》、《圓覺了義經》是也。《般若心經》凡二百餘言，佛爲舍利子説人空法空，破一切相，遣虚妄之情盡，更有何事？予謂以正智爲目，見之而悟其理，定其志而趣於道，此乃妙法之心也。《圓覺了義經》凡二十八紙，佛爲文殊菩薩等各説入道之門，與圓成之性合，更有何事？予謂以淨行爲足，行之而還其原，臻其極而成於道，此乃妙本之體也。若人於此經中，目足相資，始終如一，信解修證，光嚴住持，其人殊勝超絶，不可稱量也。

方内之教，原情而立法；方外之教，原性而立法。二教淺深有異，内外兼濟。若能和會而公共，不以勝負而交爭，然後臻乎大通也。

予好涉獵内典，研覃了義。自謂種諸善根，雖有之矣，逮得己利，則未能然。夫妙道非形器言意所能區别，其有教門逐末，矛盾交爭者，不出名利之塲也。試思未有書契之時，孰分主宰而求勝乎？

教文中有言云：「靈靈不昧，了了常知。」此乃妙性之本體也。又有言云：「怗怗安隱，躡躡而入。」此乃進道之法門也。若更習性未已，而好多聞博覽，此亦於道無所損，於智有所益也。

予今年近八旬矣，保身自覺安而輕，澄心自覺虚而明，養氣自覺和而清，得法自覺真而精。予有四覺覺如此，不問道之成不成。

今之講師，率多傳文之狂慧；今之禪師，率多傳口之空言。唯有該明之士，洞曉其理，更不疑也。

釋梵之書，謂人屬地水火風，終非堅久，故破之耳。本爲破虚幻之身，而歸於實相也。老莊之書，謂人稱聖智仁義，終非純一，亦破之耳。本爲破小善之名，而歸於大道也。方内之士多駭其言，以爲破毁身名，蓋局見一隅，不能會通至理矣。

《道經》云：「恍兮惚，其中有物。窈兮冥，其中有精。其精甚真，其中有信。」此則約信相之源而罔測。《周易》云：「精氣爲物，遊魂爲變，是故知鬼神之情狀。」此則言生滅之法而未盡。唯内典有一真靈妙，三世流轉之説，理最詳悉。夫鴻明之士，得意忘言，然後可以心到。

先賢有清畏人知者，謂潔己而不求名也。吾則妙畏人知，欲進道而亦不求名也。先師孔子晚而好《易》，讀之韋編三絶。夫《易》者窮理盡性之書也，予亦晚而好讀上乘内典，因而發爲演勸，筆不停綴。良由見其旨趣，極陳理性之法，曲盡其妙。雖設教不同，而會歸於善。是則區區力學，不背先師之道明矣。教識洞鑒，當以爲然。

古德有云："「前念迷是凡，後念覺是聖。」予因思之，或有人念念不迷，乃是以覺濟覺，以聖繼聖者也。若能守此常覺之念，深固長久，日新無極者，此可爲入道之人也。

予於理性，漸得會同之意，謂出世定慧之均用，如世間禮樂之相須。夫禮勝則離，故和之以樂；樂勝則流，故節之以禮。予以爲定之過，恐成於沈住，故照之以慧；慧之過，恐成於動亂，故制之以定。禮樂相須，然後盡美矣；定慧均用，然後盡善矣。擬議二法，出於陋衷。

内省吾心，動不忘於觀照，静不忘於止息。今自覺動多而静少，觀多而止少。然不陷於邪觀惡慧、昏住癡禪者也。

教文中有言云："「薄伽常在定，無有不定時。」亦既内省，居常以觀照在念，因自謂予心常在慧，無有不慧時。若於己分言之，慧者燭理之謂也，定者忘情之謂也，覺其燭理易而忘情難耳。

夫枉道則心苦，直道則身危，守直道者所以甘於恬退，而不爭趣捷之徑也。

自顧既老猶健，視日影一分分、一寸寸轉移不回，則所發道心，亦宜一念念、一息息常在止觀二法，方是正勤之功耳。此事常已書之矣，而復書之者，惜日之志深也。

予素尚禪觀，日惜暮年。天禧中，乃固辭近職，求退居散地，遂得分臺於洛都。輿論以爲勇退，人之難事，而予獨恬然，以爲甚易。既而聞有吴中僧蘊賢者，年始三十餘，幽棲嵩頂之石室，不交聲利，幾乎絶食，屏迹宴息，已越數稔。如此孤潔，未之有也。予是以精進之志彌堅焉。豈非天資其助歟？因自喜曰：起予者賢也，始可與言禪已矣。

凡分彼我，皆是妄心。妙一真心，元無彼我。

浮生可見，如夢幻泡影，雖有象而終無；妙本難窮，謂真信靈明，雖無象而常有。

古賢著書垂法，心存利澤，而後人務求言意之齟齬，横生駁議，似是而非者，余目之曰文訟。

吾著文立意，欲如國寶莊嚴爲妙器；求法練心，欲如國工鍛鍊成真金。此比别欲，不亦優乎？

諦觀常情，於彼虚名冗利，有取無捨。是以矗暴之勇，明入死地而不顧；姦僞之智，暗踐畏途而不慮。必謂至理無有勝於此乎？

洪覆之内，無數之人，人人所覩，各有一天地世界，互不相妨苦。其法性歸真，又不同分段之身，自然混融攝入，何有彼我哉。

夫萬物有象，皆於大道無象中生，此則無爲無不爲之理。故聖人之道，貴混然無迹。凡有迹者，雖美善名著，亦未合於大道也。

吾日三省吾心，自知性之串習，尚有悠哉之浮想；事之違忤，尚有憋然之小忿；愛法成縛，未免披文染翰之動作。若能盡去此累，吾亦庶幾於道而獲逍遥也。

予於佛法中，精勤詳練，浸久浸深，研覃會同，往往有得。因知人心有兩種悟，予謂小者智通，大者神通。且如顔回之改過，蘧瑗之知非，及諸臨事見機，觀書達理之類，此小悟者易到，蓋由智之通也。又有龐居士詩云：「羅漢若悟空，擲鉢騰空去。緣覺若悟空，醒見三生事。」《止觀論》云：「憶三世事不忘，名解脱無滅，自然覺悟不同二乘，名解脱知見無滅。」予謂此自得聖力而然耳。《維摩經》中説，富樓那爲新學比丘説小乘法，時維摩詰謂富樓那言：「此比丘久發大乘心，中忘此意，如何以小乘法而教導之？」時維摩詰即入三昧，令此比丘自識宿命，曾於五百佛所殖衆德本，即時豁然，還得本心。予謂此假彼聖力而然耳。此大悟者難到，蓋由神之通也。圭峰密禪師亦有言云：「迷時煩惱，悟時神變。」此悟亦是神通之悟也。予又思此大悟者，已涉佛境六通之數，其宿命通具如上説，其漏盡通，予因設喻，以爲漏盡通如月之除雲，雲漸除而光漸出，雲盡除而光盡出【九】。又如鑑之除垢，垢漸除而明漸現，垢盡除而明盡現。亦如始覺小而有所覺有所不覺，本覺

【九】雲盡除而光盡出　「光盡出」原作「明盡現」，據胡珽校趙本改。

大而無所覺無所不覺。予剖析雖繁，貴其理之曲盡矣。

《維摩經》云：「舉足下足，皆從道場來。」予因自思，晝心夜心，常遊法苑去。學道之人，不能少思寡欲，澄神定靈，雖未得應《圓覺》之妙心，亦可入《楞嚴》之外分矣。

予詳《華嚴經》大意，明法性圓通，無所不至。如教中說須彌納芥子，芥子納須彌之義，蓋言大無不包，細無不入者也。嘗試論之，譬如含識之靈，流轉受生，先爲鯤鵬，非隨其形而增大，後爲蟭螟，非隨其形而減小，本性元一，不變易而分洪纖也。所以《華嚴》之義有云「一微塵中，包含法界」，以明一真之性，本無分段區限矣。

莊子云：「能體純素，謂之真人。」嘗試論之，斯乃人中之人也。教文中有以竺乾古先生爲仙中仙、天中天也。蓋以仙人、天人，已在世人之上，而古先生又於其中角立傑出，尤爲殊勝者也。覆載之內，中古之氓【一〇】，紛擾無筭，形與名則然矣，以道以實，求相應者，則不可知，不可見也。夫人以幻化之身，又常爲虛僞之行，是則表裏非真，重疊冒名而已。深思其理，豈不内愧？達識公論，當以爲然。

居常自誨：撥去外事外物，不用計著，務置身心於安穩之所。其有浩浩茫茫，不能前知者，無必然之理，不當虛勞過慮耳。莫若歸乎大委順，誦無可奈何之歌而已矣。

了了見一真之體，如掌珠圓明；悠悠覺萬有之空，似天雲變滅。

【一〇】中古之氓　胡珽校：趙本「中古」作「蚩蚩」。

談賓有云：「辯不如訥，語不如默，動不如靜，忙不如閑。」予愛之重之，因作五言二句云：「不言成吉慶，無事是神仙。」

繫心一緣，文殊之妙德； 入流亡所，觀音之法門。合此天機，爲吾日用，能長且久，得意忘言。而況獨聞和焉，又盡善也，名決定相，其在兹乎？

一切凡夫皆是迷人，内有回心起信，詢求妙理者，此是迷中悟人也。其中却有細分名義，或空務對答，流宕而不返者，此又是悟中迷人也。若有悟而不迷，此是通人，可以學道。

吾嘗獨斷名義：夫非過非不及，謂之中也； 事是理當，謂之正也。此二字，循名責實，難矣哉。

夜犬虚警，不辨姦良而吠，有之矣。衆犬傳吠，愈遠愈踈。夫味道柬教，響和流謗，亦類此也。

智人有求，有樂有憂； 道人無求，無樂無憂。

《寶積經》云：「常行清澄微妙之法。」予因經意，自立其法。據《圓覺經》有注云：「心息相依，息調心淨。」竊詳心淨即清澄之類也，息調即微妙之類也。今以緜緜之息，合深深之心，心淨息調，日益純熟。此則清澄微妙之法，乃禪那之本體也。

人之常情所慣習者，當云習性，而又云習氣者，何也？予據《莊子釋文》有注云：

「許慎曰：人心以上，氣所往來。」予謂心常御氣而動，故心順而喜則氣和平，心逆而怒則氣結滯，必然之理也。性與氣同體，故亦云習氣。

多殺以恣充口腹者，神仙之人目之爲啄腐吞腥；善佞以過求富貴者，高尚之士比之以吮癰舐痔。視其美惡何如哉？

予於觀慧，大略已知物本無物，當復道之混茫；空中不空，當入佛之知見。

《莊子·雜篇》原憲之解病，孔子之辨窮通【一二】，與凡情不同，故聖賢適天均而不憂也。吾輩靜而省己，稟賦之性望聖賢絶遠，幸而有禄，不至於樺冠縰履，藜羹不糝，資用之屬，反優豐於古德，足外有餘，復何憂乎？

純動者躁人也，純靜者道人也，動靜相濟者吉人也。夫人在仕宦之途，固難純靜，即須動中息之以靜。故白氏有《動靜交相養賦》，莊子有「恬智交相養」言。《論語》云：「文質彬彬，然後君子。」予擬之而成句云：「動靜均均，然後吉人。」

人多盛車服，外修潔身之容；鮮克尚道義，内修潔心之行。其倒置也，率皆如此。

老子曰：「君子終日行，不離輜重。」予以爲不離輜重，則資用無闕也。予亦終日居，不離靜室。不離靜室，則虛極可致也。每念爰從引退，但覺恬愉。位高金多，畏官途之叵測；息調心淨，宗禪學以彌深。人不我知，兹唯自得。

蠶之有絲，絲染成色。色之明暗，由工之力。人之有思，思作成德。德之吉兇，由己

【一二】孔子之辨窮通　「辨」原作「辦」，據胡珽校趙本、四庫本改。

之識。

噫！歷觀羣迷趣向，背一真無有之鄉，營四海他人之事。智者獨斷，豈無親疎？

予自思之，日日深窮天理，廣立文意，終是分別名相，營爲事迹，不如靜坐息心也。

若欲貫人天而膺福報，必在乎陰德密行，清心素節，圓滿具足而已矣。若欲超色空而入佛境，必在乎大止妙觀，淨定真慧，圓滿具足而已矣。悠悠之説，何假多云。

予有四句雅言，中含八字深旨，上智默而自識，中智説之乃知。其言曰：「欲得保身道訣，莫若閑靜介潔。要知出世禪功，無如照收凝融。」

事不師古，匪予攸聞。心閑道尊，仰高風於疏傅；名遂身退，遵格訓於老聃。非云自矜，是足爲樂。

常患禪宗所説名相、階差，頗多繁細，卒難凑泊。一日忽自悟焉，此是漸門權教。譬如病有多方，故藥有多種，罪有多名，故律有多條。若無病無罪，何用藥律？夫大禮無體，因思大道無爲，大法無説，何必須在分別名相，企及階差乎？但自守一而已。一之之義，亦不能更煩解説，唯空無二，當自契焉。《寶積經》云：「求自然智，破無明㲉。」吾其庶幾。

趣捷徑者悮涉穢地，足之所污，心無再往，素所更事。心之所惡，不當追思，亦復如是。

佛書説生老病死，人所共有。夫生死二者，今不復言。嘗思富貴多欲之人，乃至清淨不惑之士，於此四數之中，頗見各闕其一。富貴多欲之人，頗見有病而無老；清淨不惑之士，頗見有老而無病。較其得失何如哉？

予好和會經旨，發明義趣。竊以爲佛書所云正受者，有類《毛詩》云「思無邪」，《左氏春秋》云「弗納於邪」也。又以爲物我如如，定之體也，吉祥止止，慧之兆也。若執膠柱，則同面墻。

《般若心經》所説觀自在，深般若，見五藴皆空，《華嚴經》所説菩提心，如快箭，破一切苦的。學法者若能如是解，孺子可教矣。

麟之獨角，則居瑞之首；人之獨覺，則居士之上。獨覺表自然之智，獨學失外奬之益。獨之名理，有所不同。

孔子曰：「如有周公之才之美，使驕且吝，其餘不足觀也已。」噫！才美如周公，猶不可驕吝，而况不及者乎？故孫叔敖位益高而禮益恭，禄愈厚而施愈博，所以三相楚而無罪者，不驕吝也。

覺之一字，予有三説，随其淺深而分也。一者覺觸之覺，謂一切含靈，凡有自身之所觸，無不知也。二者覺悟之覺，謂一切明哲，凡有事之所悟，無不辨也。三者覺照之覺，謂一切大聖，凡有性之所至，無不通也。前二覺名曰俗覺，一凡一智。後一覺名曰真覺，入神之見，亦名正覺、大覺、圓覺，謂十方三世之中，無數之物，無不見之也，無數之事，無不知之也。

予嘗窮理盡性，自問真性之理，根本如何，自答曰：「無邊法界真空性。」又問即今之心如何，又自答曰：「有限凡軀妄想心。」

世間法、出世間法，皆以酌中爲妙。且夫禪門之理，大約心要，不勞用意除滅妄想，但覺塵念所起，勿復恣其相續而已。亦如敵人侵疆【一二】，不可窮追盡殺，但禦扞之，勿縱其深入吾地而已。事上亦然。上之所欲，不可斥言干忤，必不能止也，徒以自觸禍機，但不將迎求媚而已。

儒家言百行，道家言三千功行，佛家言萬行，大約舉其衆多之數。今詳《楞嚴經》所說乾慧地、十信、十住、十行、十回向、四加行、十地、等妙二覺，共五十七心，足矣。

或問予：「佛之功行如何？」予對曰：「能除百千萬劫障，頓超五十七階心。」

白氏有詩句云：「夢中說夢兩重虛。」今略就改，別作上句云：「影外影爲三等妄，夢中夢是兩重虛。」白氏又有詩云：「紫綬朱紱青布衫，顏色不同而已矣。」予又擬之，別作兩句云：「三台八座九品官，名目不同而已矣。」

學道之人，深入妙境，仍不得起見解之礙。譬如燈以照暗，燈且不言其功；湯以消冰，湯亦不見其跡。此喻親切者也。

【一二】亦如敵人侵疆　「疆」原作「彊」，據胡珽校趙本、四庫本改。

《圓覺經注》中述禪那處，言心息之相依；《南華經注》中述心齋處，言氣性之自得。妙理同也。

《莊子注》云：「凡非真性，皆塵垢也。」予因觸類而言之曰：「凡非實相，皆夢幻也。」儒書《論語》云：「君子無所爭。」又云：「君子矜而不爭。」《禮記·儒行篇》云：「道塗不爭險易之利，冬夏不爭陰陽之和。」道書《老子》云：「上善若水。水善利萬物而不爭。」又云：「夫唯不爭，故無尤。」又云：「以其不爭，故天下莫能與之爭。」又云：「善勝敵者不爭。」又云：「天之道不爭而善勝。」又云：「聖人之道爲而不爭。」大矣哉！古先聖哲，垂不爭之訓，丁寧周至也如此。予今更引佛書，和會發明。據《金剛經》須菩提言：「佛説我得無諍三昧，人中最爲第一。」僧肇注云：「須菩提得六萬三昧，無諍最勝。善防衆生心，不與違諍也。」予以爲須菩提解空第一，既能洞曉萬緣虚妄，自然不肯爭空，其心大定，故名無諍三昧。竊詳三教之書，大略同矣。夫學法之人，若能遵儒道書中不爭之言，合佛書中無諍之行，此一法首出於萬法也。予於此法，亦似得萬分之一爾。

《證道歌》云：「心是根，法是塵。」則知愛法之心，亦是塵也。又有修行方便，名爲樂欲。欲即愛也，若非愛欲妙道，豈肯歸心乎？由有諸法助發愛性，是故能令慧觀相續，俟其勝進純熟，拂去愛塵可矣。智之通局，繫乎人焉。

學道之人，但且用五勝之法，亦可爲資助之品矣。此予自立名數，謂令五者之力皆勝耳。清勝於濁，靜勝於動，忘勝於思，默勝於語，性勝於情。五勝習熟，乃入道之漸門也。人倫生化，大幻也；　世事新陳，大夢也；　寒暑往來，大瘧也；　中外歷職，大采選也；　官曹決事，大雜戲也。作是觀者，名爲大觀。

古人以義而死，猶謂之得死所，而況以道而退，以吏而隱，辭劇就閑，棲真養素，適願自樂，何以加焉？　亦可謂得其所矣。

予嘗作《四禪體要偈》，因再思之，大約物理成壞，勢數至四而極。夫心念則生住異滅，身相則生老病死，器界則成住壞空，此世間必壞之理，勢數至四而極者也。亦如四時之次焉。禪定之功是出世間必成之理，勢數至四而極，亦復如是。修行之人，但準四禪而行，斯可矣。況《華嚴論》亦言四禪爲佛境界，不然者，何以不言五禪、六禪乎？

究觀其妙，得二無礙法。須菩提無諍三昧，推爲最勝，外無礙也；　維摩詰不二法門，貴乎深入，内無礙也。内外無礙，可至於道。因而又得三無之名，次第愈勝，謂無諍三昧、無生法忍、無上菩提是也。

有故舊之交，以予老退貧居，憂其不足而問念者。予對以不然。夫資用有闕，或可以求而致之也；　形質有闕，必不可求而致之也。不可求致者，予一無所闕；　可以求致者，亦不甚闕。其天幸也如此，又何憂不足之有？

夫鳥雀啄食，疾視而遽起，畏擊、捕之患；　鴻雁啣蘆而飛，以避矰繳耳。人有冒禁行險，多取致禍者，雀雁之不若也。

飲食味美，太多則傷；權利過求，亦復如是。

習乎定則當澄念不動，如《道經》之云徐清是也；生乎慧則當燭理無盡，如《易》卦之云久照是也。苟能如此，其道成矣。

在分段形軀，盡生分别；到虚無靈妙，熟可思量？彼我之情，夫復何有。

白樂天詩云：「識行妄分别，智隱迷是非。若轉識爲智，菩提其庶幾。」予詳識之與智，同體而異用耳。識是智之迷者也，常尋妄境而生愛；智是識之悟者也，獨辨真理而有歸。

詳究禪宗之法：有想妄作，入於邪見也；無想凝定，落於頑空也；若以虚融之體，含微妙之用，乃合中道耳。

論精深之理，直須到此。其或意幽語峻，習爲宗風者，不必根究，反致迷悶。其間膠柱之瑟，濫吹之竽，抑亦甚衆焉。

教文中有言云佛境界如，又云魔境界如。予因思之，此以陰爲魔耳。正覺之念即佛境界也，邪見之念即魔境界也，固當同體，但由人心正邪而已。知其要者，莫若破五陰之區宇，復一真之本源，則混并其二境矣。

淳而不敏則失入於愚，敏而不淳則失入於猾。愚猾畢備，其何以堪？淳而復敏，既靜且明。靜明者，定慧之異名，寂照之根性也。禪兼照了，非守默之癡禪；慧復澄凝，非尋文之狂慧。

校勘記

卷四

《證道歌》云：「無罪福，無損益，寂寞性中莫問覓。」予嘗獨斷，此謂真性無物，廓然虛明，究極三空，何有一法。罪福損益皆屬妄情。若有横生疑惑，謂其爲善無福，爲惡無罪，爲學無日益，爲道無日損，斯則悮矣。達理之士，必無此疑。

古德有言曰：「今人看古教，不免心中鬧。欲免心中鬧，但知看古教。」予因擬之而言曰：「今人學宴坐，不免尋思過。欲免尋思過，但知學宴坐。」

諦思内身外事，因緣資畜，統而言之，都爲我所。悉欲如意，理不當然。設使皆然，諒難克荷，間以不爾，却恐易勝。有智之人，宜乎消遣。

予所趣動静之境，不越兩端：趣動境志在内典，愛讀鮮潔句；趣静境志在内身，愛入清白處。同志深者，方明此説。

凡諸有思有爲，倒置也，却行也；無思無爲，正受也，勝進也。名相分別則有異也，理性臻極則無異也。明智之士，當知此法。

《金剛三昧經》云：「無住菩薩聞佛所説，一味真實，不可思議，專念諦聽，入清白處，身心不動。」予因援老莊之言，配解「清白」二字。所謂清者，得非老子云「熟能濁以静之徐清」乎？ 所謂白者，得非莊子云「瞻彼闋者，虛室生白」乎？ 但能到此徐清、虛白之地，亦可謂之「入清白處」矣。 予又思宜作水月觀、水月定，令其心如水之澄清，月之潔白，亦可謂之「入清白處」矣【二】。

白傅有詩云：「攝動是禪禪是動，不禪不動即如如。」此言定體之深者也。 予擬之，別作二句云：「破暗用明明是用，非明非暗即惺惺。」此言慧用之深者也。

《華嚴論》云：「一念相應一念佛，一日相應一日佛，但自了三界業空，即是佛矣。 何必須歷阿僧祇劫，然後成之乎？」予謂此說包含密意，是權實相兼之教也。 夫久迷忽悟，悟即覺也，覺即佛也。 一念成佛，其理在此。 必要稱真合體，理須有漸。 故以一念、一日以言其始，若能積久增多，所獲法利即可知矣。 此乃實教也。 亦慮志弱之人，患其歷劫緜遠，直謂不可希及，甘心永退，故偏舉圓頓之說，云不須歷劫，所以奬勸之。 此乃權教也。 隨其根器，俱可用之耳。 大士方便如此，予之管窺亦李逸人之知音也。

定如大空，自然清曠； 慧如皦日，自然光明。 均定慧以凝融，等空明之混合，兹爲内習，何必多聞？

吾愛《後漢書》中有「清心釋累」之言，吾今行此四字而已。 内澄諸念，漸清其心； 外簡諸緣，漸釋其累。 過此以往，未能自知。

人以一心而爲靈，道以一真而爲體。 諸念雖異，同是一心之緣起； 衆生雖異，同是

【二】亦可謂之入清白處矣　原脱「入」字，據胡珽校趙本補。

一真之法界。所以千經萬論，多説人空、法空，必然窮理盡性，何彼我之有哉？

善惡有報，此決定理。在陽之報疎而速，在陰之報密而遲。敢告仁賢，信而無忽。

内修本真，當如養雞，成其木雞之狀是也。外順物性，當如養虎，不以生物與之之類是也。

密禪師語句云：「靈靈自覺元無物，擾擾他緣盡是空。」又云：「勿認紛紛境，唯觀了了心。」白少傅詩云：「一性自了了，萬緣徒紛紛。」一宿覺《證道歌》云：「一切數句非數句，與吾靈覺何交涉。」《莊子注》云：「凡非真性，皆塵垢也。」夫學法之人，但自了悟靈明之心，是謂本源。所有念念妄想，皆是塵垢，勿令染著，久當證知清淨法身也。

外身雖見而元無，譬如水上之泡，暫起而還滅也。内身不見而元有，譬如木中之火，求之而可得也。

此世界者，釋教謂之五濁惡世，然而不當厭之。何以故？夫煩惱者，菩提之本根。居此世界中，若有智力明果，照了練習，可以學出世之法也。不同在天逸樂，因而自恣，反淪墜耳。譬如高原陸地，不生蓮花。蓮花生於淤泥濁水之中矣【二】。

花有榮落，果有甘苦，木品之常也；年有盛衰，情有憂樂，人倫之常也。人若愛盛懼衰，厭憂戀樂，偏曲在己，未離於貪。

龐居士詩云：「世人重珍寶，我貴刹那靜。金多亂人心，靜見真如性。」予因擬之，成

【二】蓮花生於淤泥濁水之中矣　胡珽校：「矣」字上趙本有「定」字。

四句云：「人愛貴而富，我愛白而虛。富貴榮辱會，虛白吉祥居。」

老子云：「大道甚夷而民好徑。」予知其理，所以自戒偏邪之見。《華嚴經》云：「深心不動，成不壞業。」予知其理，所以務守堅明之志。

人多忙中切於辨閑事，我獨閑中切於辨忙事，此理可以智識及，不可以言説到。

兩儀萬物之父母，不能免寒暑成歲之怨咨；二親諸子之父母，不能免懲責成人之忿恨。其理必爾，自當釋然。

予嘗自作兩句語云：「古今無始終，虛空無邊際。」因看《老子》云：「迎之不見其首，隨之不見其後。」此語有似「古今無始終」。《莊子》云：「至精無形，至大不可圍。」此語又似「虛空無邊際」。予之語，但謂時代方所無以窮也。經文之語，蓋言妙道體用不能詰也。

牧羣羊者，加之以鞭，驅其落後之行，懲不及也。釣巨魚者，縱之以綸，收其有漸之勢，戒欲速也。約己進道，得中爲妙。韋弦自警，理亦如斯。

《周易》之樂天知命，《老子》之少思寡欲，《莊子》之安時處順，釋氏之背塵合覺。若能四者不失，久而彌堅，斯亦非常之人也。

佛書《華嚴經》中説六通，謂天眼、天耳、他心智、宿命念、神足通、漏盡智。道書《南華真經》中説六徹，謂目徹爲明、耳徹爲聰、鼻徹爲顫、口徹爲甘、心徹爲知、知徹爲德。

徹即通也，佛書則無以加矣，道書之文，予因更增其二云：情徹爲聖、性徹爲神。聖屬於外，外爲世間之法也；神屬於内，内爲出世之法也。

一氣分而爲萬物，一真分而爲萬靈。萬物化而還一氣，萬靈復而合一真。無數稱我，以同爲異，仍計我所，迷妄何窮。

《華嚴經》云：「菩提心如快箭，破一切苦的。」予因思漢將軍李廣出獵，見草中石，以爲虎而射之，中石没矢，視之石也。他日射之，終不能入矣。其故何哉？予以廣之前心，是精誠果敢無分別不動之心也，所以射而能入；廣之後心，是猶豫畜縮有分别已動之心也，所以射而不入。夫學道之人，發菩提心，若能真純決定，如李廣之前心，此乃聖心，又超彼凡心遠矣。破一切苦的，何難之有耶？

予今於儒書、釋典中各引一端之語，可以包舉世間法及出世間法，精要悉備。《曲禮》云：「博聞强識而讓，敦善行而不怠。」此則東魯之教，明古君子盛德之全者也。《維摩經》云：「能善分别諸法相，於第一義而不動。」此則西域之教，明古先生妙道之全者也。若能兼而有之，則内外相應，盡善盡美矣。學者當知，不煩縷述，豈容易而企及哉？

内典甚深之道，非與世教故爲仇敵，自是後人分彼我，角勝負而云云也。其實竺乾古先生理性之説，曲盡其妙，所謂窮理盡性之書焉。試舉大意之簡當者。且如世教中，仁德本乎施濟，而有偏恩之在私愛也；謙德本乎恭順，而有飾情之隔純誠也。佛法則不爾，行必歸於無緣慈，言必歸於決定信，包含衆善，若洪溟之納細流，混而爲一，其廣大有如此者。博聞洞曉之士，當以斯言爲然。

道佛二家，各述心要，其理之小大淺深，余今又舉大端以明之。道家謂心如虚舟，委順而遊，此屬於外，外屬世間之法也；佛家謂心如太虚，觸境皆如，此屬於内，内屬出世之法也。

妙道難説，深學乃知。必須盡破諸結，等金剛之堅利；不染五欲，比蓮花之清淨。受想行識，如消湯裹之冰；爽利虚明，以得握中之寶。若能到此，可謂奇人。

深於妙法之人，當知方便門者，是謂有餘説、不了義；真實相者，是謂無餘涅槃、無上菩提。

予愛《諸佛語心》，上乘經旨。得圓融之寶覺，六根混同；發明妙之心華，十方照了。如斯如勝，何以加焉？謂之無上菩提，信不虚矣。

白樂天有詩，其末句云：「窮通不由己，懽戚不由天。命即無奈何，心可使泰然。且務由己者，省躬諒非難。勿問由天者，天高難與言。」予因擬之，別作八句云：「求位不由己，求道不由天。位即無以求，道可使進焉。且務由己者，己能盡心源。勿問由天者，天高擅化權。」又擬之，別作八句云：「順逆不由己，喜怒不由他。他即無奈何，己可存太和。且務由己者，克己諒非多。勿貴由他者，他心是我魔。」

智悟不迷，智有所見，此名智人。智人之心，達理之聖心也。神徹無礙，神無不見，此名神人。神人之心，圓覺之妙心也。又言行相顧，儒家之常德也；理性相符，佛家之妙道也。

儒家立一切法，以爲規檢，目曰名教。此於佛家門中，有如相宗。道家破一切法，貴乎混一，復歸虚無。此於佛門中，有如空宗。若乃立一切法，不礙真空，破一切法，不妨妙有，并包廣大，唯佛法之性宗焉。

予讀《魏志》，見高柔所上疏有句云：「育精養神，專靜爲寶。」頗愛此語，因采而書之。

進道之方，亦資外奬，檢迹攝念，二者相須。自謂浮想猶存，且非邪惡，分别名相，未能頓除。雖不及學禪，精奪趣定之前，令萬緣盡閉；亦可比奉祭，恭肅致齋之日，唯祀事得行。

東漢史論有言佛法云：「清心釋累之訓，空有兼遺之宗。」所云空有兼遺，蓋謂著有、著空，二俱爲病，故兼遺之也。夫達道之人，於有法中不同凡夫之癡愛，於空法中不同小乘之偏局。予嘗較量二病，著有之病小而淺，著空之病大而深。何以故？著有多慮，或有發慧之因，免成斷滅之見；著空定性，而無適變之智，遂失菩提之心。故《無上依經》云：「佛言：若有人執我見，如須彌山大，我不驚怪；若執著空見，如一毛髮，我不許可。」予謂我見猶可柔服，空見絶方便之行也。

古聖經典，大意頗同，自是後人妄分彼此。因看《論語》一科，其有語句聯貫，正是佛之智行矣。孔子曰：「默而識之，學而不厭，誨人不倦，何有於我哉？」予以爲默而識之，頓悟之理也；學而不厭，漸修之理也；誨人不倦，自覺覺他、自利利他之理也。何有於我哉，亦如佛之真實語，不以飾情而妄謙也。

憂與喜相參，鍊成之福，福必久也；魔與定相敵，鍊成之心，心必堅也。學道之士，當知此理。

《維摩經》云：「是身如芭蕉，中無有堅。」僧肇注云：「芭蕉之草，唯葉無幹。」予詳大意，止喻人身不堅實也，今又別得新意，可喻人心亦不堅實。往年自作《芭蕉詩》，句云：「葉外應無葉，心中更有心。」蓋言草木之葉，無有長大於芭蕉葉者，故言「葉外應無葉」；而又抽心，其葉漸展，復有葉從中而出，故言「心中更有心」。芭蕉葉展，重重盡非堅實；世人心生，念念悉爲虚幻。予以身心對比，豈不二理俱然？

世間人中，二顛倒者十有七八。其一少而當勤，以圖身計，而反自放逸，老而無成。故古人有詩云：「少年經歲月，不解早媒身。晚歲成無益，低眉向世人。」其一老而當逸，以就便安，而反自勞役，老而彌苦。故古人有詩云：「可憐八九十，齒墮雙眸昏。朝露貪名利，夕陽憂子孫。」唯此二事，知之不難，而知者尚少，何況深妙之事乎？

凡夫之心常動而不住，如來之心常住而不動。如來之心有時而動，動以應用，未用雖動而本體不動，如空中之雲，雲動而空不動；凡夫之心無時不動，動皆過用，未用既動而本體亦動，如風中之雲，雲動而風亦動。退省狂言，庶幾屢中。

唐賢梁肅作《隋智者修禪道埸碑銘》，其序有云：「自縉雲至左溪，玄珠相付，向晦宴息而已。」予據《周易·随卦》象曰「君子以嚮晦入宴息」，其義明萬物皆説豫相随，不勞明鑒，故君子象之。鄭康成云：「晦，冥也。猶人君既夕之後，入於宴寢而止息。」《楞伽經》云：「初中後夜，當自覺悟，修行方便。」《圓覺經》云：「欲求如來淨圓覺心，應當正念，遠離諸幻。先依如來奢摩他行，堅持禁戒，安處徒衆，宴坐靜室。」予詳肅之立言，假彼文句而已。予今引二經之文以相配合，方見向晦宴息之意。

垢淨念無容起滅，善惡事都莫思量，内不覺其一身，外不知其天地。予詳入道，此語最親。

儒佛二聖之道，洞達本源者親矣，滯泥末流者踈矣。何謂也？儒門以禮樂爲事，禮在檢其迹，樂在和其心，斯爲儒門之本也。夫惟升降揖讓之容，采章形器之物，繁會節奏之音，鼓舞蹈厲之狀，以爲禮樂者，斯乃儒門之末者也。佛家以定慧爲事，定以復其性，慧以神其用，斯爲佛門之本也。夫惟取三十二相、八十種好，目之曰佛，已踈矣。至其虚飾土木，濫希福報，踈之又踈，斯乃佛門末之甚者也。

吾觀世人擾擾營爲，不出循環之趣，冉冉遷謝，皆歸入闇之塗，因而作偈歎佛曰：「起滅心不停，生化形無數。奇哉大丈夫，自在空中住。」又觀生物無窮，知一氣之冥造，含靈相續，見一真之常存。有能深解，來起予者，始可與言道已矣。

觀二儀而爲始，見一漚之初生，指八極以窮邊，分一沙而立界，此中稱我，不亦小哉？《涅槃經》云：「智者言出息入息之頃，我當於中精勤修道。」《中陰經》頌云：「一意一念頃，斷垢自不爲。垢本勝於我，墜我於三趣。今我勝於垢，滅汝入涅槃。」襄陽龐居士詩云：「世人重珍寶，我貴刹那靜。金多亂人心，靜見真如性。」以此參詳，吾當隨時少分，方便增修，斷在不疑矣。

僧文詡所談云：「佛所説法，不離五法、三印。若離於此，即非佛説。五法謂無常一也，苦二也，空三也，無我四也，涅槃五也。就此五法，分爲三印，無常苦空一印也，無我二印也，涅槃三印也。」予詳其説，因而觸類解釋，别立三法之名，以濟其説。三法謂之智、力、果也。夫言無常苦空者，破事相也，謂世間事非常也，是妄也，非樂也，是苦也，非實也，是空也。若能見此三者，予以爲智。又言無我者，破心相也，謂心本無我，妄爲主宰，乃是一真流散，未得還源者也。若事相破則無我，無我則心相破也。能破心相，予以爲力。又言涅槃者，事與心外内之相皆破，則了無結使罣礙而快樂矣。無窮自然之樂，謂之涅槃，獲此樂者，予以爲果。其理相符，至人信受，故謂之印。當法不讓於師，幸勿責予管見。

佛書中有偈云：「一切業障海，皆從妄想生。若欲懺悔者，端坐念實相。」予以自得，因而擬之，別作一四句偈云：「一切是非藪，皆從外聽成。我是厭聞者，反聽存靈響。」既而乘興未已【三】，又衍成五言四句詩云：「收視契無我【四】，冥心合太虛。消融浮想盡，名曰小無餘。」

世間富貴之外，別有出世富貴，而人多不知。且夫人之身中，元有無價寶珠，若自認得以爲己用，則所求如意，莊嚴具足，此即出世之富也。又若能了達自在，不被無明郎主、恩愛魔王之所役使，此即出世之貴也。此之富貴，比夫貪冗利，爭虛名，自致憂勞悲苦者，不亦勝乎！

顧己晚年，味道逾至，分別諸法，尚多見想，游戲三昧，未住妙境。聊以自娱，猶勝別勞心也。

學法之人，直須穎利，便學最上乘法。夫英雄之士，圖王不成，猶足爲霸；馳騁之人，逐鹿弗獲，尚能得兔。學上乘法，設使未成，必勝人天之福。

孔子曰：「予欲無言。」子貢曰：「子如不言，則小子何述焉？」子曰：「天何言哉？四時行焉，百物生焉，天何言哉？」予詳此意，有似維摩詰默然之義，因擬之，別作四句語云：「佛何言哉？一乘行焉，萬物生焉，佛何言哉？」予又詳孔子自比於天，亦如佛之真

【三】既而乘興未已　「未」原作「求」，據胡珽校趙本改。

【四】收視契無我　此句原闕，而補填「反聽存靈響」五字，與上文重複。據四庫本改。

實語，不同人之飾讓情也。

學法者得色空如一之心，住凡聖平等之境是也。若以此法爲有，有復爲病。吾得聞中自然之音，是樂也；又得禪悦自然之味，是餌也；又得日新自然之智，是過客也。此三者與老子之説，不可同日而言之矣。

大乘經典中説信解修證之四法，理勢當然。予因思更立四法，以濟其用，謂智志力量是也。非智不能知，非志不能求，非力、量不能成。力、量是二事。此舉其大意，若更細説，又涉繁文。

世間萬法，皆以得中爲妙，乃至出世之法，亦當如是。予觀四禪天，此是佛境界，而在三界之中、色界之内。詳究其理，夫不及者固不可也，過猶不及亦不可也。色界既能超六欲之有染，又不入四空之不還，得其中道，乃是佛之行處也。

莊周之書，雅士多讀，而其所取，不過潤彩毫之華藻，資玉柄之清談而已。予則不然，别有所得。詳其書中所述，聞和見曉，超老氏之希夷，神静心明，契釋宗之定慧。與予同者，復何人哉。

列子所説：「人之身形性命，皆非己有，乃是天地委積和氣而生。」莊子所説：「大冶鑄金，金踊躍曰：『我且必爲鏌鋣。』大冶必以爲不祥之金。譬喻造化中偶得爲人，輒自矜而有我，造化必以爲不祥之人也。」因而思之，更若計我、我所，滋蔓無已，一切外物逮諸權利，皆爲己有，豈非重疊不祥乎？

時情物態，奔勢競利，常理必爾，不當訝之。譬如祁寒附炎，盛暑蔭樾，人之所趣，其可已乎？

白樂天有詩云：「是非都付夢，語默不妨禪。」予因擬之，稍加增易，別爲七字句云：「色空辨相何妨道，語默由心不礙禪。」

世間之法，戒人貪多，常宜知足。唯有出世之法，則獨不然，不許得少爲足，涉於增上慢，而自貽懈怠之咎也。

士所著文，千章萬句，皆以立理爲本；佛所説法，千章萬句，皆以明心爲本。事有體統，可以類知，至如才力之變態，神化之應物，亦各隨其作用矣。

古人善別味者，知黑白之鵝，辨淄澠之水，奇則奇矣，有何所濟？予知道中之淡爲無味之味，禪中之悦爲有味之味，較其優劣何如哉？

古人有以故車輪爲樵爨者，或目之曰勞薪。予謂此乃無情之勞，爲人所用耳。夫有情之勞，爲人所用，又甚於此，而終歸滅絶則同矣。

《般若心經》者，心是樞要之義，亦如文之樞要者名文心，律之樞要者名律心，此則般若之樞要，是爲智心。其末言神明等呪者，蓋明正法之語，以破邪心之惑，如彼禁呪之義耳，故謂之呪。予之獨斷，欲人易曉。

唐張燕公《陳州龍興寺碑文》云：「言語之不到者心識，心識之不到者真如。」予今觸類窮理，更增其句於前，别序事云：「文字之不到者言語。」因謂心識者真如之影也，言語者心識之影也，文字者言語之影也，去道彌遠，斯可知矣。故輪扁謂齊威公所讀之書，古人之糟粕耳，信如是哉。所以敏悟之人，雖憑文字、言語，往往别得深旨。又不可好奇自是，失中過當，反成見障也。予又謂意爲心影，言爲心響，離真即妄，終非本體。若得道於言意之表，此不同影響之踈也。

學佛法之人要入無餘，入無餘則其漏有盡；營世財之人常欲有餘，有餘則其貪無極。

陰物晦微，影響朕兆，不當疑怪，過有推窮。夫甚於此者尚不能曉，至如日月之出没，雷電之震耀，風雨之飄灑，草木之榮落，究其所以，果知之乎？是則疑於小而不疑於大，怪於少而不怪於多。人之形軀，亦是幻化，若能悟此，物物皆如。真心湛然，外境自謝。

《維摩經》中長者子寶積歎佛偈頌云：「能善分别諸法相，於第一義而不動。」予詳其意，蓋以讚美佛心定慧均一，理事混融，成無礙之法界也。因擬此别作二句，以爲自心量力所依之道云：「善思委順世間法，於本真心而不動。」

白氏詩云：「富貴亦有苦，苦在心危憂。貧賤亦有樂，樂在心自由。」予因擬之，别作詩云：「權要亦有苦，苦在當憂責。閑慢亦有樂，樂在無縈迫。」

學古入官，自知名宦。視履考祥，自知禍福。勿萌貪欲之心，悞問姦人瞽者，受其承迎誑惑也。

吾重西方聖人大雄氏所説之理，無超於此者，形容擬議，終莫能及。今且以十字稱贊云：「此法廣大、殊勝、真正、深遠、要妙者也。」

儒書但説世間云爲之事而節制之，内典説人身心之理，生滅去來，曲盡其妙，儒書不能到。此慎勿以世間法比類而非之，自貽聾瞽，其實不可非也。

古之高賢，道充於内者，物空於外，是以一簞一瓢，鼎食任列於他庖；一丘一壑，天下不易其自樂。世人情塵厚重，翳之不見其性，而况至虚至静之中，至真至妙之理，霄壤殊絶，何由能知？

一切法師廣傳佛語，以明設教到詳備處；一切禪師直指佛心，以明還源到簡妙處。是故長者子寶積歎佛頌云：「能善分别諸法相。」此一句法師之體也。又云：「於第一義而不動。」此一句禪師之體也。後人當二師之號，不亦難乎？

古之病人，身變爲虎而食其兄者，但聞牛哀而已，孰不驚異其事乎？今之迷人，恃權挾私，肉視於人，容易殺其非辜，自矜奇特，以取殊寵者有之矣，乘勢睚眦，以攄宿憾者有之矣。斯則心變爲虎也，鮮有驚異其事者，世情之慣習也如此。噫！身變不由己，心變不由天。夫病者，識隨形變，本無害人之心，止可同於過失。若怙威枉殺，有欲心以取寵，有忿心以攄憾，於理自斷，罪合如何？ 報應影響，非無至論。

《圓覺經》句，我記妙言。 當知身心，皆爲幻垢。 因知大覺，豁然性空。 不執身心，有何挂礙。

老子曰：「雖有拱璧以先駟馬，不如坐進此道。」予因擬之，別作四句語云：「雖能致位一品，營利百倍，不如四威儀中，常進妙道。」

古德有語云：「戒生定，定生慧。」有經文云：「尸羅不清淨，三昧不現前。」此則戒生定之理也。 又有經文云：「淨極光通達，寂照含虛空。」此則定生慧之理也。 寂照含虛空，又似經文云：「心精徧圓，含裹十方。」予之管見也如此。

《摩訶止觀論》云：「憶三世事不忘，名解脱無滅。」又龐居士詩云：「緣覺若悮空，醒見三生事。」予以爲出纏在纏，繫乎真妄之心也。 夫明靜之性彌深者，雖宿生事亦漸能記憶； 昏亂之情益厚者，雖今生之事亦轉多遺忘。 考其物理，固當然乎。 吾欲澡雪柔挺，斷無疑也。

一宿覺《永嘉集》中所説枝條念，吾願學人無使滋繁； 李逸人《華嚴論》中説根本智，吾願學人務令深固。 若能了悟此理，是入妙用之門。 又若能得法，出於意表，回心遊於物初，是登勝進之路。

一宿覺云：「初修心人須識五念，一故起念、二串習念、三接續念、四別生念、五即靜念。得此五念停息之時，名爲一念相應。」予以爲照見五蘊皆空，如服藥去病之始，得其一念相應，如覺藥勝病之初。觀練純深，心地安適，又如藥力漸勝，厥疾頓瘳。

深於神仙之學者，見衆人，逆知未來之狀，既哂且憫曰：「滿目紛紛，無非行尸走骨。」深於定慧之學者，見衆人，亦知未來之狀，既哂且憫曰：「滿目紛紛，無不隨心變形。」夫行尸走骨，在世之見也，人皆可知；隨心變形，出世之見也，人不能知。

第十四祖龍樹尊者，嘗至南印度，爲衆説法，遂於坐上現自在身，如滿月輪。大衆唯聞法音，不覩師相。衆中有長者子，名迦那提婆，謂其衆曰：「此是尊者現佛性體相。」蓋以無相三昧，形如滿月，佛性之義，廓然虚明。言訖，輪相即隱，尊者復居本坐。予因詳究，今之像塔頂上，以銅爲相輪，必因取象於此。

菩提者，慧解能覺至明之因也；涅槃者，空寂成功至樂之果也。此二者之名，不離煩惱情根，本性非同非異，混然爲一。求之者不可捨動取静，避焚就溺。道無不在，在無所有，但志於其妙，不擇時，不擇所，自可洞曉馴致。譬如頑鑛出真金，淤泥生嘉蓮，必然之理，更勿疑也。況佛經多説，凡諸清淨國土，人皆放逸，不能修行，不及五濁世中，却有勇猛精進，出世之力倍勝於彼。故古語謂南閻浮提爲選佛場，信不虚矣，真學勉旃。

陶淵明讀書不求甚解，白樂天亦有詩云：「書不求甚解，琴聊以自娱。」予則不然，嘗思圭峰密禪師有語句云：「觀空直遺空於色，解義須教解入神。」予每讀書，詳味文理，觸類而長，唯變所適，往往別得新意。人患解少，予患解多，亦常以此爲勞，然而亦勝別勞心也。

吾觀大雄氏之智力，虛明廣大如太清，視一切妄想如游雲，游雲其能蔽太清乎？解脱自在如象王，視一切妄緣如游絲，游絲其能繫象王乎？妄相不能蔽，妄緣不能繫，智力如此，所以謂之大雄氏。懵然不知者，乍聞斯言，宜乎大笑之也。

自始覺證本覺，都名菩提。得菩提者須有大智識，失菩提者良由癡迷蔽翳，局束滯泥也。自初安樂至寂滅樂，都名涅槃。得涅槃者須有大志力，失涅槃者良由因循放蕩，鹵莽滅裂也。若能學二心法，去二心病，此人無敵於天下也。

論者曰，至人體道，自然心無主宰。予謂此言雖嘉，其理未盡。予別有二説。其一謂世間之法，其或人之多僻，浸以成俗，雖欲忿嫉規正，必不能敵，自禍無益，何如卷懷，此可心無主宰矣。若見其效尤徼利，風行草靡，爭先迎合，有靦胡顔，而我弗往朋從，此則心有主宰矣。其一謂出世之法，一切妄緣不可不忘，此宜心無主宰矣。一乘真理不可暫忘，此宜心有主宰矣。智者詳之可也。

予於老莊之旨，自得新之又新之理，所云視之不見，聽之不聞，謂凡夫也。至人則不然，視於冥冥，見夷中之有曉，聽於無聲，聞希中之有和，見可見，非常見，聞可聞，非常聞，天地不可同其曉，天地不可同其和，此以至寂而成至妙耳。苟非其人，安可與之交談哉？

佛也者，離相窮理，反情合性之總名也。夫人迷一切事本從自心，悟一切事亦從自心，起一切事本由自心，止一切事亦由自心。佛心則悟而不迷，止而不起，了達深遠，淨明純熟，胸中大空，不礙諸有，萬行盡善，神化無極。其法如此，何關外求？

廬山歸宗寺慧誠禪師，有答僧問之語云：「祖師西來，祇道見性成佛，其餘所説不及此説。」予因默而識之，推而廣之。竊以爲世人縱情背性，未始覺悟，故曰凡夫也。智人明了至理，識心達本，知其佛是覺義，見性見覺，覺了真性便是佛也。故曰見性成佛，如師之言，固當不煩別説也。

諦觀浮世，凡諸人倫，迷失一真如，遂成三差別。何以明之？唐相裴休所著之文，明菩提心體云：「十方諸佛、一切衆生，與我此心，三無差別。」予謂從無出有，自然含識，始有差別之形，一也；踵事增飾，因而辨等，次有差別之名，二也；乘勢肆意，極于私己，又有差別之情，三也。轉喪鴻蒙，漸分罔兩，如此三者，滔滔皆是。必使和會三差別，同歸一真如，不亦難乎哉？或於萬萬之中，有一不以爲難者，不亦異乎哉。

習定之光，聞和之音，自然而然，天之義也。予自謂神遊於光音天，束教之士無庸致詰。

《圓覺經》威德章中有注云：「一切衆生壽命，但爲浮想任持。」予因擬之，別作十二字語云：一切世間名數，皆是妄情交立。

如來有出世智，照了窮盡，至聖悉備，故推其法爲大明咒； 如來有出世力，奮迅超絶，自在無礙，故推其名爲大雄氏。 世智測度，未可輕議。 苦集《寶積經》云：「知苦斷集，證滅修道。」余詳此四諦之法，並依次叙，粗得指歸。 苦集二諦不必更説，既云證滅，復云修道，余謂此是自體起用，覺利及他。 亦如既云解脱，又有解脱知見是也。

諦思一真法界，無始終，無邊際，自然神妙，不知其所以然，孰得指名而形容哉？ 古今智人，雖能窮理盡性，立語言文字擬議，而目之曰法，亦爲外事，唯有忘情脗合者是矣。 此一真散而爲萬靈，萬靈中秀出者目之曰人，人中秀出者目之曰賢，賢中秀出者目之曰聖。 聖賢之於一真，太虚之電光也。 聖人之秀出者，智力臻極，而能歸合一真之源，目之曰道。 天竺之語，又名佛陀。

予在洛中避暑燕居，有風泠然而至【五】，因私語曰：「意随無事適，風愛自然清。」又閑看史傳，難得文行具美者，又私語曰：「予欲一見具美才賢，西漢之文格、東魯之儒行正者，不可得也。」

學法者，舉要言之，但學道家宗旨清虚澹泊，佛家宗旨微妙寂静，如此足矣。 其清虚澹泊，出《前漢書》叙傳第七十，説莊子之事； 其微妙寂静，出《楞伽阿跋多羅寶經》及《大般若經》中是也。

【五】有風泠然而至　「泠」四庫本作「洽」。

佛書立法本乎性，儒書立法本乎情，道書立法該涉二書。該涉佛書，不盡復性之理；該涉儒書，不取飾情之容。

吾之所貴者三焉：身貴安而輕，氣貴和而清，心貴靈而明。三者備矣，莫之與京，何羡重重規冗利，久久計虚名。

教文中説，大乘菩薩亦有出世貪瞋。謂不以得少爲足，而乃直趣最上乘位，有此貪也。又訶責小乘之人智力狹劣，不能如己超邁不羣，有此瞋也。予亦有在世貪瞋。夫身緣之事，欲得壽考且寧，子孫逢吉，有此貪也。世緣之事，又欲得除惡務本，去邪勿疑，有此瞋也。

予知菩提者，梵語也，原其理，具正徧知，非世間覺知之知也。涅槃者，亦梵語也，原其理，得寂滅樂，非世間悦樂之樂也。

色即是空，非無色之空，原其至理，恐人執色爲礙。空即是色，非有色之色，原其至理，恐人執空爲礙。色空雙泯，心境一如，無纖塵可拂，方是曠然了達。

自念已臨大耋之年，尚愛知新之學，涉獵書記，雍容藝文，吟詠情性，諧和律吕。時或有作，未能頓除，蓋宿習之使然也。

老子曰：「名與身孰親？」我知之矣。我當既明且哲，深根固蔕，以保其身，不取虚名也。因復擬之，别立五字句者二。其一曰：「情與性孰親？」我亦知之。我當懲忿窒欲，割慈忍愛，以遣其情，自全真性也。又一曰：「事與道孰親？」我亦知之。我當息緣反照，背塵合覺，無營於事，獨歸妙道也。智之適變觸類如此，覽之者以爲何如哉？

莊子云：「舊國舊都，望之暢然。」注云：「得舊猶暢然，況得性乎？」《釋文》云：「暢然，喜悦貌。」予嘗涉歷人事，因知經旨信然。往歲使于龍荒，回及疆埸，遠望雄州喬樹，目明心喜，故行程詩中有「橋過涿水心先喜，路入雄州眼更明」之句，並經進御，蒙降手詔優答焉。是知望鄉歸國，猶得暢然喜悦，而況還源復性，合如何哉？

後秦苻堅時，有僧曰鳩摩羅什，與佛陀耶舍接座交談。堅問：「何謂第一義？」二師相顧而不答，意明不可以言宣也。予謂然則然矣，若且隨時而答，云「元不動者是第一義」，「元不二者是第一義」，堅有道眼，自可默而識之，若無道眼，必當隨答更問，如是問答，則無有窮盡。譬如年長喪明，問物之狀，説其形象，彼必知之；若有初生即盲，未嘗識物，問物答狀，其問何窮。

吾常謂開示悟入【六】，雖假於導師，觀練薰修，不由於朋執。自宜爲道日損，見善則遷，奉以周旋，不敢失墜是也。

予壯歲之前，聞道流所説云：「學道之人目有神光，耳有靈響。」予始志於道，自耆年之後，乃思勤而行之，而於澄神定靈有之矣，未得精至。將及從心之年，而夜視或時熠熠有光，又聞靈響，未嘗暫歇，歲久益清緊。意其神靈澄定，而光響彰聞，理必當然，難加

【六】吾常謂開示悟入　胡珽校：「常」字趙本作「嘗」。

異議。

吾嘗究觀世人心念，日夜所到境界，大率不離於幻中分别幻，夢中分别夢，影外認微陰，聲外尋餘響，如此而已。若要箇回心來，知有深深處、妙妙處、空空處、靈靈處，但恐萬中無一。設使萬一有知者，若要箇必能觀照萬境，起於一真而妄有，又能止息萬念，歸於一如而大同，但恐萬中無一。

卷五

賓談可采，予皆書之。嘗有一雜五品常參官，與予談道，引《易》爲證云：「復卦次以無妄卦者，蓋緣返本還源，方爲無妄。」予聞之，深以爲然。因檢《周易・序卦》云：「復則不妄矣【一】，故受之以無妄。」又無妄卦有注云：「有妄之道滅，無妄之道成。」予自思之，而見暗合之理。《楞嚴經》云：「妙性圓明，離諸名想。本來無有，世界衆生。因妄有生，因生有滅。生滅名妄，滅妄名真。」予詳之，始自真性，起一切情念云爲，此皆名妄。妄情復性。性乃真源，自然無妄也。內外之教，立言明理，各有歸趣者也。

予嘗讀《唐書》，因采述孫思邈言盧齊卿未來之事。予以爲目見二理：其一見事有前定之理，其一見人有預知之理。及看《傳燈録》，有菩提達摩付慧可傳法偈云：「吾本來茲土，傳教救迷情。一花開五葉，結果自然成。」竊詳達摩爲一花，下至六祖爲五葉，不復傳衣，又是前定預知之一也。

梁氏所删《止觀》云：「明者難晦，辯者難默【二】。」予因觸類增語云：慧者難定。是三者皆妨入道，學者當知。

達理之人所學之法，舉要而言，且依二法足矣。一謂其動也，依《伽陁經》四句偈首

校勘記

【一】復則不妄矣　「不」原作「無」，據胡珽校趙本及《周易・序卦》改。

【二】辯者難默　「辯」原作「辨」，據胡珽校趙本改。

云：「諸惡莫作，衆善奉行。」一謂其止也，依施肩吾《三住銘》序云：「心常御氣，氣與神合。」二法交濟，久當自知。

古聖設教，宗旨各有攸宜，但以淺深不同而已。聊舉其一。儒書所云蒙養正，晦而明，涉於外事，其著有迹，聖之淺者也；佛書所云定生慧，寂而照，主於內事，其妙入神，聖之深者也。

道釋宗旨，但其華竺之言有異也，考其大略，意同耳。且如莊子有云「大覺」者，予謂釋氏「菩提」之義也；又有云「至樂」者，釋氏「涅槃」之義也。

一切凡夫，常於四大、五蘊、六入、十二緣中輪回汩没，終而復始，如循環之無窮。其間行得其倫，則隨善受報，居高勝處；行失其倫，則隨惡受報，墜諸惡趣。自三界而下，凡五歧路：其一升諸天，其四沉苦海。彼聖人者，有大智力，特立獨行，能超出之。故《楞嚴經》云「佛子住持，善超諸有」是也。以其勇猛神妙，强名大雄氏。此非文言之可擬議，非心識之可測度。中士以降，宜乎不甚信，乃至有大笑者也。

《般若心經》云：「觀自在菩薩，行深般若波羅蜜多時，照見五蘊皆空，度一切苦厄。」予因觸類而長，唯變所適，擬之而别立語云：「意無盡居士，行深般若波羅蜜多時，照見一真不空，成一切妙德。」夫照見五蘊皆空，猶是半偈義、第二義，照見一真不空，方是全偈義、第一義。凡諸上智之人，必不陋今榮古。

予觀三聖立言，言無枝葉，質略雄重，純正明白，而以理垂範於世者。聊舉一端，而三家之言次第彌簡。儒教之書三句，凡十六字。孔子《孝經》云：「要君者無上，非孝者無親，非聖人者無法。」道教之書二句，凡十三字。老子《德經》云【三】：「罪莫大於可欲，禍莫大於不知足。」佛教之書三句，凡十三字。釋迦文《金剛經》云【四】：「如筏喻者，法尚應捨，何況非法。」噫！三聖之書，語直事大也如此，比夫今之所作，或雕篆侈靡，作艷冶輕浮之語，或摘裂詭異，作瑣碎隱微之語，自分古律，而無益於理道者何如哉。

《楞嚴經》云：「瑠璃光法王子觀世間衆生，皆是妄緣風力所轉。觀世動時，觀身動止，觀心動念，諸動無二，等無差別。此羣動性，來無所從，去無所至【五】。十方微塵顛倒衆生，同一虛妄。一世界内所有衆生，如一器中貯百蚊蚋，啾啾亂鳴於分寸中，鼓發狂鬧。」予參詳之，作是觀者，誠爲大觀，然其大觀之性，比一蚊蚋之性亦無差別，故《華嚴法界觀》有云：「一塵含容，空有遍蓋。」明真性惟一，不同世間法而分限量也。彼法王子於虛妄中，猶涉妄有分别，妄自尊大之迹耳。

予常謂明智之士【六】，若有洞分法要，却以息心爲難，遂廢祕密之學，深可惜也。昔優波笈多宿世爲獼猴，因學緣覺坐禪，後證阿羅漢果。夫輕狂不定，莫若獼猴，戲學坐禪，猶能成定。故唐賢王維《遊悟真寺》詩云「猛虎同三徑，愁猿學四禪」是也。而況人爲萬物之靈，氣禀五行之秀，志習妙道，豈有不成之理乎？

【三】老子德經云　胡珽校：趙本「德」上有「道」字。

【四】釋迦文金剛經云　「迦」原作「伽」，據胡珽校趙本改。

【五】去無所至　「所」原作「從」，據胡珽校趙本改。

【六】予常謂明智之士　「常」四庫本作「嘗」。

小乘執空，反成空病，既取空相，空復爲有，此所謂空即是色也。且據三界，名爲三有。夫無色界有四空天，列爲三有之數，豈非執空相而生空天乎？故范曄所論，謂佛法爲空有兼遣之宗，蓋不許著有著空也。

禪師之説，意多不同，然而采聽，咸有所益。譬如藥性有緊慢凉煖，各治一色之病，善服食者當自省病受藥。其餘空傳影響，濫以師道自處者，亦猶不曉方脉之盲醫也。其理如此。

人倫在三界之末、五濁之世，茫茫煩惱海中。欲免煩惱，無有是處。譬如泅浮洪濤之内，欲求無濕，可乎？若得遇浮囊浮木，抱之勿捨，或勉力拍水而浮，既濟而先登於岸者，不可多得。

予讀三聖之書，而能混而爲一，自成法要，所謂殊途而同歸者也。讀佛書《圓覺經》，愛威德章中一句云：「寂靜輕安。」止此一句，可以存心，可以入道。讀儒書《周易》，愛乾卦中一句云：「剛健中正。」止此一句，可以辟邪，可以降魔。予之讀書，志趣如此。

《思益梵天所問經》第三之首《談論品》云：「不二者終不爲二，雖種種分別爲二，然其實際無有二相。」予詳所云二者，非定謂一二三數之二，蓋言本體元空者有一，一則同也，自一起相者爲二，二則異也。即今演説語言文字，以明真性者，理本歸一，而語言文字種種分別，離於默然真性，亦是二也。

翰林承旨李尚書維有書垂問云：「神氣相主，爲道家之妙門；物我皆如，乃禪宗之極致。道兄所得，其在兹乎？」予覽之尤加珍重，因而答之曰：「神氣相主，其殆庶幾乎？物我皆如，僕病未能也。」

予嘗見禪師説話，有語太質而甚峻者，然而其理確的，并緊切而已。其語云：「學禪入道之人，須得毒眼睛、硬脊梁。」予默而識之，以爲毒眼睛謂其妙見精深，覷破一切空相，不能爲障礙，如文殊之智是也；硬脊梁謂其道力堅壯，辦於大事，克荷付囑之重，如普賢之行是也。取要而言，學人直須善照了、無退敗，二者交相濟，最爲根本，久久成就，名曰兩足尊。

佛書中有云苦海、苦厄蘊，又有云甘露門、甘露味飯。若有人能知甘苦之味【七】，見空實之相，達真妄之理，而有所歸趣者，亦不可多得。

唐相權德輿《送玄上人歸天竺寺序》有語云：「師早誦大乘微言數萬言，曉得觀門之學，今則色空如一，哀樂不入矣。」予非止愛此文，而益愛此意，因而自得簡要具足法門：當令凡諸憂悲、苦惱、喜怒、疑悔、貪愛，一切之情不可盡言者，悉不入於心中，惟一真性是道矣。何煩多學？又自智斷，苟不能然，試熟思之，於己何益？

今我真修，引諸經據，於一切時中，息微細流注，鞭心入理，攝念而住【八】。日久功深，自到覺知之處。

【七】若有人能知甘苦之味　「若」原作「苦」，據胡珽校趙本改。

【八】攝念而住　「攝」原作「撮」，據胡珽校趙本改。

庶品紛然，佛教之書目之曰衆生，儒教之書目之曰蒼生，道教之書目之曰浮生、勞生。非謂輕蔑而言之，其實如此者多也。

《金剛經》云：「離一切相，則名諸佛。」《南華真經》云：「能體純素，謂之真人。」學法者合此二經四句足矣，何必廣求經據，妄分教門哉？

予知觀自在菩薩度一切苦厄，竺乾古先生善入無爲，皆以深智大力而然。予與誰談哉？

釋氏教文中有云，佛名能仁。仁字，儒家孔子切言之矣。别書中謂佛爲竺乾古先生，善入無爲。無爲字，道家老子切言之矣。云何後人過有分别？

天禧末，予在西京判留臺日，曾到魏家園，見杏實爛熟，自落滿地，因悟物理者三焉：其一見萬物勢數，必有終極之時，人合安時處順是也；其二見果之杏實純熟，則味乃甘美，人之杏實純熟亦如之；其三見老人食杏愛其全熟者，壯夫食杏愛其半熟者，童子食杏，方當酸澀，亦以爲美也，人之性識生熟次第，其類如此。

有一説云，禪是思惟檢攝之義。予以爲此説最當。非思惟何以得窮理盡性之智，非檢攝何以致澄神定靈之切？二妙相成，可以入道。彼但以問答爲事者，不亦謬乎。

佛行以怨親平等，此最難事。予以爲其次且能逆順或義利之類平等，抑亦非易。

毛族之猛者虎，弱者鼠，皆觸機而陷身，止爲求所食，不得已，此可憫也。人而最靈，以過貪求，觸機自陷，此可責，不足憫也。

吾有二洪願。其一願智眼善照了諸相，如無盡燈長明長在，經毗嵐風不動不滅；其一願志力能幹辦大事，如金剛寶至利至堅，到真實際不礙不壞。混而爲一，守而勿失。

予自得一法，强名曰三合應天機法門。三者，謂心、息、音也。其初先見《圓覺經注》中有八字云：「心息相依，息調心淨。」予以爲此正是禪那入道之門，遂引別書，加乎演潤，重其事也。心字，引《莊子》云：「至人之心若鑑。」取其寂而照，不將迎於物。息字，又引《莊子》云：「真人之息以踵。」取其深而細，從根本中來。其後耳中嘗聞妙音，殊勝不可名狀，正是觀音入流之處，又契《莊子》云：「無聲之中，獨聞和焉。」每當日暝宴坐，心息相依之際，而其妙音清遠，聽之而凝湛融怡，有以見天然妙吉祥，助其樂欲。三者相合，所以激勵讚歎，形于文言多矣。此則予之自知貴者也。

空五蘊，度一切苦厄；奉三寶，成一切妙德。若能究觀洞曉，馴致冥符，學道之人，更有何事？

予自作五言四句，名曰《具足觀修訣》云：「三空一不空，悟入勢孤雄。得道加殊稱，超天自在公。」因而自解之云：「三空，謂名也、身也、情也。觀此三者，外則自外而及内，内則自親而及踈，種種因緣，終畢歸空，此是三空。唯一真空，則至精無形，大無不包，細無不入，古今不能窮，此是一不空。若能先覺悟，是觀也，後順入，是修也，而又奇特勇猛，得道必矣。超出人天，而造化不能拘，目曰自在公。此非戲論。

白公有詩句云：「富貴亦有苦，苦在心危憂。貧賤亦有樂，樂在身自由。」又有詩句云：「閑傾三數酌，醉詠十餘聲。便是羲皇代，先從心太平。」予因省己而言之，爰以引年致政，闔扉燕居，雖非富貴，亦非貧賤。月戶優禄，無鞅掌之事，可以言身自由也；日養天和，獲逍遥之樂，可以言心太平也。二者備矣，何以加焉？由是較量，不讓白公之所得，何況慶幸有餘也。

予以退居佚老，得三無三有，合爲六幸矣。於族無飢寒之憂，一幸也；於心無營欲之事，二幸也；於時無勢利之交，三幸也；於己有壽康之福，四幸也；於後有肯堂之緒，五幸也；於道有悟入之門，六幸也。此六者幸，何樂如之。

予覽唐詩人張蠙《送南海僧遊蜀》詩云：「真修絶故鄉，一衲度暄凉。」此世能先覺，他生豈再忘。」因見真修之理，不拘處所，又喜緣熟，必無他虞。次覽周賀《贈四門蘭若寂禪師》詩云：「夕雨生眠興，禪心少話端。」信有之矣。夫吉人猶寡辭，而況真禪子，固無遊談戲論矣。

唐賢杜牧集有《登池州九峰樓寄張祜》詩，其句云：「睫在眼前長不見，道非身外更何求。」予因思之，此兩句比類佛書中衣珠之意，有何差別？圓智之人，自能和會。

覺安、遣情、明真、指體、安心、入道，此六次第，吾當分門屬類，集爲一書，以備己之

詳覽，

善入無爲，名曰先生，即佛也。能體純素，名曰真人，即仙也。外爭像教，不亦踈乎？

唐白氏詩中，頗有遺懷之作，故近道之人，率多愛之。予友李公維，録出其詩，名曰《養恬集》，予亦如之，名曰《助道詞語》。蓋於經教法門，用此彌縫其闕，而直截曉悟於人也。予記其有詩云：「此身是外物，何足苦憂愛。」又有句云：「已共身心要約定，窮通生死不驚忙。」夫如是，則身外悠悠，不合意事，何用介懷？

世間之事有極力而求者，有不可求者，由人而不由己故也，人多固必而求之。出世之事極力而必可求，由己不由人故也，而罕有固必而求之者。人之大迷也如此，若有迷中忽悟，則疾如反掌。

予諦觀三寶之義，止在乎心。夫佛者，覺之義也，有出世之智而能覺悟真理，覺即佛也。法者，行之義也，於其覺悟之中而見種種淨妙之行，行即法也。僧者，和合之義也，能以覺悟之心和合淨妙之行，和合即僧也。此説最爲精要，若不知根源而外取名相者，中智以下逐末之人也。此則非予自矜伐，顧其理難奪之也。

內聽凄鏘之妙音，順恊融怡之賞心，堅凝浸深，無容念侵，勝於天賜之黄金，我惜餘年而日尋。

照見五蘊皆空，可破妄情矣；能令一念相應，可辦大事矣。若於身外詢求，此則悠悠悠悠。

《楞嚴經》中説三無漏學，謂戒、定、慧也。予自謂於戒、定得百一，於慧得百二。何謂也？憶念我昔將及縱心之年，知非改過之外，特立一法，以辦所作，且以間日食素，仍於旦旦焚修善禱，有暇則時習宴坐，逮今越十稔矣。此是於戒、定得百分之一。而於弄翰之間，多住佛事，常立言以自勗，致力加倍。此是於慧得百分之二。今已密邇大耋，而乃加以晝課，《般若心經》外，凡諸觸境情氣之不順者，力習制禦，以濟乎戒。夜增數息觀門，復隨時隨分，不計多少，專切寧心，以濟乎定。庶乎三學之稍均耳。雖未能卓然殊絶，然而區區之心，務在宿植善根也如此。

宵征緣崖不覺落，瞽者吹火不覺着，昧懵則貪冒，窮極則變滅，失慮奄及，亦復如是。

夫《般若經》云「心住爲如」，吾因自思，年漸老矣，宜乎不以情意之苦樂，不限時景之少多，不擇處所之喧静，常須随分學其心住而已。何以故？據《涅槃經》所説大意，一切衆生皆有念心發心，念念生滅，相續不斷，亦名修道。此經又有説云：「智者言：出息入息之頃，我當於中精勤修道。」又襄陽龐居士詩云：「世人重珍寶，我貴刹那静。金多亂人心，静見真如性。」以此參詳，則知随分住心，不失真修之理。

吾好以無師智分别諸法相，忽然得意，自立小大二寂照之説。其一小寂照，謂學道之初階，常須寂静其心，照了於理，入菩薩境界也。其一大寂照，成功之極致，而能圓寂普照，入佛境界也。

《圓覺經注》云：「心息相依，息調心淨。」莊子云：「無聲之中，獨聞和焉。」二者不可致詰，伊予混而爲一，守而勿失，退藏於密。

予之宿志，求慶幸之大者三也，已遂者二，而未遂者一。何謂也？老年致政，今生悟道，若合符契，此二者已遂也。萬事前知，如指諸掌，此一者未遂耳。

吾愛習定慧久矣，以晚年故切務增修。今不擇時景處所，且於生滅心中就少頃即静念，以爲不生滅之心，且於虚空法中就隨時無盡意，而究不虚空之法。不問獲果如何，但自致力而已。

心之日用，莫先乎智。止令防一身，效一官，而不能者尚多，何況周萬物，照五蘊，度一切苦厄，不亦難乎哉？不亦難乎哉！

學道之人，初入三淨境，先淨三業。次歷四禪天，終復一真法界，此乃得道之臻極者也。

唐詩人有詩云：「終日昏昏醉夢間，忽聞春盡强登山。因過竹院逢僧話，又得浮生半日閑。」又有詩云：「南随越鳥北燕鴻，松月三年别遠公。無限心中不平事，一宵清話又成空。」且夫半日、一宵，接僧談，成法藥，猶得遂閑情，平宿憾，而況予今退居佚老，獲終身之閑，日覽佛書、道書，耽味古聖賢要妙之語，其爲適悦也何如哉。

予愛《般若心經》，其中語意有云：照見五蘊空，能除一切苦。此語意以理遣情足矣。又愛《玄聖蘧廬》篇中語意有云：身心俱不動，爲求無上道。此語意存誠入道足矣。

予自演述德、行、道共三字之意，而日用之。其初以德者得也，凡一切法善【九】，自得於心者，而爲己德。其次以行者行也，既得善法，而自行之。其終以道者導也，不止獨善於己，而復開導於人，以成兼濟之利爾。

予詳求其貪字之義。《釋名》曰：「貪，探也。探入他分，因而思之。」蓋表踰涯而取爾。凡人以手探取穴中之物，謂之探，此乃見利忘害者也。故吴吕蒙有言曰：「不探虎穴，安得虎子？」夫如是，則探虎穴者不畏乳虎之暴怒，探龍頷者不畏睡龍之忽寤。儒書有云：「君子居易以俟命，小人行險以徼幸。」蓋謂此也。佛書又云：「種種貪欲，故有輪回。」是知貪欲之弊，於有驗法中見有驗之禍敗，於無窮法中入無窮之循環。此理深遠要切。古聖人垂訓多矣，若非中智以上，未可與之輕議焉。《法門名義·過患品》貪在三毒之首。夫古賢有以不貪爲寶者，其意可知也。

老夫耄矣，急於勝進，方便自立一法，名曰近事三學。何謂也？力行朝課，積習夜坐，俾無大過是也。夫焚誦肅容，力行朝課，此近乎戒；恬宴攝心，積習夜坐，此近乎定；采述修身，俾無大過，此近乎慧。三者不廢，可以入道。

三菩提者，經疏中有解釋云：「三爲正也，菩提爲覺也。已謂佛法爲正覺矣。」予詳教文，別得新意，亦可名曰三菩提。有説三品菩提，謂聲聞菩提，小乘也；辟支菩提，中

【九】凡一切法善　胡珽校：趙本「法善」作「善法」。

乘也； 佛菩提，大乘也。 唯佛菩提爲無上菩提，二乘不及，故有語云： 唯有佛菩提，是真歸伏處。

因習定，希凝寂，忽見神光晱爍，可曰定光佛； 因内觀，存照了，常聞妙音清徹，可曰觀音佛。 體有大小，理無差殊，雖知强名，亦非戲論。

辦戎事之大，大將也，有多多方略以御師，師和而戰必克； 辦佛事之大，大士也，有種種方便以御意，意正而道必勝。 非尚屬辭，是爲求理。

我願生生世世作居士身，學菩薩行，不求報，不取相，不退轉，自然而然而已。

至人學道，先須得天錫大明智，則於虚幻中無挂礙； 次須得天資勇進力，則於真妙中到源底。 此得非常得，此説不可説。

白樂天有詞句云：「靖節先生樽長空，廣文先生飯不足。」噫！ 予今陶融太和，如飲醇酎，自以爲不空樽、大雅杯； 耽味道腴，如享太牢，自以爲法喜食、甘露飲。 去彼取此，既醉又飽，沛然充足，其如予何？

予嘗作三言《自曉存心訣》云：「心息音，混融深。 智先覺，念無侵。 隨辦及，即温尋。 用此法，存於心。」此八句，予自了知，言簡意備，而興猶未已，推而演之云： 此法正合《圓覺經》中圓覺菩薩所學禪那法門，又合《楞嚴經》中觀音菩薩所學圓照法門。 合二法門，有三清妙： 其一謂心之清妙也，成恬愉； 其二謂息之清妙也，入深細； 其三謂音之清妙也，發聰瞻。協用三法而進於道，愜心至當，自以爲禪師法要無有出其右者，奉爲祕印，乃目之曰「清妙三和合入流三昧」。

予以晚年内習，期乎若坐若卧，務安其心，或默或語，不離於道。亦不求應，任彼自然。

出世之法，不知之者固無筭，萬有一知而人多無斷。予謂敏識之士，無知則已，苟能知之，安可自棄？何不果斷而行之哉！此法比世間法，何者爲急？且夫人之情累，自古而然，有何窮極，有何利益？終畢了不相干。是以唐圭峰密禪師直示學人方便，尤爲親切，嘗云：「種種念慮，皆如幻化影像，皆是他緣。靈靈一心，如鑑之明，未曾不照，斯爲真我。誰能勞神而憂他妄緣乎？已曾千萬億劫妄憂之，終有何益？非惟無益，仍展轉招於妄苦。」予謂古德訓導懇切，無出於師。予嘗佩服遵守，以爲祕印，勇猛精進，脱落癡冥之網羅爾。

歷觀内典章句，頌歎佛之功德，有云「善入無爲」，有云「善入空寂」，有云「能善分别諸法相，於第一義而不動」。但詳語意，可見佛心。噫！學禪之人，何必須問傳言比丘，躡其陳迹，徒以法爲戲論耶？

煩惱障無損於菩提心，譬如日月翳於煙雲中，而日月必無損也。珠玉落於泥滓中，珠玉無損亦如之爾。莫管煩惱障，但存菩提心。

予謂此《法藏碎金録》有如聚畜百藥，随方而用，種種之疾而治之也。

予所録《碎金》之一，内有六句語云：「不怕念起，唯恐覺遲。覺速止速，二妙相宜。知非改過，蘧顔可師。」予今擬之，復爲六句之語。語或宗經，意唯克己。其語云：「不怕忿生，却貴懲速。懲勝忿平，轉禍爲福。明明佛子，智以自牧。」

無念爲宗，法之樞要。不住於相，然後臻極。上智學人，必知理也。

《維摩經》云：「菩薩示行瞋恚，於諸衆生無有恚閡。」又云：「示行瞋恚，而常慈忍。」予因自思，時或禁諸違慢，不能無忿怒，而乘勢暴發，既而悔之，本非殘忍。今詳經旨，亦可除疑，悔之益也。

《經》又云：「示行諸煩惱，而心常清淨。」又云：「當知一切煩惱爲如來種。譬如不下巨海，終不得無價寶珠。如是不入煩惱大海，則不能得一切智寶。」予因參詳法意，獨斷斯事，以爲智人不當厭煩惱。夫有煩惱鍛鍊，則必憤悱，策發菩提心也；若以如意優足，則慣習驕恣，陷於怠惰，失菩提心也。

因覽《維摩經·不二法門品》妙臂菩薩云：「觀心相空如幻化。」予自得新意法門。夫内觀心相，空如幻化，外觀世緣，亦空如幻化。既見内外之事俱非真的，誰能堅執以爲挂礙。

《經》又云，淨解菩薩曰：「有爲、無爲爲二。若離一切數，則心如虚空，以清淨慧，無所闋者，是爲入不二法門。」予今和會諸經大意而裁決之。夫真性之外，一切妄情，皆爲塵垢。若能悟心宜空虚，無容一塵坌污，即是清淨慧也。既能發之以清淨之慧，便能應之以清淨之行。此則妙道具足，貫統諸法，不煩多學也。

諦思經教中有二法，除過去不復言，而見在、未來皆爲妙用。其一曰無生法忍，未有不復有，凝寂還真空，此未來也；又一曰無礙法門，在有即爲無，圓融得自在，此見在也。智者當自了知，吾不能曲而暢之耳。

夫洞曉無明是障蔽者，此謂之明。若取相於明，則復陷於無明。非上智孰能知之。

予觀白氏詩，凡有愜心之理者，每好依據而沿革之，往往得新意以自規耳。白氏詩中有題目云《遺懷》，其詩七言四韻。予今擬其語句，聊加變易，入於别韻。前四句依舊意，述時景之迅遷；後四句立新意，述世態之不一；而終篇亦斷之以不驚也。白氏詩云：「羲和走馭趁年光，不許人間日月長。遂使四時都似電，爭教兩鬢不成霜。榮銷枯去無非命，壯盡衰來亦是常。已共身心要約定，窮通生死不驚忙。」予擬之而作詩云：「羲和走馭趁年華，不許人間歲月賒。春正艷陽春即老，日方停午日還斜。時情莫測深如海，世事難齊亂似麻。已共身心要約定，古今如此勿驚嗟。」

真人能體純素，如來善入空寂。此二者俱爲妙道，但其理有淺深耳。知者當自知之也。

予自微細揣摩，晚節薰修，馴致厥功之狀，生觀慧滋多，結善緣漸熟。而其久來習氣未盡除，新持定力未全固，憂喜戰酣，覺喜勢差勝耳。唯妙境深處，則未能知之也。

人所好者虛名、客氣、冗具、羡財，予所好者心印、衣珠、真乘、寶所。各從所好，而不相知。

白氏有詩句云：「華簪與高蓋，復在外物外。」又莊子宗旨，以軒冕爲得志而喪己失性者，謂之倒置之民。予歷觀羣趣，軒冕之外，更加五欲樂具，重複冗飾，伐德禍深而不悟者，又何如哉？

凡夫住有爲小乘，住無爲大乘。俱不住，上乘【一〇】。

《維摩經》云：「菩薩深發一切智心，而不忽忘。」注云：「什曰：志求佛道，其心深固，譬如種樹，根深難拔。故歷劫愈明，不暫失也。」予因覽此而喜，誓將秉心内習，堅久不退。後身緣熟，必成勝果爾。

人心計我、我所，無不太甚而不當。但思爲己有，不悟終畢非己有；不思爲己用，不思己用是己有，可哂可憫。今略記大端，誓將敷演，以爲法利。

白氏有詩句云：「是非都付夢，語默不妨禪。」予愛此語愜心精當，因而叙述其意云：是非都付夢，南華真人指歸也；語默不妨禪，竺乾先生指歸也。和會發明，西鄂居士指歸也。導揚推演，出於深衷，勿誚僭差，庶幾有補。

【一〇】上乘　此二字原闕，據四庫本補。

《維摩經》説菩薩不住無爲，不盡有爲。予世其意【一一】，若住無爲則功德不具，若捨有爲則智慧不具。

予詳佛書「如」字之義，經論中各有所解，大約意同，然未有能和會直説，令人易曉。予今發明「如」之本體，是真性均一之義。至人依理學法，令其性合於理，理合於性，同於本體，故曰如如不動。此兩「如」字，上輕下重，謂其心之所學，如其本如之理。

《維摩經》云：「如自觀身實相，觀佛亦然。」注云：「見實相法爲見佛也。若謂己與佛接爲得見者，則以己與佛異，相去遠矣。」予謂此明一真同歸也【一二】。

吾今直截用三無漏學，依次對治三毒。以戒治貪，禁貪心，令不生；以定治嗔，鎮嗔心，令不起；以慧治癡，曉癡心，令不執。

吾又倒用此三學，爲修道次第。以慧觀爲見道智，以定力爲入道功，以戒條爲助道品【一三】，勢當然也。

《維摩經》云：「同真際，等法性，不可稱，不可量。」予詳大意，謂佛之虚妙也如此。

人性緩急，各有所禀。予以觸境而動，憿然厲聲。雖未能頓除，且隨時而覺。今立一法，應用對治。比之電光谷響，既過即止，勿使留礙，豁然自規。

吾今獨斷，自立三師。《維摩經》中所言「柔順忍」，立之爲戒師；《楞嚴經》中所言「不動尊」，立之爲定師；《寶積經》中所言「自然智」，立之爲慧師。

【一一】予世其意　胡珽校：趙本「世」作「詳」。按，四庫本作「申」。

【一二】予謂此明一真同歸也　胡珽校：「歸」趙本作「體」。

【一三】以戒條爲助道品　胡珽校：趙本「條」作「修」。

我發二願。夫《維摩經》中所言雜句文飾之事，此世間之事也，我願外順從權；《寶積經》中所言清澄微妙之法，此出世之法也，我願内修致力。

予晚學權輿，安於所習，習其心清也；樂其所欲，欲其靈澈也。自强名曰初安樂行。教文中有言云「在家而出家」，吾今在家而山居，讀《圓覺經》，愛「宴坐靜室」，此外室也。讀《莊子》，愛「虚室生白」，此内室也。此吾外内二室，豈讓嵩山太室、少室乎？

天聖六年十二月十五日夜，予於夢中琢磨律詩對屬，蓋以宿好該涉而然也。偶成七言兩句云：「芃芃麥壠鶖翬起，灼灼桃園舞蝶來。」既寤尋思，獨斷其理。夫如是雕章鏤句，緣情合意，猶能入夢而常存，則知其妙道天機，貫心達性，固當經劫而無失。因之竊喜，必續勝緣。

有念無覺，凡人境界；有念有覺，賢人境界；無念有覺，聖人境界；無念有覺臻極者，上上聖人境界。智者可了知，説則難爲説。

天聖六年十二月十七日，夜夢獨看書策，其中見有「義兔」兩字，因而節出。予記憶大意，謂乎涉獵文史，得其義理，有如獲兔而歸也。寤而思之，此乃宿學性習，浸久浸益。豈非根深緣熟，爲來生張本，必無差别而枉入諸趣，所以竊喜逾多也。

《酉陽雜俎》云：「竹六十年一易根，易根則結實枯死。」予昔於真宗朝同修太祖、太宗《國史》，時中書首廳虚位，而史官奉詔，就此廳位中畢集修撰。予舊日已曾見廳後有叢竹，碧潤尤盛，至修史時，當大中祥符六年秋九月，此竹結實如粳米粒，其後竹乃枯裂，親見盡除之，付庖人爲薪。又聞京中諸處竹皆如此，因知前言不謬，信乎物必有數也。

荷澤法門，唯以無念爲宗。又曰，樂天詩云：「唯吟一句偈，無念是無生。」噫，無念之理至矣哉！大約人之憂悲苦惱，及一切種種之情，皆屬緣念所攝。學人若能知其至簡至當之法，以照了智見五蘊皆空之後，以摠持力到一念不生之時，智力相資，久而不退，當自覺知，此外無法可及也。

《圓覺道場修證儀》中有偈句云：「無累無所欲，是名真涅槃。」又有句云：「數息在靜定，是名頭陀行。」予詳句意，最爲勝進之法。

李白《廬山東林寺夜懷》詩云：「我尋青蓮宇，獨往謝城闕。霜清東林鐘，水白虎溪月。天香生虛空，天樂鳴不歇。宴坐寂不動，大千入毫髮。湛然冥真心，曠劫斷出没。」又貫休《山居詩》云：「自古浮華能幾幾，逝波終日去滔滔。漢王廢苑生秋草，吳主荒宫入夜濤。滿屋黄金機不息，一頭白髮氣猶高。豈知知足金仙子，霞外天香滿毳袍。」予因思靜勝境中，當有自然清氣，名曰天香，自然清音，名曰天樂。予故以所聞靈響，自爲天籟，亦取天籟之義。此蓋唯變所適，不可致詰也。

鋭意鉤深，每得無師之智；　强力致遠，遂忘進道之勞。人固不知，我亦難説。

白樂天有詩云：「此身不欲全强健，全健多生人我心。」又于良史有詩云：「僻居人事少，多病道心生。」是知體中微苦，未可心情不足。

吾自得三天之法，可對治三毒之病，而回其次第也。存天真之性，常自知其明，可以去癡； 養天和之氣，常自知其平，可以去嗔； 樂天均之分，常自知其足，可以去貪。用此三法，去彼三病，其爲親切，如羿基之射中的也。習之初者則甚難，久而精熟，自然漸易。

萬物自萬物，兩儀中空虚本無礙； 萬念自萬念，一心中空虚亦無礙。深悟入者，智力第一。

儒書云生而知之者【一四】，即今之頓也； 佛書云宿殖德本者，歷劫之漸也。頓漸之理，智圓自曉。

予覽《太平廣記》第一百七十六器量事類，引《國史異纂》云：「盧尚書承慶，總章初考内外官。有一官督運，遭風失米，盧考之三。『監運損粮，考中下』，其人容止自若，無一言而退。盧重其雅量，改注曰：『非力所及，考中中。』既無喜容，亦無愧詞。又改曰：『寵辱不驚，考中上。』」予既重此人雅量，又重承慶藻鑒，故録之。

凡夫心量不出情塵，小乘心量不出法塵，大乘上乘出塵彌遠。

予嘗諦觀而直説：文殊是見理周圓之妙智，普賢是契理周圓之妙行，合而爲一，强名曰毘盧遮那。

【一四】儒書云生而知之者「云」字原誤置行末，在「佛書云宿植德本者」後，據胡珽校趙本乙正。

予詳普眼謂明一切智，普賢謂具一切行是也。《金剛三昧經》云：「心不幻化，則無所見。」予謂一氣生萬物，即幻化也；一真生萬靈，亦幻化也；一心生萬念，亦幻化也。一一知空，有何罣礙？以無思之心，合無物之音。隨時隨處，逾久逾深。獨爲法樂，不在禪林。

予覽《太平廣記》第一百八十引《摭言》云：「費冠卿元和二年及第，以禄不及親，永懷罔極之念，遂隱於池陽九華山。長慶中，殿中侍御史李行修舉冠卿孝節，拜右拾遺，制曰：『前進士費冠卿，嘗與計偕，以文中第。禄不及於榮養，恨每積於永懷，遂乃屏身丘園，絕跡仕進，守其至性，十有五年。峻節無朋，清飈自遠。夫旌孝行，舉逸人，所以厚風俗而敦名教也。宜承高奬，以儆薄夫。擢參近侍之榮，載佇移忠之効，可右拾遺。』冠卿竟不應徵命。」予重費冠卿之思孝，李行修之知人，唐室之善敦風，唐賢之能演誥，四美具矣，有補清談。采而書之，式資汎覽。

予好擬諸文句，以爲法樂。《周易》乾卦文言曰：「雲從龍，風從虎，聖人作而萬物覩。」予擬之而爲文句曰：「動爲慧，靜爲定，妙用成而百祥應。」唐權文公《二踈贊》曰：「靜專動直，惟乾之德。酌用不窮，君子中庸。」予又擬之爲文句曰：「定堅慧正，惟佛之性。酌用不窮，佛子深功。」

美服厚味，非寡欲之宜；草衣木食，非養老之具。得其中者，何樂如之。

我知三靜關，進道之權輿；　我知四禪天，入佛之境界。唯當日省心，自到深深處。

道勝之智日用新，福會之因天獎備。唯兹樂欲，爲吾願王。

儒書中所云子絶四，吾能和會裁決，入於二教之理。無意無我，合於道書中所云不宰宗旨；　無固無必，合於佛書中所云無礙法門。

有客謂予曰：「近知一陰陽家流，深於三命之學，可能召而問之乎？」予對曰：「予自别得三命之理，不随俗也。常以爲自然之分，謂之天命；　樂天不憂，謂之知命；　推理安常，謂之委命。三者備矣，一以貫之。不能逆計未來，妄分憂喜，復何問哉？」客既笑且愧，唯唯而退。

卷六

夫曲士束教，不能宏達，予好和會敷演，庶有開悟焉。據佛書《楞嚴經》説三無漏學，謂戒定慧也。予於儒書《周易》中各取一句，則象其理，亦無差别。今取損卦之文一句四字，云「懲忿窒欲」，用之以爲戒； 又取《繫辭》一句四字，云「寂然不動」，用之以爲定；又取《繫辭》一句七字，云「精義入神以致用」，用之以爲慧。唯變所適，有何不可？

《維摩經》云「安處道場」，《圓覺經》云「宴坐靜室」，予重兹語句，而怡然愜心。《圓覺道場修證儀》第十一，并本經清淨慧章注，并引《華嚴》初地文，云「得經論智」。予因自喜，看經論生智思，入道之初也。

《寶積經》云：「諸魔平等，煩惱爲先。」又云：「現住煩惱魔，煩惱無所有。」又云：「智者於苦樂，不動如虛空。善觀察煩惱，我我所俱離。」予究經文，重複言説，足表無人無之。當知煩惱性空，既過即止，無使留礙，是其法也。

《思惟要略法》中説：「心想住者，見有種種色光，從身而出。」《楞伽經》中説「自覺聖智境界」。予因思素聞靈響，久而增勝，亦可謂種種妙音從耳而聞，乃目之曰自覺妙音境界。《莊子》首篇名曰《逍遥遊》，予今動則臨文求智，縱觀於法苑英華，謂之外逍遥遊； 靜則反聽聞和，凝神於妙音境界，謂之内逍遥遊。其趣尚也如此。

詳究寤時之想，性所存也，寐時之夢，亦性所存也。夢中所爲之事，皆己素所習者；所見之人，多己素所識者。自念世間之法，屬意浮沉，偶經耳目，猶得存於性中而不失；況乎出世之法，屬意深切，洞貫心府，固當存於性中，其可失乎？ 今生結緣既熟，必爲來生張本定矣。

《易》曰：「積善之家，必有餘慶。」予因擬之而言曰：「學道之心，必有餘應。」何謂也？ 夫家之積善，此外事也，善力延及，猶爲後嗣之慶； 心之學道，此内志也，道力延及，豈失來生之應？ 形聲影響，又何疑乎。

三教之人，皆有修行要法，而人不能知，不能行，正相反。夫居易俟命，儒教修行要法也，而多冒行於險徑。深根固蔕，道教修行要法也，而多縱伐於元命。息緣反照，釋教修行要法也，而多外役於正性。順此三法，其爲利也可知矣； 反此三法，其爲害也可知矣。全得之者上也，得其二得其一者次之又次也，全不得之者民斯下矣，固無算也。

予嘗夢中有如侍從遊觀之際，不見己之僕馬，方在憂煩忙迫，計無所出，忽爾夢覺，豁然而喜。因思《楞嚴經》云：「淨極光通達，寂照含虛空。却來觀世間，猶如夢中事。」此喜可知也。

幻質無堅，定隨化往； 靈心有覺，須從靜來。洞曉詳求，斯爲上智。

干将之劍，利可剸鐘，柙其鋒鋩則全也；豫章之木，高可凌雲，護其根幹則成也；聖賢之德，蒙養正，晦養明，恬養智，抑亦全成之道。是以莊子辭千金重聘，列子避五漿先饋，姑務含華隱曜者，意在此也。

前言有云：「三代之将，道家所忌。」予因續爲兩句語曰：「四大之相，智人所避。」學道者戒貪瞋癡，具聞思修。導氣令和，引體令柔。心静而明，息細而幽。習頭陀行，與道遥遊。不驚不怖，無喜無憂。幾乎出世，名爲入流。

恬智相養，定慧之權輿也；定慧均濟，恬智之臻極也。上根圓觀，當如是解。見聞爲外寇，意識爲内應。内外交締，劫吾道寶。吾知之矣，自兹戒嚴。伊予内應，慧悟增新，由己性也；道力深固，由己志也。慶緣畢會，由天應也。願出三福，成吾一心。

予似記憶李白有詩句云：「野禽啼杜宇，山蝶舞莊周。」後又見潘佑有《感懷》詩句云：「幽禽唤杜宇，宿蝶夢莊周。席地一樽酒，思與化元浮。但莫辜明月，何必秉燭遊。」予謂才思暗合，古今無殊，不可怪也。

自念餘生得幾何，固當隨時隨處，於世間法中就隨分適意，於出世法中就隨分冥心，夫復奚云？

修道之法，譬如金不錬不精，水不澄不清，燈不燃不明，穀不種不生。其理必爾，何以不信？

逆計而憂，憂而無益，況未必爾，即悟而斷，不如去憂；觸境而怒，怒而無益，況多偶然，即悟而斷，不如去怒。隨意立法，出自然智。

出世有法，此法難全。全同聖賢，接武差肩。導之以仙，而入于禪。仙中之樂，高蹈雲煙。禪中之樂，夐超人天。處世有法，此法易致。致養情氣【一】，含和孕粹。導之以醉，而入於睡。醉中之樂，陶陶茂遂。睡中之樂，栩栩遨戲。酌用隨宜，消憂釋恚。

見道學法之人，當令照了之智，如明鑒之明，果決之斷，如利刃之利。次第相應，久久純熟，自到大安樂處。

極見聞於外而周知者，處世之明聖也；反見聞於内而周知者，出世之明聖也。

智明斷利，力勝志堅，四次第全，可以入道。

周身之防，外辨之事，固鞭心入理，内習之誠篤。世故萬變，推爲大常。

有外官寓書于予，有語云：「仰燕居之申申，諒吉祥之止止。」此雖奬飾之詞，而暗合予意中天機也。因之竊喜，而書於此。

莊子有云：「兩臂重於天下。」予謂一身即可知也，而有貪虚榮冗利，據權門畏途，恃力固守，卒致覆族之禍者，較其輕重何如哉，斯爲智乎？

大妙之道，不在名相，深智自明，辯才難説。

【一】致養情氣　胡珽校：趙本「情」作「精」。

立不易方，行不由逕。允執厥中，不失其正。口無擇言，身無擇行。餐和履順，樂天知命。見賢思齊，同聲相應。清心釋累，收視反聽。澄神定靈，窮理盡性。從吾所好，於兹爲盛。

文中子《中説》有語云：「子曰：變風變雅作而王澤竭矣，變化變政作而帝制衰矣。」吾愛其言雅而理大，因采而書之。

文中子謂賈瓊等曰：「諸生何樂？」賈瓊曰：「樂閑居。」子曰：「静以思道可矣。」予覽之，信以爲然。

文中子謂房玄齡曰：「好成者敗之本也，願廣者狹之道也。」予覽此，因思《陰符經》云：「生者死之根。」老子云：「福兮禍所伏。」殆相類乎？自然之理也。

文中子《中説》云：「賈瓊曰：『甚矣天下之知子也。』子曰：『爾願知乎哉？姑修焉，天將知之，而況於人乎？』」予覽此，因自言云：予所修，唯願天知，不願人知也。

文中子曰：「廣仁益智，莫善於問，乘事演道，莫善於對。非明君孰能廣問乎？非達臣孰能專對乎？其可因旨引類，鈎深致遠，無不終乎鼂、董、公孫之對。洋洋乎其對之宗乎，其得王道之綱乎。」予覽此，乃知遠祖西漢大夫公，其才智之大，已經文中子盛稱之矣。

《周易·繫辭》云：「精氣爲物。」老子《道經》云：「恍兮惚，其中有物。窈兮冥，其中有精。」噫，精物兩字，孔老二氏言之矣，此乃妙用之本體也，而釋氏但謂之實相，而復教人不取於相，是故人倫不能窮其理，鬼神不能見其迹也。

唐權文公《二疎贊》有句云：「優游衡門，棲息化源。日飲醇酎，身閑道尊。」予愛其文美，其事然，而猶是處世之事也。予重出世之事，因而同韻别爲四句，以擬象之，述己意云：「觀光妙門，探奥真源。日味禪悦，情忘志存。」

文中子燕居，董常、真宗廟諱，權改爲常。竇威侍。子曰：「常也謂董生也其殆乎坐忘，静不證理而足用焉，思則或妙。」予詳此説，因知董生幾乎知出世之道也，而云静不證理者，言其行未至，未得其所應耳。佛書《勝思惟經》有語云：「繫念住一處，名爲具足禪定心。」蓋明入道之法，必以坐忘爲始。坐忘即繫念住一處之類也，故云足用焉。其於發慧遲速，各由力致之分限。又云思則或妙者，此欲其窮理盡性而入於神，不欲其沉空住寂而已矣。予所億度，自證而已。

出世之道，極于寂照。寂雖固，不可著空以實無；照雖明，不可取相而涉有。妙理如是，不亦難乎。

東教之士多笑迦談，予非迦談不盡其意，如見由基射徹札，似得麻姑痒處抓是也。

老年所學心法，隨時隨處，且依觀音菩薩，聞其音聲而得解脱，又依數息頭陀，抖擻煩惱，歸于涅槃。此皆己所了知，不能委細而説。

夫智人安而利之及于國，及于天下，斯固難者，而止及于身，及于家，亦鮮矣。

文中子曰：「疑滯者智之蟄，忿憾者仁之膧，纖悋者義之蠹。」予覽之，深重其言，堪爲鑒戒。

文中子曰：「吾不仕，故成業。」予因自思之，不致仕無以成其味道之志。古今賢愚雖異，其理一也。

文中子曰：「君子不貴得位。」予覽此，因原其意，而繼之以言曰：「君子貴乎得道。」

文中子《中説》云，賈瓊曰：「德不在年，道不在位。」予因而言之，夫青衿之子，性或幼敏，不可以童蒙小之也；白衣之士，志或高簡，不可以布素輕之也。

文中子曰：「以靜失之者寡矣。」予詳此語，有似孔子曰：「以約失之者鮮矣。」予謂靜也非止寡失，亦可學道而有得也。

或問道之説，文中子曰：「泯其迹，絶其心，然可以神會，難以事求，吾不知其説。」曰：「敢問其旨。」子曰：「非禮勿言，非禮勿動，非禮勿視，非禮勿聽。」或曰：「此仁者之目也。」子曰：「道在其中矣。」予詳此説，大約古聖之教，名言則異，而體用同也。文中子所陳，雖非内典之文，而其理暗合，故云「吾不知其説」，而但引言動視聽必以理者，此如釋氏之戒，戒生定，定生慧，其勢必然，故曰「道在其中」矣。

前言有云得全於詩者、得全於酒者，予亦自謂得全於道腴、法喜、禪悦之味也。

文中子曰：「智者樂，其存物之所爲乎？仁者壽，其忘我之所爲乎？」予詳此説，推演仲尼之意也。《論語》云「智者樂」，鄭曰：「智者自役，得其志，故樂。」「仁者壽」，包曰：「性靜者多壽考。」竊謂斯言隱微，非夫嗜欲淺，志趣遠，不能知而明之也。苟當公論，不讓於師可也。予以爲「存物」是得理性之深者也，《易》家人卦《象》曰：「言有物而行有常。」此云「存物」，是此「有物」之類也。得此理性之深者，自然得志而樂矣。又以爲「忘我」是去封累之至者也，《論語》云：「無固無我。」此云「忘我」，是此「無我」之類也。去此封累之至者，自然性靜而壽考矣。

予頗好觀書立言，常在真理而暢悦。迨及耋耄之歲【二】，退處恬愉而輕安，所以信其果驗而申明之也。

文中子謂顔延之、王儉、任昉有君子之心焉，其文約以則。予又云：古之文也約而達，今之文也繁而塞。噫！予也何人，晚歲爲文，唯求簡當。

學妙道者，若有智明、行果、志堅、福會，悉備臻極，何勝如之！予嘗屢言，意深所及。

文中子之食，去生與冷，酸鹹必適。果菜非其時不食，曰：「非天之道也。」非其土不食，曰：「非地之道也。」餌藥必輔性命者，曰：「吾無他疾也。」予詳此説，非唯立教，亦善攝生，大約與《論語》相類。予心所至，多涉於此，豈非宿習之然乎？

芮城府君起家，召爲御史，將行，謂文中子曰：「何以贈我？」子曰：「清而無介，直

【二】迨及耋耄之歲　「迨」字原脱，據四庫本補。

而無執。」曰：「何以加焉？」文中子曰：「太和爲之表，至心爲之内，行之以恭，守之以道。」予詳此説，曲盡其妙。常見世有拔俗者，清而多介，直而多執。先生之言至矣哉。

文中子曰：「中和之爲德盛矣，我未見體之而樂也。」子曰：「訾過而好怒，唯利是得，愚矣哉。」子曰：「我未見仁而好利者也。」子曰：「好忿嗜利，愛名詭利【三】，小人哉。」予詳此説，因而省己，有所樂，有所懲，有所勸。是故取而書之，以爲己法。

文中子曰：「輕譽苟毁，好憎尚怒，小人哉。」予詳此説，意亦同上，垂訓深切，謹書諸紳。

文中子謂薛收善接小人，遠而不疎，近而不狎。予詳此説，子之知人甚精，收之接物甚妙。竊以爲接君子易，接小人難，收於難能而能也。善接小人，是謂明哲之深者矣。俗語云「畏虎不畏佛」，倣此【四】。

文中子不相形，不禱疾，不卜非義。予雖愚，亦如此。

上所録薛收善接小人，予雖言其接物甚妙，而言不盡意。夫不善接君子，止有過，不善接小人，必有禍。《蜀志》關羽、張飛之事可知矣。

仲長子光曰：子光字不耀，《元和姓纂》有姓仲長。「在險而運奇，不若宅中而無爲。」文中子以爲知言也。予愛之重之，因而曲解文中子所云知言者，蓋謂知道之言也。

文中子曰：「其名彌消，其德彌長，其身彌退，其道彌進，古之人其知之矣。」予詳此

【三】愛名詭利　「詭」字原脱，據四庫本補，胡珽校趙本作「尚」。

【四】倣此　胡珽校：趙本「倣」作「似」。

理固難得知，所以傷今而思古，然而焉知來者不如今也。

文中子謂北山黄公善醫，先寢膳而後針藥；　汾陰侯生善筮，先人事而後爲卦説。予服先生精鑒無不及，兼明事理本末，垂爲教也。

洞澈天真之靈，廓然虚明；　陶融太和之氣，薰然茂遂。于兹有得，孰曰無修。

虞世基使謂文中子曰：「盍仕乎？」子見其使者曰：「通也適有風疴之疾，不暇也。」飲其使者，歌《小明》而送之。世基聞之曰：「吾徒特遊矰繳之下，亦怨乎？若夫子，飛冥冥矣。」予詳此説，有以見先生高尚不仕，宿素能然。所歌之詩，以表其志。《小明》者，《小雅》之詩，其序云：「小明，大夫悔仕於亂世也。」噫，予仰先生越世清塵，邈不可及，而且自喜，歷仕重熙之世，引年而退，不失其正，抑又次焉。比夫傴僂入金門者，幸無深愧耳。然而先生曠達，無所顧避，歌詩致意，亦涉危言刺譏，失於韜晦，予所慎也。

予志於無上妙道久矣，桑榆之光浸暮，金石之誠尤固。必冀天從善願，神介景福，盡此報身之數，不失勝緣之會。是所禱也，其可退乎？

吾今退身居靜境，收心入靜境，餘無所求。唯願道應至妙，止之以吉祥；　神聽至靈，介之以景福。勝緣畢會，何樂如之。

明哲保身，大雅也。聞勤行道，上士也。二者備矣，不亦善乎？予殆庶幾，留心於此。

《韓詩外傳》云：「凡草木花多五出，雪花獨六出。」予之所居有迎春花、桃花，因閑觀之，二花多五出，亦有六七出者，百中之一爾。譬如千萬人中，或有一人生六指。物理如此，不足怪，莊子云「枝指」是也。萬一有反常之事，固當無執定之理。

曲士有三執著，謂意、言、事三者，於迷中成滯固；達人有二脱灑，謂身、心二者，於悟中免拘繫。上智當默識，吾不能縷述之也。

白氏集中有詩題云《期李二十文略、王十八質夫不至，獨宿仙遊寺》，其詩云：「文略也從牽吏役，質夫何故戀囂塵。始知解愛山中宿，千萬人中無一人。」予詳詩意，此猶言外境之清勝者，而更有内境之清勝者，因而擬之【五】，别爲四句詩云：「角勝勞生不足云，濫傳僧語亦非真。始知解愛禪中樂，萬萬人中無一人。」

予嘗究觀人倫，大槩夢本緣想，夢是想之幻化，固無窮極。予嘗患未能豁然無想，所以未到恬然無夢。又謂言本析理，言亦理之幻化，亦無窮極。常患未能冥然契理，所以未到默然無言。予今有此二病，若得二病俱瘳，晁氏之叟其殆庶幾乎？

《西漢書》贊略有云：「世稱張湯陷嚴助，石顯譖捐之。察其行迹，嚴、賈出入禁門，招權利，死皆其所也，亦何排陷之恨哉？」予嘗披詳本傳，此謂嚴助、賈捐之也。助事武帝，爲中大夫，在左右，與大臣辯論。因使淮南，與王相結而還。後淮南王來朝，厚賂遺助，交私論議。及王反，事與助相連。上欲勿誅，而廷尉張湯爭以爲「助出入禁門，腹心

【五】因而擬之　「因」原作「用」，據胡珽校趙本改。

之臣，而外與諸侯交私，如此不誅，後不可治」，助遂棄市。元帝時，捐之上疏言得失，召待詔金馬門，數召見，言多納用。時中書令石顯用事，捐之數短顯，以故不得官。後稀復見，捐之乃與長安令楊興共議，爲奏更相延薦，欲以興爲京兆尹，捐之爲尚書令。石顯聞知，白之上，乃下興、捐之獄，令顯推治，而捐之坐棄市，興減死髡鉗，爲城旦。予因究觀人事，不必當鈞軸，凡居待問之列，不以才之能否、行之淑慝，已涉危疑之地矣。雖存誠守正，猶有忌克而誣謗者焉，而況嚴、賈或過貪重賂，結諸侯而無嫌；或交締僞情，恃抗言之有力，所云「招權利」者，蓋謂此也。「死皆其所」，抑亦信然。是知禍福之來，先宜自考履祥，不當但委天命。

合身、心、息三者，凝然之相，强名曰不動尊；聞金、泉、蟬三者，自然之聲，强名曰内觀音。吾無師智，獲此法印，混而爲一，用之不匱。

白樂天有詩云：「心不擇時適，足不揀地安。窮通與遠近，一貫無兩端。」予愛其語，因而擬之，别爲四句以述己意云：「心不擇時息，書不擇時觀。達理意無礙，豁如天地寬。」

分段之身非大身也，起滅之心非本心也。知此身心者幾何人哉？未有證之者也。

予嘗靜思獨斷，欲求無上菩提，須學無生法忍。夫無上菩提次第之理，不離觀也、慧也、照也，無生法忍次第之理，不離止也、定也、寂也。凡諸曲士，多笑迦談，若不迦談，何由到此？

《孟子》曰：「養心莫善於寡欲，雖有不存焉者寡矣。」趙氏注云：「雖有少欲而亡者，謂遭橫暴，若單豹卧深山而遇飢虎之類，然而寡少也。」又章指言：「清淨寡欲，德之高者。」予愛此説，録而斷之，舉一類諸，其理皆爾。智者推究，不必條陳。

入道從權，當依佛事。衆人禮念歸有相，智人禮念歸無相。知須自知，説則煩説。

無思之心、若存之息、自然之音，三者相合，凝而融之，用爲法印，得寶多矣。

《寶積經》云：「於一刹那，盡一切相，及諸所緣，故得名忍。」又《楞伽阿跋多羅寶經》云：「一切法譬如電光，刹那頃現，現已即滅。」予因檢證刹那之理，如電光睒爍之頃也。今詳此《寶積經》文之意，但於至少時間，止息心之妄緣，猶可名爲法忍，而況如此息念，時日增多，其資勝利可知矣。是故唐太原李逸人作《華嚴合經論》有云：「一念相應一念佛，一日相應一日佛。」予以考求經論，重重相照，不覺私喜，彌加策勵。雖造次顛沛之際，自願力學正念之法，必有所濟耳，洞曉古聖賢善誘之仁也。《金剛經》云：「有持戒修福者，於此章句能生信心，當知是人不於一佛、二佛、三四五佛而種善根，已於無量千萬佛所種諸善根。」予自此方於此法門宿有至心，抑亦知其歷劫以來，不於一二三四五刹那時而歸正念，已於無量千萬刹那時歸於正念矣。不然者，何以自壯及老，志於道也愈切？安可自輕自棄哉！

博覽智可以資見性，内見自然之理；靜居力可以資聞性，反聞自然之音。二者交濟，伊予所得。

白氏集中有詩題云《題贈定光上人》，其詩云：「二十身出家，四十心離塵。得徑入大道，乘此不退輪。一坐十五年，林下秋復春。春花與秋氣，不感無情人。我來如有悟，潛以心照身。誤落聞見中，憂喜傷形神。安得遺耳目，冥然反天真。」予愛此詩，因而别作七言八句，述己意云：「孟子四十心不動，定光四十心離塵。我到明年加一倍，如何此際尚因循。已喜自逃名宦網，猶患長隨造化鈞。記得前賢有詩句，祖師元是世間人。」

四威儀中，一刹那頃，得心法無住之住，猶爲妙用，而況習熟時多，理可知也。江南才子潘佑有詞句云：「凝神入混沌。」浙中詩僧貫休有詞句云：「融神出空寂。」予愛其語，該涉道釋，凝融出入之理。因而采取，相合書之。

自定純修之法：但於一切時中，隨其辦及，止習無住之住足矣。《金剛經》云「應生無所住心」是也。僧肇五論有云：「聖人之心住，無所住其住。」解云：「安住無爲，名之爲住。住無方所，故名無住。」《六祖壇經》云：「我此法門，無住爲本。」《坐忘論樞翼》云：「不依一物而心常住。」如此之類，不可具舉【六】，佩爲密印，何煩别求。

觀一切境順違無不空，勿失無礙法；於一切時閑忙無不可，勿失無念法。協用堅久，吾事濟矣。

【六】不可具舉　「可」原作「予」，據四庫本改。

予以無師智，自明無上道，以觀練薰修之心，入正真圓妙之覺。其名有四，意分次第。夫洞分至理，不入邪見，名曰正覺；靈徹而見，名曰真覺；覺之大成，無所不備，名曰圓覺。此覺以其馴致臻極，所云等覺者是也。等覺之上，名曰妙覺，即本覺也。此覺之理，盡性之處，其上更無一法，故曰無上道也。

陸龜蒙《復友生論文書》有云：「僕少不攻文章，讀古聖人書，誦其言，思行其道，而未得者也。每涵咀義味，獨坐日昃【七】，案上一杯藜羹，如五鼎七牢饋於左右。加之以撞金石，萬羽籥也。」予以讀經妙趣，得法喜之味，又以習靜靈應，聞天籟之音，其爲殊勝超彼，自樂尤深也。

動則臨文求理，任意記忘，無固必；靜則冥心息念，隨時多少，無固必。日復一日，不期符應。

古人有欲碎其首，爲保連城璧，伊予却愛熟其心，令如百鍊金。較量得失何如哉？唐醉吟先生有詩，斷句云：「歸去卧雲人，謀身計非誤。」又有詩，斷句云：「回首語秋光，東來應不錯。」人謂先生率爾成章，予謂先生的然有理。

予年臻耄耋，而所好之學，益務精至深遠。竊謂抗志肥遯【八】，不嬰矰繳之累，故曰冥鴻；演道合變，不挂名迹之網，故曰猶龍；出世無敵，不屬造化之鈞，故曰大雄。冥鴻，賢人之狀也；猶龍，聖人之狀也；大雄，神人之狀也。予皆愛之重之，略述形容，而

【七】獨坐日昃　「昃」原作「昊」，據四庫本改。

【八】竊謂抗志肥遯　「抗」原作「杭」，據胡珽校趙本、四庫本改。

言不盡意者也。

太宗朝端拱年，予偶與進士劉安國同舟出京師。安國酷愛庾信《哀江南賦》，是時凌晨舟行，高聲誦之，自言每誦此賦，雖日旰未食而不飢。予亦素曾披覽，美其雄富。晚歲之學，志趣高邈，因追思安國好此賦者，以其詞氣鼓動，快哉愜心而已矣。不知前賢評品有云：「南朝徐庾體，乃是風雅之變，而流宕之勝者也。」昔予方壯，樂遊文苑之洪麗，今老矣，唯於微言妙道，回向深切。文章中有白樂天《求玄珠賦》、高邁《長明燈頌》、一宿覺《證道歌》，每一讀誦，非但忘飢，有如食其品膳，侑以國樂。比較安國所好，類乎野人美芹，以爲至味也。

予嘗汎覽羣書及諸文章，内有潛心、游心、棲心、息心，如此字者，頗愛重之。唯願潛心、游心常在於覺海，棲心、息心不離於禪林，亦如池魚、籠鳥有江湖、山藪之思也。

我之讀《易》，唯變所適，取其文句，恢爲法門。剛健中正，可閑邪以成定；窮理盡性，可鈎深以成慧。言外得意，有何不可？

定力如天，慧用如日月。日月得天而能久照，慧用得定力而能盡妙。吾何以知厥理之然哉，以此。

晉時孫登答嵇康之問，有説云：「火用其光，人用其才。用光在乎得薪，所以保其耀；用才在乎識真，所以全其年。今子才多識寡，難乎免於今之世矣。」予因之演暢而言云：才識兼備，可以爲佐時之器；定慧均濟，可以辦出世之事。

予憶少年日，嘗見凡人中有及耆艾之年者，遇壯夫發怒侵凌，而能不答，且曰：「我昔年似汝少壯時，必不奉容，今則不能也。」予因思之，凡夫年長，猶善改往，而況吾徒太老矣，深究内典，或對不順之境，比彼耆艾忍事，得不加其一等乎？

予能諦觀古人、今人心之情，又得處世、出世法之髓。非謂如目前掌中物盡見之，但知其理必然也。

大耳三藏不能知慧忠國師最後之心者，蓋以前心是有念妄心，動而有迹，故可知之，後心是無念真心，止而無迹，故不可知之。夫有念心如物象，可思量也，無念心如虚空，不可思量也。

吾謂知出世之法者，合大喜，合力行。觀世間法無以比，而未見有大喜力行與我同者。

吾今自思所得者，已得經論智，又得因緣會。若除瞋恚鬩，更除疑悔蓋。未及道超升，且致心恬泰。

或問予閑居何樂，予對曰：條暢太和之氣，適悦天真之味，研覃微密之言，依游上妙之道，以此爲樂，此外之樂則不知也。

予自微細揣摩，己之三毒，貪、癡殆盡矣，唯有餘瞋未殄。故宗尚《老子》之日損，《周易》之懲忿，立言自規者多矣。偶看《圓覺道場修證儀》第十三第二十葉有注云：「一念瞋起，具八萬障門。」因思己漸老矣，而於去瞋之法，尤宜力行。又看《維摩經》之初《佛國品》，列五十二菩薩名號，内有喜根菩薩，什公注云：「於實相法中生喜及隨喜也。」又有喜王菩薩，什公又注云：「清淨喜，故言王也。」予謂習喜成性，是菩薩行。《修證儀》又説得經論智，是入初地。予於内典詳覽已多，既得經論智，若持歡喜行，可以竊名歡喜地也。習之成熟，非徒懲忿，亦足銷憂矣。

祥瑞冠五靈之首，唯有獨角之麟【九】；奇特冠五行之秀【一〇】，唯有獨覺之人。彼上人者，不可多得。

高邁作《寶融寺經藏院所置長明燈頌》，據序中説，其燈以鐵盆盛膏，而序之語句其略云：「佛有燃燈名，法有傳燈義，長明燈是其藴乎？日中則昃，昃則没，長明燈不没；月滿則虧，虧則盡，長明燈不盡。四維上下，虚空不可思量，長明燈功德亦復如是。邁願銘頌之數年間，迫賤事，未致鄙思。一朝忽染目疾，瞢瞢然不自審從何得之也。會夜夢神人，謂邁曰：『子於長明燈不有負乎？』邁應聲而寤，寤而起，起而作頌，明日而目愈。」予謂長明燈以喻佛法，即《維摩經》中無盡燈是也。無盡燈以法喻燈，長明燈以燈喻法。予奇其説，以邁踐言補過之速有如此者，靈應疾愈之速又有如此者，可以警勸信士，存至誠，結勝緣耳。因而采述，入於法録。

【九】唯有獨角之麟　「角」原作「覺」，據胡珽校趙本改。

【一〇】奇特冠五行之秀　「特」原作「持」，據胡珽校趙本改。

事以理遣，明而深，可以爲慧用；心以道寧，純而固，可以爲定力。久於相濟，何有不臧。

予已自定純修之法，録之於前，自爲無住法門。今又見《寶積經》中所説：「菩薩安住無所住之念，非憶非忘所安住念，即名法界。」予詳之，冥契前法，重增忻慰，而思策勵也。

予得理性之髓而形於言曰：破幻妄而見精真，習虚静而成寂照，從簡盡妙，立法存誠。

冥心静慮之學深，逆計追思之念息，二者不失，何勝如之？我願書紳，常爲己法。《大般若經》第三百八十四内有語云：「名是分別妄想所起，亦是衆緣和合假立。」予因此語，究觀人世之事，灼然如此，彌重教法精深。苟能知之而大決了，何有休戚之心乎【一二】？

予今知足寡欲，既合人天之業；觀書弄翰，又得經論之智。私喜緣熟，固非自矜。究彼前聞，勇於獨斷。身非己有，是天地之委形；性命非己有，是天地之委順。姑務乎心靈靈而不昧，息緜緜而若存，何必尋師，然後爲學。

真歸伏處，竊仰天人師；學而知之，粗得經論智。油然法喜，與日增新。

予知法要，不離定慧。定可定，非常定，是對境不動之定，非用力制之之定；慧可

【一二】何有休戚之心乎　「休」原作「木」，據胡珽校趙本、四庫本改。

慧，非常慧，是見性不迷之慧，非役心求之之慧。學定慧者，當如是解。

《景德傳燈録》第二十六内，説杭州報恩光教寺通辨明達禪師紹安，上堂有語曰：「一句染神，萬劫不朽。」予愛其法語，因自推而演之云：夫真學之流，得第一義諦，薰修浸漬，貫心達性，是人不可惑之智，至信至悟，不可奪之志，至堅至固，自然生生世世無復忘失矣。予先密訪，契勘屢同，亦既融怡，彌資策勵。

直上一路，絶妙一句，罕有知者。苟有知者，若能御三清淨輪，入三解脱門，此勝因緣，不是小事。

華嚴法界其用也，神妙無窮；圓覺道場其體也，凝虚不動。言意及此，誰與我同。

《南史》何點字子皙，性隱退，而名重當時。齊豫章王曾命駕造焉，點從後門遁去。竟陵王子良聞之曰：「豫章王尚望塵不及，吾當希岫息心也。」後於法輪寺遇之，子良忻説不已。予美其事，因成文句云：「望風懷想，雖仰於清塵；希岫息心，慮煩於高德。」

事君有二心，不可爲忠臣；事佛有二心，不可爲法器。唯當一心於忠，一心於法是也。

吾今退居養老，隨分充足。寬床穩枕以便支體，清心靜慮以養神氣，如斯可矣。誰能委細分别禪機、道法，以自煩乎？

佛書《法華經》説安樂之行，道書《莊子》有恬愉之言，其理同出而異名，本乎心者也。

然而不住于相，方爲盡妙。非止此法，他皆倣此。

世間法禍機忽發之甚者，聞有甘露事；出世間法妙藴難闚之深者，聞有甘露門。可畏可愛，無大於此，上智之人，洞然明了。

正其定心，北辰之不動；均其慧照，南日之方中。妙覺之尊，體用如是。

宋宗炳字少文，常遊名山，老疾還江陵，歎曰：「老疾俱至，名山恐難遍覩。唯澄懷觀道，卧以遊之。」凡所遊履，皆圖之於室。予覽之，愛其雅趣【一二】。自謂登山臨水，固不能然，澄懷觀道，庶乎可及。

晝觀良書，采微妙之言，而窮理盡性；夜習宴坐，入凝寂之道，而澄神定靈。伊予晚節，未爲虚過。

晉隗炤善於《易》，臨終書版授其妻曰：「吾亡後【一三】，當大荒窮。雖然，慎勿賣宅。却後五年春，當有詔使姓龔，來頓此亭。此人負吾金，以此版往責之。」炤亡後，其家大困乏，欲賣宅，憶夫言輒止。至期，果有龔使者止亭中，妻遂齎版往責之。使者初惘然不知所以，沉吟良久而悟，謂曰：「賢夫何善？」妻曰：「善於《易》，而未曾爲人卜也。」使者曰：「噫，可知矣。」乃命取蓍筮之，卦成，撫掌而歎曰：「妙哉隗生，含明隱迹，可謂鏡窮達而洞吉凶者也。吾不負金，賢夫自有金耳。知亡後當窮困，故藏金以待太平。所以不告兒婦者，恐金盡而困無已也。知吾善《易》，故書版以寄意。金有五百斤，盛以青甕，覆

【一二】愛其雅趣　「其」原作「見」，據胡珽校趙本改。

【一三】吾亡後　「亡」原作「忘」，據胡珽校趙本改。

以銅柈，埋在堂屋東頭，去壁一丈，入地九尺。」妻還掘之，皆如卜焉。予覽此而歎隗、龔《易》卜，精至有如此者，而隗生未嘗爲人卜。因思此藝，若中人以上學之，則入正真，彼妙道可致；中人以下學之，則入邪僞，唯姦利是取。夫卜筮之流，如隗炤、龔使者及嚴君平者，幾何人哉？而又知事有前定之理，人有預知之理，此乃數術有爲之法，學之精深，猶能神異，而況禪觀無爲之法，苟能盡妙，何以比方乎？

忘情之心不住於相，如湯消冰，冰湯俱盡，無可分別；觸境之心未能不動，如響應聲，即應即止，無復有餘。二法詳熟，妙用足矣。

白樂天詩云：「昨日制書臨郡縣，不該愚谷醉鄉人。」予謂此語自述其情，而於愚谷醉鄉，理有未盡，因而别作二十字推演其意云：「貌愚愚谷邃，道醉醉鄉春。愚醉無迷謬，伊予意又新。」

前賢有以樽長空、飯不足形於詠歎者，予則不然，但醉道飽德，亦自充足。此則味外之味也。

每覽前輩詞章，予心愜當者，必采而書之。有句云：「凝神入混沌。」予以爲學道之初，從宴息也。又有句云：「融神出空寂。」予以爲學道之成，得自在也。枚卜同人，未遇知者。

布武輕安，反聞清警。益新經論之智，密奉天人之師。絶其交遊，老於禪觀。怡然自得，夫復何言。

一簞一瓢，顔子不改其樂；　一丘一壑，莊子不易其樂。去五鼎而食，豐屋而居，果得勝兹樂乎？

李華作《荆州南泉故蘭若和尚慧真塔碑文》中語云：「有問師修行功德遠近，答曰：『滴水下岩，則知朝海。』」予因而自悟，但能刹那際冥心半銖，亦是古先生善入無爲之法，隱君子歸根復命之道。積習經久，不止不退，自然有臻極之理。

予以開悟於法觸，如灌頂沃心；　佩服其妙言，若銘肌鏤骨。諦思所習，寧無自慶？見外境而迷者，繼踵競進，居怨府，蹈畏途，觸禍機，懵然不知；　見内境而悟者，拂衣獨往，躋壽域，棲天真，養太和，翛然自得。高卑敻絶，何啻霄壤。

義學、禪學，理須兼備。非義學何以開其智，非禪學何以成其行？予之趣向，立志如此。

《史記》孔子謂老子「其猶龍耶」，《寶積經》謂佛爲龍中之大龍。予思聖功神化，有以見其彌高矣。

唐李華作《故中岳禪師常越塔記》，首句云：「智之深者反照，人之大者無思。」予愛重其語，深入法門，欲援證據，觸類滋廣，今聊舉一端而已。前言有云：阿難多聞總持，積歲不登聖果；　息緣反照，暫時即證無生。予謂止引此一事明之足矣，然而不離止觀二法。息緣即止也，反照即觀也。凡夫之心終日趣外，逾遠逾背，唯反照者向真合覺，至簡至速者也。所云「無思」，即無生也。前言又有云：若能忍者，即名爲有力大人。予謂反照無思者，亦可名爲深智大人矣。

校勘記

卷七

《禪源都序》上卷有語云：「性如虚空，不增不減，何假添補？但隨時隨處，息業養神，聖胎增長顯發，自然神妙。此即是爲真悟、真修、真證也。」予愛此語簡要純備，追思己所立言，多合此意。

予自耆而耋，習靜不已。或於夜坐，刹那見光，及聞靈響，愈覺清徹。後看《維摩經》云：「有以菩提樹而作佛事。」僧肇注云：「佛於下成道，樹名菩提。此樹光無不照，香無不薰，形色微妙，隨所好而見。樹出法音，隨所好而聞。此如來報應樹也，衆生過者，自然悟道。」又看《楞嚴經》説二禪界分，有光音天。因思二經所陳菩提樹、光音天，於我猶爲外境，而況己所見聞，以作佛事，法喜殊勝亦可知矣。乃述五言六句偈，以自讚歎云：身是菩提樹，名合光音天。如斯妙吉祥，信爲希有事。我無取相心，豈非善境界。

李白《廬山東林寺夜懷》詩有句云：「宴坐寂不動，大千入毫髮。」潘佑《獨坐》詩有句云：「凝神入混沌，萬法成虚空。」予愛二才子吐辭精敏之力等，入道深密之狀同，合而書之，聊資己用。

有客謂予曰：「先生塊居一畝之宫，不延三徑之客，何以銷日，何以資道？」予對曰：「非不欲師友名德，而異趣寡合，不逢投分者耳。況乎出世之法，人罕樂欲，獨覺孤進，古今常然。譬如大鵬怒飛，寧求於接翼；獨象無侶，豈惜於離羣哉？」客笑而無答，須臾告退。

佛書云：「一切分別，無非障礙。」予因續爲二句，以廣其意云：「一切尋思，亦復如是。」

吾思心要，但於四威儀中，一刹那際，常令自心正而一，安而虚，靜而明，亦足爲法利，而況久習，理可知矣。

予讀《列子》之書，見兩科之説。其一云：「齊人有清旦入市，見所鬻之金，攫之而去者。志在取金，不見人也。」又其一云：「愚公欲平所居之山，約以子孫相承，平而後已。心之至也，感神動天。天帝率神力以移之。」予詳所説，雖知寓言，而皆以立意爲本，可資入道之法。據世間之理，則金不可取，山不可平，因而別得出世新意，若以此取金之果決，不見衆人之所非，以此平山之志願，不見衆人之所艱，求無上道，世世不退，豈有不成者乎？

識心達本，貫微妙以精深；　息業養神，守靜安而堅固。但無違失，勿用希求。

《晉書》陸機、陸雲傳後詞，其略有云：「銜美非所，罕有常安。韜奇擇居，故能全性。觀機、雲之行己也，智不逮言。自以智足安時，才堪佐命，不知運鍾方否，而奮力危邦。生在己而難長，死因人而易促，覆宗絶祀，良可悲夫。」予覽諸書，再見垂爲規戒者，未嘗不濟之以言。噫，老子云：「名與身孰親。」苟有務貪虚名，而害身及族者，吾弗與也。

究觀法門，中道不可落於二邊。偏宗於頓，則有鹵莽滅裂，失勝進之方便也；偏宗於漸，則有繁瑣滯固，失直造之穎利也。唯上根圓智之士，自能和會決擇而用之耳【一】。定慧之理，吾今直言，譬如明珠在盤，盤不動而珠光圓照，滿月臨沼，沼既澄而月影洞分。體此存心，何勞問法。

高測《韻對》第一内有云，晉張澄將葬其父，郭璞爲占墓地曰：「葬某處，年過百歲，位至三司，而子孫不蕃；於某處，年減半，位纔卿校，而累代貴盛。」澄乃葬其年減處，後位至光禄勳，年六十四，而子孫果昌焉。予素不好雜學，偶看此説，乃知葬師學世間之法，精妙者猶能如此，若有禪師學出世之法，能精妙者，殊勝可知矣。又見古人之意，有以子孫蕃昌最爲盛事，而且不獨擅其福應，務在慶流後嗣，仁德之至者也。予因自思，見爲太子少保致仕，今歲七十有九，自覺康寧，而資用粗充。即今子孫十七人，咸有肯堂之材，子四人并升朝列，諸孫十三人，十人已爲京官，延蔭及弟、姪、姪孫，不遑具載。超於晉張澄遠矣，於今之世亦無有其比者。自身及族，各奉名教，而積善之報，未易可量，其天幸也如此，云何不樂？

予深知法要，合空假二觀爲中道觀，超動静二相爲大寂相【二】。予能言之，而未

【一】自能和會決擇而用之耳　「決」原作「法」，據胡珽校趙本改。

【二】超動静二相爲大寂相　「超」原作「起」，據胡珽校趙本改。

能至。

予好道之心，老而彌壯，觀練深熟，決定有理。觀之深，則出世法洞見源底；練之熟，則世間法無所障礙。言不可及，唯自了知。

予之退居養老，務在安其身，遂其性，成其進道之志。此外悠悠，不復分別也。會佛法者，當存真體用，如待真花結真果。若立妄能所，如欲假花結真果，其理如此。吾所了知者，無爲之事、無生之法、無住之相、不測之神、不空之真、不動之尊，若是而已。

西漢丞相王嘉，屢上封事於哀帝，有斥言嬖倖之事，切直忤旨，終致召詣詔獄。相府掾史涕泣，共和藥進嘉，主簿曰：「將相不對理，陳冤相踵以爲故事。君侯宜引決。」嘉不從，而繫獄二十餘日，不食，歐血而死。噫！由是觀之，則知士有高蹈物表，不嬰世網者，安可不以爲貴乎？

揚子《法言》有《問神篇》云，或問，神答曰：「潛天而天，潛地而地，天地神明而不測者也。心之潛也，猶將測之，況於人乎？況於事倫乎？」有注云：「測于天地之情者，潛之乎心也。心測乎天地之情，則入乎神矣。」予今覽之，而自得法意。因思潛者，謂心游其間也。予早年潛心於物情，見其理已多矣。晚歲潛心於道奥，惟精惟一，期有所至，必不枉其存誠也。

外順虛緣，俾無結閡； 内觀實相，期于混冥。 有洞曉於斯言，可精修於妙道。

晉張翰任心自適，或謂之曰：「卿縱適一時，獨不爲身後名耶？」答曰：「使我有身後名，不如即時一杯酒。」又梁吴規頗有才學，邵陵王綸引爲賓客，深相禮遇。時張纘出鎮湘州，王餞之於南浦，見規在坐，意甚不平，忽舉杯曰：「吴規，此酒慶汝得陪今宴。」規尋起還。其子翁孺見父不悦，氣結而卒。規恨纘慟男，俄而致死。規妻慟夫及子，翌日又亡。時人謂張纘一杯酒，殺吴氏三人。予詳覽二張事迹，皆因出意杯酒間，翰之曠達，自遂其性也如此，纘之輕傲，致害於人也如此。吴規之器小哉，可哀可咍。儒書云不見是而無悶，佛書云毁譽不動如須彌，規於此理大遠矣。其妻子情苦會集又如此，不知宿因何故也。因爲六句語，告諸大達之士云：「我許張翰一杯酒，不求千載空垂名。不許張纘一杯酒，害及三人俱喪生。如何合得酒中趣，洪量深深上智明。」

八元三傑，著名迹以無窮； 四皓七賢，逸身心而自得。同歸不了，知者難言。

悟精真之本一，入理彌深； 見幻化之皆空，觸境無礙。作是觀者，謂之聖人。

無戀亦無厭，始是逍遥人。此道書中意，行之稍易。無怨亦無親，始是平等法。此佛書意，行之甚難。

道家者流，姑務長生久視。夫處世之長生，不及出世之無生； 久視於外以勞幻身，不如反視於内以證法身。此雖迦談，而有真理。

道家者流所著方書，多以氣之作用爲事業，條陳洵鍊閉嚥之法【三】，煩於鼓動，頗涉有爲。內有一法，名曰委氣，蓋取委順之意。有説云：體和心平，神氣調暢，或委身於床，或兀然而坐，神識沉寂，心同大空。又有歌訣云：「欲知委氣妙，寂湛自無思。手足縱如醉，心神兀似癡。」予詳此説，最近無爲之理，因而類舉，自立三委三然之法。一曰委氣浩然，二曰委心恬然，三曰委命自然。恊用爲常，其妙備矣。智者可曉，不能剖精析微也。

老子曰：「不可得而親，不可得而踈。」其注云：「玄同無私，故不可得而親；汎然和衆，故不可得而踈。」予詳大意，此謂體道之人，其德如此。又別書中有説至德之人，亦有云「不可得而親，不可得而踈」。予以爲假此二句，而其理小異。不可得而親，謂其絶迹而高邈也；不可得而踈，謂人景仰而歸之也。

《華嚴奥旨》有語云「大止妙觀」，《摩訶止觀論》有語云「觀練薰修」，予愛「觀練」二字，今取而增之，自立一名，名曰明觀精練法門。觀謂觀照也，練謂練習也。觀照令其至明，練習令其至精，此法最爲簡妙。何謂也？夫佛書所説入道要切之理，小異大同，固難具引，予今和會宗旨，且約自心現量，徑直言之。當先觀照一切因緣所起之情，念念相續，了知生滅終空，然而未能觸境不動。次須用練習繼之，但以智斷，此皆是魔是賊，如夢如幻，視其過去便休，勿復追思是也。至於大運之事，不必虚憂，唯存根本寂靜微妙之體性。如此觀練，久於正定，其道成矣。在己分中，此乃以一御多，是爲百法之王也。

【三】條陳洵鍊閉嚥之法 「閉」原作「閑」，據胡珽校趙本、四庫本改。

唐賢筆語，有作名僧之碑，其首句云：「百億三昧，無非度門，於覺照中，而得自在。」予因此語，而乃簡徑獨斷，令人易曉。大凡種種方便之説，可爲入道法門，而成正定者，皆曰三昧是也。

揚子《法言》有《先知篇》，其篇目之下注云：「圖難於易，求大於細，爲之乎其未有，治之乎其未亂，如斯而已。」其文曰：「先知其幾於神乎？」其注云：「幾，近也。神以知來，探未兆也。逆識先知，追於神也。」文又曰：「敢問先知，曰：不知。」其注云：「答以不知者，神悟則先知，非問之所及。」文又曰：「知其道者其如視。」又其注云：「舉目便見。」予詳其説，此謂智斷而得之者，有如善射注物，十中八九。若以神徹而見之者，有如明鑑對物，無不洞分。

揚子《法言》十三篇，以《學行篇》爲始，《孝至篇》爲終。《學行篇》首句云：「學，行之上也，言之次也。」《孝至篇》首句云：「孝至矣乎？一言而該，聖人不加焉。」李軌、柳宗元注云：「夫學者，所以仁其性命之本【四】，本立而道生，是故冠乎衆篇之首。始於《學行》而終於《孝至》，始終之義、人倫之事畢矣。一言而孝，兼該百行，聖人無以加之，是至德也。」予覽此書，因知昔賢著述，蔚有深旨。蓋明士之所學，以能行爲上也；人之立德，以率孝居先也。予於觀書，非止務乎屬辭，而切貴乎求理矣。

予老矣，約己居常性習，自立一法，名曰交修動静無遺時法，決定總持。何謂也？動

【四】所以仁其性命之本　「仁」原作「行」，據胡珽校趙本改。

則觀書，求入道之智；靜則冥心，成息念之功。不拘晝夜、處所，無復廢時是也。其餘一切事之違順、身之苦樂，推爲大常之理，不以爲礙爾。

吾有三大法：一曰圓明觀，智之大者也；二曰堅剛斷，力之大者也；三曰馴柔幹，志之大者也。三大相承，歸無上道，何有不至者乎？

陳虞寄字次安，少篤行，造次必於仁厚。前後所居官，未曾至秩滿，便求解退，曰：「知足不辱。」予重古人有如此者，故采而書之，以其深知道家所忌。老子曰：「知足不辱。」又曰：「禍莫大於不知足。」是知過貪而不知足者，有辱有禍，自然之理，聖人之言不虛也。

《維摩經》云，毘耶離大城中有長者，名維摩詰，雖爲白衣，奉持沙門清淨律行，雖處居家，不著三界，亦有妻子，常修梵行，現有眷屬，常樂遠離。《圓覺道場修證儀》第十六云：「一切衆生，爲此無明，起諸愛結，役使驅馳，身心破裂。無明若滅，三界都盡，以是因緣，名出世人。」予因覽此，而和會獨斷之云：若有清信省事之人，明了家緣之繫縛，而誓願解釋，不必落髭髮，被儀制，已是在家出家者也；頓悟世情之迷執，而志趣超絶，不必具相好，現神異，已是在世出世者也。但其事有始終，理有淺深不同耳。

唐圭峰密公有言云：「外事、内身，了不相關。」予又覺氣質、心識亦不相關，自覺氣質年年減，心識年年增。何謂也？氣質屬外，非由己善能保守；心識屬内，則由己善能觀練。此必然之理也。

若得無戀無厭之道，逍遥以平其情，又得不生不滅之法，寂定以正其性，均濟純熟，何樂如之？

佛書中語有云「寂湛生光」，道家流語有云「虚明含元」，吾皆愛之，斯樂欲之所至也。我愛學蒙莊高情，師友造化，竺乾妙旨，澡練神明。雖未見功，必不成過。行有餘力，雍容藝文。

前言有云：「習禮之家，名爲聚訟。」予謂説禪之家，名爲起諍。夫禪觀之理，無言而自識者上也，無心而自得者上之又上也。

達凝明而是體，均觀練以爲功，勿取相而有求，當不期而自至。厥理如是，伊予了知。吾老矣，自爲入道精深之法二，而決定率從之。其一曰大明之智識，其二曰彌堅之志力。何謂也？大明之智識者，取權公之語云「一氣暫聚」，白公之語云「萬緣皆空」，用此破相而不昧；彌堅之志力者，取什公之語云「深入實相」，密公之語云「安住妙境」，用此復性而不退。二法均濟，殊勝第一，吾自知之而日用焉，未能爲人演説也。因復集書其句云：「一氣暫聚，萬緣皆空。深入實相，安住妙境。」上二句了達而無礙也，下二句修詣而無違也。

趣虚名之高者，萬萬皆然；入實相之深者，萬萬無一。知而言及，復何人哉？

前科所集古德四句語，以爲上二句大明之智識，下二句彌堅之志力。予思餘説未盡，今復追書補之。一氣暫聚，人空也；萬緣皆空，事空也。用此觀照焉。深入實相，勝進也；安住妙境，勝定也。用此總持焉。此一法簡妙備盡，無有出其閫域者，予當奉行。

外見一切有，而能空其有；内見一切法，而不有其法。内外不住相，根力日深固。虚融成寂照，理盡禪宗妙。立名曰《禪門簡要圓成偈》。

《莊子》有説假修混沌，《金剛經》有説真是菩薩，予謂去假就真，是爲要妙。

東晉庾闡嘗爲零陵太守，有《遊衡山》詩云：「北眺衡山道，南瞻五嶺末。寂坐抱虚恬，運目情四豁。翔虬凌九霄，陸鱗困濡沫。未體江湖遊，安識南溟濶。」予覽此詩，因見古人之意，懷虚静之趣以樂其内，賞清曠之境以獎其外。予愛而書之，抑亦自得。

吾嘗諦觀，大雅明哲之士，千百中無一二；大覺了達之士，億萬中無一二。或有一二，然猶得天機而涉淺，入聖域而未優。自視視他，喜與悲等。

予常愛唐賢白樂天有詩句云：「未得無生心，白頭亦爲夭。」及看《韻對》第四，有説宋蕭惠開嘗爲益州刺史，有所取求而不得，遂誣告其人訕毁朝政，先戮而後奏，孝武稱快。及明帝即位，惠開同四方反叛，後雖歸順，負釁不得志。每謂人曰：「人生不得行胸臆，雖百歲猶爲夭。」未幾，發病歐血，吐物如肺肝而死。因詳白、蕭二人之言，各歎人生心無所得，雖壽亦爲夭，而善惡智愚相背絶遠，何啻霄壤之殊也。

夫物我皆如，不見身相，空有兼遣，不染法塵。真學能然，方爲脱灑。

天機之淺者，以富貴功名爲第一；天機之深者，以志行理性爲第一。各從其好，兩不相妨。

予以深心樂欲，晚節彌堅，惜分寸光陰，常遊法苑，著百千章句，皆爲度門。此表存誠，固非伐德。

唐白樂天詩云：「自學坐禪休服藥，從他時復病沉沉。我身不欲全强健，强健多生人我心。」予嘗擬之，别作詩云：「自學養恬休用智，從他名迹日衰微。我身不欲全高貴，高貴多乘禍敗機。」

予塊處獨覺，因經論智，得無所得法，住無所住心。不可思，不可説，其理如此。何必羣居，然後爲學。

予看佛經，有説淨名居士深達實相，而又素聞竺乾先生善入無爲。予愛之重之，而願密盡至誠而奉之，從心法之要也。

智明無不周，處世之聖人也；神徹無不周，出世之聖人也。次聖有等，賢人也。背賢所趣，愚人也。

入道之法，隨用有説，因理著名。予究其極，皆須不取相，不留迹，方臻妙處。

吾讀易，愛「鈎深致遠」凡四字，而能適變爲用。吾當鋭無師智，鈎深以求法，又當馭不退輪，致遠以進道。有如此者，不亦樂乎？

予詳經論大意，若有云「我是凡夫，佛是聖人，豈可以凡夫之心，學聖人之事」，此名斷滅見。又有云「我心即佛，本無有異，何用更求佛果」，此名增上慢。唯有上智宏達之人，無此二邊障礙。

人能善避大權利，如避網羅檻穽，而行坦夷道路者，此名初修安樂行也。人能善避大嗜慾，如避圊溷湯火，而遊清涼園沼者，此名初入禪定門也。了達之士，必信必果。

以智慧眼見五蘊皆空，此名菩提；以方便力解六結盡散，此名解脱。既了然而知，永不迷也，即安然而住，永不動也，此名涅槃。其諸辯才、苦行，不能到此圓頓法門。

夫人質性挺特，建拔俗之標，志力堅深，有濟勝之具，可期出世，不當自輕。

無相之相，實相也，我思深入，而但未至；無聲之聲，希聲也，我喜獨聞，而將大和。世智不知，妙德自得。

《酉陽雜俎》云：「許州有一老僧，自四十夏已後，每寐熟，即喉聲如鼓簧，若成均節。許州伶人伺其寢，即譜其聲，按之絲竹，皆合古奏。僧覺，亦不自知。已二十餘年如此。」予因自思所聞靈響，清徹殊勝，因目之曰天簧，似合此理。聞之者雖各别，言之則皆甚奇，亦可謂妙而不測者也。

吾自得三常法，立爲入道三門，期年觀練，純深而已。涉一切之境，常如不礙己者，境常空；捍一切之魔，常爲不勝己者，魔常退；平一切之事，常比不及己者，事常樂。因而歎曰：妙哉三常，云胡弗臧，卓立冠絶，爲三昧王。

常平等心如地廣大，妙觀察智如日光明，體用及此，是佛境界。《金剛三昧經》中説無生禪，予愛之重之，因而演述。夫攝動之禪，是已動之心，制之於末也；無生之禪，是未動之心，鎮之於本也。若且以麤法比之，則燋頭爛額之勞，豈勝曲突徙薪之智耶？

至論以身爲外物者，非輕其身也，但要知身從幻化而生，當知有還源之道，不可執妄以累真也。以世間法爲外道者【五】，非薄其世間法也，但要知外事以治世，則非出世之法也，不可以不了義爲究竟法。上智之士，必無致詰。

白樂天有詩句云：「恬然不動處，虚白在胸中。」予因擬之，别作二句云：「昭然不昧處，靈照在胸中。」白公之詩言定也，予之詩言慧也。

孔子所舉一言曰「思無邪」，孟子自謂「四十而心不動」，予謂「思無邪」者正也，「心不動」者定也。若能以至正成至定，以此爲入道法門，何以加焉？至如佛書所説，不許暈邪干善境界，不許八風動妙高山，其意大同，允爲深切，而曲士以迦談障隔，如何和會而了達哉？

予所居京師道院中，有僮豎閑植草花，叢生滋多。葉似竹葉，花小而碧，其蕋黄，稍類

【五】以世間法爲外道者　「法」原作「者」，據胡珽校趙本改。

飛蟲之狀，俗謂之碧胡蝶花。予觀其花，至晚而歛縮，將及夜而盡結，視之不見。暨乎晨朝，則其花漸出，日升彌高而花復盛開。因知物理陰慘陽舒，自然有盛衰。予以其隨昏明而卷舒，近乎智，而强名之曰近智花。

士之有智，不可無學。夫佛書所云「無學」者，其理無別，若誤會此器，因循自棄，尤可惜也。予觀三教之書，粗見必學之意。儒教之書《周易》云：「君子進德修業，欲及時也。」道教之書《老子》云：「上士聞道，勤而行之。」釋教之書《寶積經》有叙大士成功之語云：「猶如大龍，所作已辦，捨於重擔，逮得己利。」予因會同參究，雖知其文句不類，而必從於學，斷可知矣。加以老年之志，深信於最後一説，不復疑也。

天者，自然之義也；佛者，覺義也。自然無蔽塞，可曰天聰明；豁然大覺悟，可曰佛知見。人能啓天聰明，入佛知見，此爲上智，安可輕議？予之獨斷如此，覽之者以爲何如哉。

有能觀空見性，悟妄識真，真心入理【六】，決志成道。此何人哉，此何人哉，吾不可得逢之而交談也。

善惡事都莫思量，是非言都莫分別，亦是資修之一法，然而易知而難行者也。

白樂天有詩云：「已共身心要約定，窮通生死不驚忙。」予因擬之，别爲二句曰：「已共身心要約定，險艱情僞不傷嗟。」白公所云，知天均不定之大常也【七】，予之所云，知世

【六】真心入理　胡珽校：趙本「真」作「冥」。

【七】知天均不定之大常也　胡珽校：趙本「不」作「有」。

緣本妄之大常也。

予今省己晚節勤道，夫名宦之網障於外，能自決開，而恩愛之魔纏於內，未善釋縛。比其懵學，亦既知方。自謂智雖明而力未勝也。

予讀道家之書，得大達觀，已了知情境幻妄，不復瑣細分别；讀釋氏之書，得最上乘，又了知理性淵妙，當思精微悟入。唯此法門，自能曉會。

予好讀内典，非以課誦爲功，必也詳求入道之要。讀《圓覺經》，得禪那數息之門；讀《楞嚴經》，得觀音入流之法。隨時而用，亦不甚精至，雖未到自覺之境，而獨聞無聲之和，積歲彌加清勝，不知所以然而然也。

或問予曰：「先生於内典之中，盛稱《楞嚴》、《圓覺》，何謂也？」予對曰：「廣分性相之差别，布在《楞嚴》；專明體用之精真，歸乎《圓覺》。」

百骸之動，動而去病。道家之法，用資保命，期於康勝。百慮之静，静而見性。禪家之法，用資趣定，期於妙應。伊此二法，吾日用之，而人不知也。

予以所聞靈響，目曰天籟，而凝聽逾新，終不知其所以。久於詳究，似有所得。得非積習歸根之静，静既由中；獨聞無聲之和，和非發外。理近於此，書以明之。

《列子》之書云：「欲辨夢覺，唯黄帝、孔丘。」竊詳二者，聖人淳質之時也。而《莊子》之書云，廣成子謂黄帝曰：「自汝治天下，雲不待族而雨，草木不待黄而落，言澤少殺氣多。日月之光益以荒矣，佞人之心翦翦者，淺短狹小之貌。又奚足以語至道？」《論語》云，孔子曰：「聖人吾不得而見之矣【八】，得見君子者斯可矣。善人吾不得而見之矣，得見有常者斯可矣。」噫，世質民淳之日，猶有此説，則知情僞之態百端，浸以久矣。理亦是常，不必驚嗟可也。

魔境佛境，不離於心。心之所迷者爲魔境，心之所覺者爲佛境。當知魔境如夢，從妄想生，魔境如幻，從邪法成；佛境如大空，如晝日，清曠明白，不可蔽虧。學人體此爲定法，而觀練之，令符契純熟，何必多聞博覽，然後爲學。

《玄聖蘧廬・不動章》云：「童稚觀百戲，有舞破陣、攻戎城、貙搏牛、鯨吞舟，皆以爲真。初則甚懼，見之熟則無畏。況乎成人之心，知見又熟，安有動之哉？」予詳之，頗得其理，乃知不動之心可以習成也。

漢祖威加四海，武不殺也；蕭相功居三傑，文無害也。所以創業垂統，君臣相得而然也。

孔子以不義富貴，視如浮雲；莊子謂真性之外，皆爲塵垢。夫如是，則悠悠之事，何足介意。

孔仲尼，魯之聖人也，五十而讀知命之書；蘧伯玉，衛之君子也，五十而有知非之言。予自謂心師古聖人、古君子久矣，而年將八十，若不勇猛精進，重增觀練，知命知非，

【八】聖人吾不得而見之矣　「得」原作「見」，據胡珽校趙本改。

學道學法，更俟何時哉？

予素景重子罕不貪之寶，并達摩無所求行。昔壯歲不甚貪求，而老年自戒彌篤。內省於此法門，似得百分之一二，今試言之。自思於己有八不求：不求功名，不求貨利，不求富貴，不求神仙，不求黃白之術，不求巫覡之禱，不求卜命之士【九】，不求據要之人。此語由衷，非爲伐德。

種種著於有，起諸妄想者，此名顛倒之見；種種落於空，都無所悟者，此名斷滅之見。無此二病，而能洞曉空趣者，此名正真之見。

吾以文章爲佛事，得自然智，以音聲爲佛事，得自然聞。非敢超於天人，幾乎逮得己利。

吾老矣，不能參禪問道，但依歸根之靜、知常之明，湛兮似或存，無必取於相，確乎不可拔，無輒易其志，日復一日，如斯而已矣。

照五蘊皆空，真見也；得一念相應，妙慧也。真見、妙慧，久而相資，何必多談，横分名相。

內典中有偈云：「淨極光通達，寂照含虛空。却來觀世間，猶如梦中事。」此是菩提之名理、菩提之體用。菩提者，覺照之義也。又有偈云：「諸行無常，是生滅法。生滅滅已，寂滅爲樂。」此是涅槃之名理、涅槃之體用。涅槃者，安樂之義也。釋氏經論，真乘宗

【九】不求卜命之士　「士」原作「者」，據胡珽校趙本改。

旨，雖千章萬句，廣大微妙，原其臻極之意，不離明此二法，今予直指盡矣。此外分彼我之品類成私，而心乖平等，言華竺之教相不同，而力爭勝負者，自是世間物情，於虛妄中强生分別。唯上根圓智，能了知而和會也。

杜荀鶴《春感》詩云：「浮生七十今三十，已是人間半世人。」予因擬之而作賦云：「浮生七十今踰九，已是超羣越世人。」

處世之法，三綱五常大端也；出世之法，四諦六度大端也。并用交濟，其道備矣。

予性本愚直，今則太老，緜歷浸多，洞見時情物態，求與已意合者，款密交談，不可得也。愈增歎息，不樂者久之。不平之事，不願聞知，而不可避。一旦忽爾自悟，而開懷焉。譬如行多露之徑者，孰不霑衣？入鮑魚之肆者，豈免聞臭？事之常者，復何怪哉。人之所切名與利，予之所切道與義。予不戰而成功，自以道義之志勝而爲肥也。善入無爲，西域先生之妙道也；能體純素，南華真人之格言也。予愛之重之，混而爲一，潛資日用，於何弗臧？

予謂故交曰：「名位愈高，禄利愈厚，我不如君；觀練日深，根性日熟，君不如我。出處進退，各從其宜。」

予有語曰：自見真理，此爲佛眼；自契真行，此爲佛心。心眼同符，更求何法？

《莊子·至樂篇》說富貴壽者，以其不知道，而身各有苦，其致三失之名，謂外、疏、遠也。予因推演而言之，曰：富者之失，其蔽也吝，妄保餘財，而不得成周急之仁；貴者之失，其蔽也貪，妄認虚名，而不得遂無虞之安；壽者之失，其蔽也愚，妄歷多憂，而不得享永年之樂。能反是者，幾何人哉？

《國語》云：「高位疾顛，厚味腊毒。」杜牧《和州絶句》詩云：「歷陽前事知虚實，高位紛紛見陷人。」噫，予今聊舉其一，蘇秦位高金多，如何如何？

《詩》云「不忮不求」，《易》云「無咎無譽」，是吾心也。

崇高富貴，居權要，但可傍觀；逍遥游燕，樂清閑，兹惟自得。言之無妄，久而當知。聞是非之交攻，聰不如聾；見傾奪之相圖，知不如愚。吾之趣向大率如此。

《易》卦出師之初，必先以律，是知學道之初，必先用戒。故予年及大耋，而加之焚誦，以自檢攝。亦非志樂小法，安敢自謂大達，而不拘小節乎？詣道之樞，味道之腴，觀練薰修，潛資日用。恬愉美妙，益茂禪支，有此勝緣，豈非宿習。

予自深思獨斷：身當處世，須避不測之禍機；心期出世，須學無生之法要。此外世態，率皆悠悠。故我端居，塊然寡偶。

老子云：「名與身孰親？」予嘗推而演之云：「身與心孰親？心與性孰親？」故予窮理盡於性而後已。

如何得一大士，適變如大龍，克荷如大象。法門之利，知無不爲；内習之力，所作已辨。吾將師之。

《老子》云：「杳兮冥，其中有精。」予素聞靈應，謬兮清，其中有聲。予覺歲久益多殊勝，因而自謂：不著外聲塵，而反聞聞妙音，其心凝然，助定力，可目爲不動尊，此即普賢之一行也；而又不著外名相，而反思思妙事，其心油然，生慧用，可目爲無盡意，此即文殊之一智也。

儒家之言云寂然不動，道家之言云歸根曰静，禪家之言云息緣反照。人能洞曉三家之言，同歸一真之理，吾當目之爲會三歸一之智。

《莊子》云：「富者多積財而不得盡用，其爲形也亦外矣。」予因内省，自以爲學者多立言而不得盡行，其爲心也抑亦如是？自今以此爲戒，且務温故，不必知新。今微細揣摩，動心不如息心之利也。

《孔子家語》云：「楚昭王出遊【一〇】，亡烏號之弓。左右請求之，王曰：『楚人亡弓，楚得之，又何求焉？』孔子聞之曰：『惜乎其志不大也。不曰人亡之、人得之，何必楚也？』」予因思之，凡計我、我所之人，有積財至多，而無毛銖之利以濟困窮者，彼何人哉。

予今采集諸經，敷演大意【一一】，别立一説，以爲消除煩惱之法。不避重復，有涉舊述者也。有經云：「諸魔平等，煩惱爲先。」又云：「現住煩惱魔，煩惱無所有。」又云：「智

【一〇】楚昭王出遊　「遊」原作「游」，據胡珽校趙本改。

【一一】敷演大意　「敷」原作「敫」，據胡珽校趙本、四庫本改。

者於苦樂，不動如虚空。善觀察煩惱，我我所倶離。」又云：「無障大悲觀諸衆生，所有煩惱皆從虚假妄想而生，知諸煩惱體性自離。何以故？是諸煩惱等趣了義，無少煩惱可積可集。如是隨覺，即是菩提。煩惱之性即菩提性。」又云：「煩惱性是佛境界，觀煩惱性空是正修行。」又有經云：「欲除煩惱，當行正念。」其所解云：「煩惱出私情耳，便應觀察法理以遣之。」又有經云：「有一法門，名無量義。應普觀察一切諸法，性相空寂，而諸衆生虚妄横計，是此是彼，是得是失，輪回六趣，備是苦毒，無量億劫不能自出。復次，諦觀一切法，諸念念不住，新新生滅。無量義者，從一法生，其一法者即無相也。如是無相，名爲實相。如有通達義，己雖有煩惱，如無煩惱，出生入死無怖畏想。」又僧肇五論中有言：「經云不離煩惱得涅槃，注云，悟煩惱性空即爲涅槃。」予今參究經旨，因而直説。大約謂煩惱性空，勿爲窒礙，觀如梦幻，不用介懷。設使觸境情動，如響應聲，既應即止是也。且夫愚癡之人，被諸煩惱之事，有熙熙然者，此非悟道，其實如木偶而已。若或中根之士【一二】，而以煩惱爲苦，是則智慧不如愚癡也，不亦謬乎？固當勿存于心，苟不能然，學道何用？於己有何所利？須令智慧力勝可矣。故又有經云：「以智慧劍破煩惱賊，以智慧刀裂煩惱網【一三】，以智慧火燒煩惱薪，以智慧斧伐煩惱樹。」故予曾爲究觀，直説遣情，詞云：「身同夢幻非真有，事比風雲不久留【一四】。古往今來盡如此，此中堅執大悠悠。既能洞達須剛斷，煩惱魔空過便休。」予今单用此法。

【一二】若或中根之士　「士」原作「事」，據胡珽校趙本改。

【一三】以智慧刀裂煩惱網　「刀」原作「力」，據胡珽校趙本改。

【一四】事比風雲不久留　「比」原作「北」，據胡珽校趙本改。

凡夫貪著世間榮利之樂，無止足者，致勞苦或禍敗，此不復論【一五】。至如大士學出世之法，若耽禪悦，此亦爲病【一六】，未能盡善脱灑。夫知之者【一七】，幾何人哉？ 欲其決定回向，不亦難乎？

上古聖人，有觀察一切音聲，前賢爲文，遂云以音聲爲佛事。予自思素聞靈響，亦所謂以音聲爲佛事，而尤知殊勝。夫外音聲而或慆心堙耳，致蕩然之動，予所聞内音聲，而乃清心驚耳，致凝然之靜。又前賢作名僧碑文云：「師以儒墨者般若之筌簀，詞賦者伽陀之鼓吹，故博通外學，時復著文。在我法中，無非佛事。」予亦如之，晚年著述好爲禪家偈頌，又與隨順世間文章不同，以此比方，沛然多得。

大心衆生，游如來大寂滅海，入如來大光明藏。予知此言，孰以爲然？ 聞之而大笑者多矣。

予於三家之書，各得一法。儒家之法用明智以保慶，仙家之法用靜安以永命，禪家之法用清徹以正性。三者并用，卓然殊勝。

莊子《南華真經》有説自得之塲，此世間法也，予已得之矣。《楞伽阿跋多羅寶經》有説自覺聖智境界，此出世間法也，予未覺之爾。

采諸經論，隨義多少資其智； 於四威儀，隨時多少息其意。老當益壯乎志，亦不考求功利。

【一五】致勞苦或禍敗此不復論　原作「勞苦或禍敗，此致不復論」，誤植「致」字，據胡珽校趙本改。

【一六】此亦爲病　「病」前原衍「味」字，據胡珽校趙本删。

【一七】夫知之者　「夫」原作「未」，據四庫本改。

予喜既壽且康，應緣具福，而獨觀妙音，求菩提，率以爲常，不住於相。老而益壯，久而彌堅。密印已定，愈覺清勝。書而自獎，難卜同符之交。

不嬰榮利之緣，已逃世網；博考身心之法，漸見天機。雖非絶倫，粗殊流俗。《仁王護國經》下卷内，説第九善慧地菩薩，得無礙解，法義詞辯，演説正法，無斷無盡。予因自思，此《碎金録》采綴增多，皆是勝緣妙事，不同無記之性，亦足私喜也。

予因經論智，得反照之慧，修轉依之業，必信必果，老心益壯者，惜餘年之迅景也。觀空見性，悟妄歸真，常習靜明，知魔不動。當令既照而寂，寂而復照。勿或誤會無修，枉入因循之失。

樂器中有簧者，器動即有聲，而不見其形，人所爲也。吾所聞靈響，耳中有聲，亦不見有物之使爾，自然而然，故予强名曰天簧。其音成文，清妙超勝，合奏之樂。昔晉魏絳善和獯悍戎情，國所賜，以國樂；今予善和鱻動心相，天所賜，以天簧。由此樂欲，助發愛性，深慶善緣之符會也。

入流得觀音之門，數息練頭陀之行，惟日不足，學然後知。聞中吉祥，助發樂欲。時予自覺，夫復何言？

予覽杜牧詩《和州絶句》云：「江湖醉度十年春，牛渚山邊六問津。歷陽前事知虚實，高位紛紛見陷人。」予因別作一句，偏對末句，所得者三。其一云「妄緣擾擾知縈己」，又云「宴居寂寂堪修道」，又一云「明心了了思超世」。夫如是，則老生之志非昏亂也。生老病死，誰逃大播之鈞； 觀練薰修，自有不奪之志。我今如此，人其謂何？

《易・蠱卦》曰：「上九，不事王侯，高尚其事。」《象》曰：「不事王侯，志可則也。」予詳所解，謂最處事上，而不累於位，志則清虛高尚，可法則也。《遯卦》曰：「上九，肥遯，無不利。」《象》曰：「肥遯，無不利，無所疑也。」予詳所解，謂最處外極，無應於内，超然絶志，心無疑顧，憂患不能累，矰繳不能及。《莊子》第十有注云：「夫事下然後功高，功高然後禄重。故高遠恬淡者遺榮也。」予今歷覽詳求，有以見事之爲上者，事之爲下者，統而論之，歸乎獨斷，則知顯而居亢者未足矜，隱而自得者尤可重也。

若坐若卧，時行時止，未嘗於一刹那頃志不在道。吾之晚節如此，孰謂今生虚過耶？觀古佛之音，超動静之相，其音由寂寞而彰； 調真人之息，融麤細之住，其息自根本而來。二法交修，一志已定。

如何得見一了達至道之人，而能洞曉欲、色、空三界大虛幻之迹，又能克荷「開示悟入」四字大因緣之事，與之交談，結爲真友？ 噫，吾今生不得見之矣。

黄老清静之言、竺乾空妙之法，非上上智豈能深知？ 苟有深知，不當自失。

予晚節勤道，自謂由至誠感真應，因立天簧、天瑞二殊勝之名。何謂也？ 素聞靈響，浸歷星紀矣，老年彌覺清徹聰警。以其耳中自然之音，不見有物，如樂器中簧，故曰天簧。

日夕常然，而於五鼓後，夢覺時，坐待清旦，聞之尤可愛。寂然凝聽，而心益專，不生緣慮，怡然樂欲，而神逾爽，不入昏住。以其自然符信，妙契心法，故曰天瑞。自喜宿習所致，慶幸之多，而不可得而言之於人也。

予以年臻大耋之期，日修無上之道，静中宴坐，非怠非速。屏氣似不息，反聞自性。和順積而安以樂，英華發而聲成文。斯可聊以自娱，何必鼓缶而歌也。

吾所聞靈響，隱如雷初動，浩浩如潮將至。或如行軒百子鈴，或如風蟬曳緒聲，隨時有變，新新不停。其聰警清徹，聽外聲彌審，終莫知所以然。

卷八

《圓覺經》中所說禪觀法門，粲然該備，吾今約己：隨宜決擇其一，以爲入道之權輿。《威德章》中說三種觀門，今取其三觀之初者。《經》云：「以淨覺心，取靜爲行。由澄諸念，覺識煩動，靜慧發生。身心客塵，從此永滅，便能內發寂靜輕安。由寂靜故，十方世界諸如來心於中顯現，如鏡中像。此方便者名奢摩他。」其次《辨音章》中說二十五種清淨定輪，今亦取其二十五輪之初者。《經》云：「唯取極靜。由靜力故，永斷煩惱，究竟成就。不起於坐，便入涅槃。此名單修奢摩他。」予詳二說，其理一也。予愛所言「不起於坐，便入涅槃」，可以且從此去。《禪源都序》有云：「隨時隨處，息業養神。」正是此矣。

協用恬愉，養天和以適性；密扣真寂，乘佛理以御心。殊勝法門，吾從此入。

身居一室，安之則具足逍遥身也；心住一境，安之則具足禪定心也。身心俱安，動靜相養，宴息法空之坐，優游自得之場，今我能然，云何不樂。

智曉了，性真純，學澄凝，成證應。自立此意，如貫四珠，委細名理，分配收攝，用爲法要，復何以加。

儒家之言率性，道家之言養神，禪家之言修心，其理一也，何煩諍論？

昔魏太祖曹操嘗謂蜀先主劉備曰：「天下英雄，唯使君與操耳。」予以爲此乃世間之事也，固不足云。若有言「天下大達，唯君與我」，此乃出世之事也，何以超此，未知有人言之乎？

真學之士，若能順天和以調息，乘佛理以御心，亦可目之曰調御丈夫矣，大雄氏則調御法中大調御，可尊之曰大調御丈夫矣。

夫能堅固金石之志，詳求寶玉之書，窮盡天人之理，有此三善，可無愧於心矣。有以佛書爲寶書，道書爲玉書。

予今於《圓覺經·普賢章》、《辨音章》共采四句，凡十六字，合爲一法，約己足用。文簡理備，可即時而行，自以意求，無煩筆解。其語云：知幻即離，不作方便。不起於坐，便入涅槃。

羣誙誙而趣死，獨熙熙而養生。智識之殊，天壤斯絶。不可説，莫能知。莊生至樂之言，信乎自得而已。

情因事觸，未能不動。當使情之所動，動如電光，光即時滅；動之所應，應如谷響，響即時絶。動情應觸，如斯而已。如斯之善，已爲難得。若能如蘇迷盧山，八風不動，此則卓爾絶倫矣。

心歸妙理，學西域之無生；迹避畏途，得南華之至樂。此二殊勝，復何加焉？

似動不動，真人深深之息；　似用不用，如來空空之心。心息相依，息調心淨，混融純熟，名曰精修。

真隱之深者，身心俱隱。身隱之深，則人倫不能見其迹；　心隱之深，則鬼神不能察其意。陶然得天和，脗然與道合。我願如此，孰知之耶？

夫達士者，不入智籠，異羣愚也；　獨扣道樞，知所歸也。窮當益堅，勇於拔俗；　老當益壯，勤於行道。具四奇節，孰能比方？我願師之，庶幾踵武。

《禪源》所云「隨時隨處，息業養神」者，予因解之云：不拘晷刻之多少，不擇處所之喧靜，但能攝念安心，皆是禪功分限。

雅善之名，雖有百分之一，亦勝於無。何謂也？夫鄭衛之聲，曲將終而奏雅，猶勝於終不奏雅；　姦慝之人，命將終而言善，猶勝於終不言善。

一氣散結而爲身，一靈分宅而爲神，神身合而爲人，人所起而爲事，事相續而爲世。世事無窮，紛紜其中，種種不可説，一一旋成空。唯有萬一真知，獨能和而不同。

權利是外貪愛，若不能鑒戒而知止足，則不免事有變衰之禍患；　恩情是内貪愛，若不能覺了而求出離，則不免身有生化之輪環。迷悟兩端，有直有枉，迷則天壤，悟則反掌。

天地中萬物，人倫中萬情，世界中萬事，吾以道眼觀之，無不知其大槩。種種是常，何煩分別？

吾自諦思，黑業殆盡，白業增多，唯未到無業有覺之深深處。若能到此，吾道成矣。

予自思，即今常修三無漏學，粗得百分之一焉。何謂也？奉焚課小法，又間日食素，懲忿窒欲，應日損之師，以此爲戒學；　隨時隨處，息業養神，以此爲定學；　得經論智，因以文章爲佛事，命筆立言，多明觀照之理，以此爲慧學。

清曠域，逍遥遊，外境殊勝，避世高士知之；　華嚴法界，金剛淨土，内境殊勝，出世大士知之。知之行之，而能深入造極者，不可及也。

諦觀人世，身有病健勞逸，心有憂喜苦樂，事有吉凶成敗，相參混然，大槩如此。若能推理安常，亦是達人之一法耳。

夫鯫生不可與議遠圖，曲士不可與談大道，故予塊然獨處，聊以自娱，研味典墳【一】，師友聖賢而已。

經教中説四大之四色爲四蛇，六根之六入爲六賊，身心爲幻垢，附離真性，統名曰我。其理如此，而於此外悠悠，更欲求備如意，不亦踈乎，不亦過乎？

自古聖賢發大菩提心，學大調御法，成大涅槃果。彼安能説，俗安能知？默然自得而已。

經教中所説住心一境，名爲具足禪定心。予因自言，存心衆妙，名爲具足智慧心。又有所説繫心一緣以習定，如發箭也，發多則中多，久久而箭箭不失。予因又言，遊心萬法

【一】研味典墳　「研」原作「妍」，據胡珽校趙本改。

以增慧，如分燈也，分多則明多，久久而燈燈無盡。推類適變，伊予能然。

吾諦觀人心，於世間法不及於情者，大約言萬數；於出世法不及於性者，又巨萬數。噫，吾誰與言？

自省吾心，而有三寡：剛而寡欲，不由勢利之徑；訥而寡辭，不接游戲之談；介而寡合，不須友汎之交。三者無相妨，自便於從道。

見在之身，慶大耋而康健；未來之性，願隔生而誠明。世智所圖，非吾願也。

予以罷留局於西臺，求退居於上國，歸乎舊地，松菊猶存，易以隱裝，衣冠甚偉，挂車不出，讀書自娱。絶無榮利之心，洞究正真之道。此唯自得，何必人知。

予有二不求、六自覺：名不求虚榮，利不求太盈；修身自覺輕，澄心自覺明，調氣自覺清，爲文自覺精，顧行自覺平，學道自覺生。去彼取此，莫之與京。

人人各有四因緣，蓋起於身、心、事、世者也。自上三數由於己【二】，最下之一則不然。何謂也？身可使無侵損，心可使無惑亂，事可使無繫縛，此皆由己者也。其唯衆共成世，有可安之理，則不由己，此固無可奈何。而三者由己，亦罕能自保有之。噫，人之大迷也如此，何必讀書然後乃知，而未嘗見人言及於此。

予嘗内思，自壯及老，志辭權利，懼貽冰炭之懷；欲寡私邪，免罹針艾之苦。率由己見，不俟他言。

【二】自上三數由於己　「上」原作「止」，四庫本亦同，據文義校改。

《列子》第七《楊朱篇》第四葉有注云：「夫不謀其前，不慮其後，無戀當今者，德之至也。」予愛其語，可以銷憂釋結。予當奉持，又能不失中正者也。

三歸五戒，初法其師出以律；四諦六度，終濟於曲盡其妙。此從方便門，漸進修行路。

吾嘗究觀人世大情，於其禀賦有限光景之中，志在求取無窮愛欲之事者，萬萬皆然。萬中有一自保天均，不致大患者，已爲明哲。若又能別得悟入之理，此則巨萬中或有一人，乃希世絶倫者也。衆人不可得而知之，而此人亦不可得自言之耳。

予以觀書得意，聊舉三家之所宗。孔氏之書云：「有殺身以成仁，無求生以害仁。」此以名爲宗，不顧其身者也。老氏之書云：「名與身孰親？」此以身爲宗，不顧其名者也。釋氏之書云：「妙性圓明，離諸名相。」此以性爲宗，不顧其名與身者也。源流實繁，難以廣記而備言之爾。

予自引年退居，日用有定：酒藥隨宜，扶衰養疾；身心隨時，息緣反照；以經論爲智地，以文章爲佛事。止此四者，餘無所云。

夫學道入理之心，有如翔禽度空而不留跡，又如閑雲出岫而不著物。經教中所説無住法門、無礙法門，其自在也如此，復何疑乎？

處世之道，亞聖鄰於至聖；出世之道，等覺鄰於妙覺。唯變所適，始可與言道已矣。

予退居養老，有清遐高潔之意，恬和適悦之味，殊勝超絶之志，自知而已。

予所見所踐所願，不求名譽福報，若其理有如影響自應者，抑亦非予所貪也。

予承多士美談，見推清健，自詳内典所説，似得輕安。只此清健輕安，不羡華腴充盛。

自念退身漸老，脱俗彌殊。無所圖，無所拘。不好圍碁，不好呼盧。立法之言信筆書，服藥之酒斷缾沽。

自覺隨宜真應之兆：久聞靈響清徹，透三靜關；未得心華發明，照十方刹。此善境界，鄰妙吉祥。

吾志在《圓覺經》，得普眼上根之觀門；行在《楞嚴經》，得觀音入流之法要。姑務相濟，積習勝緣。

「剛健中正」，予取韋編之言以爲定；「觀練薰修」，予取貝典之言以爲慧。大槩如此，餘自詳求之也。

真修法門，次第有四：智觀，道斷，志守，力行。此但開端，詳求在己，或該已録，意熟增深。

「清心釋累」，予取《後漢書》；「息業養神」，予取《禪源序》。二句足矣，用不必多。

身心不動，坐《圓覺》道場；權實會歸，入《法華》三昧。從吾所好，何必求人。

予思壯歲歷官之日，嘗見公館之壁上有題詩云：「猛風拔大樹，其樹根已露。上有寄生草，青青猶未悟。」不審何人之作也。因知物理，自昔而然，先覺形言，警戒多矣。解脱三門，見空虚而有覺；涅槃一路，云寂滅以無餘【三】。廣説異端，吾不取也。偉兹靈響，發我天機，乘妙妙之聞心，入如如之成相。欽哉瑞應，蔚爲道師。

人之多欲，三聖同誡【四】。《周易·損卦》云「懲忿窒欲」，老子《道經》云「少私寡欲」，釋氏《涅槃經》云「離於愛欲」。垂訓并著，豈合縱心？

言行動天地，儒教之極致也，此法有爲；寂照含虚空，佛理之極致也，此法無爲。二法俱正，其用則别。

人間有畏途，内外共二，皆速死之地也。舉世誙誙然趣之而不能避，安知有一路涅槃門乎？苟聞斯言，大笑者多矣。

《南史》中有説梁時劉歊者，幼敏特高長，而博學有文才，不娶不仕，隱居學道。忽有老人無因而至，謂歊曰：「君心力堅猛，必破死生。」彈指而去，尋之莫知其所。予因追師【五】，獨斷其理。夫人分段之身，乃一幻累之藴耳，此人能破之而出，所謂有自然智，破無明㲉【六】，超於天人者也，豈世網之可嬰乎？

孔子學禮，辨其俎豆之名品【七】，此則典儀之職也；孔子贊《易》，演其卜筮之象數，此則執藝之職也。然孔子所學此有司之職，乃是體大而不失其正者耳。若以妙道，超乎形器之上，出乎言意之表，固不可同日而論也。而輒問禮於老聃，故老聃答以他辭，形於

【三】云寂滅以無餘　胡珽校：「云」趙本作「歸」。

【四】三聖同誡　「誡」原作「誠」，胡珽謂趙本有旁校作「誡」，據改。

【五】予因追師　胡珽校：趙本「師」作「思」。

【六】破無明㲉　「㲉」四庫本作「役」。

【七】辨其俎豆之名品　「辨」原作「辦」，據四庫本改。

教誡，而孔子遽有「猶龍」之歎焉。是知宣尼主善爲師，聞義則服，有如此者。

予别得一對治之法矣，言簡意備，可以足用。先思己之切於身心，次及庶事之不如意者，總名爲苦，而歷觀甚於己者至多。又思己之切於身心，次及庶事之得如意者，總名爲樂，而歷觀不及己者亦至多。夫如是以己方人，有何不足？

予惜暮年，壯心不已，所修功德，頗異於常。作《不退輪銘》，且志之於己而勿失，自警策於胷中；作《無盡燈頌》，又傳之於人而漸多，期照耀於天下。自覺自利，覺他利他，言念此生，不爲虛過。

《南史》内有説，梁劉歊，志行甚高奇，嘗有異人謂歊曰：「君心力堅猛，必破死生。」予慨然慕之，而志氣雄偉，願超造化。抗心希古，唯力是視。

諦思人倫，自凡及聖，分爲四種知見。夫唯貪所欲，都無覺悟，此是凡夫知見。超凡有覺，屑屑然樂於小法，或沈空住寂，此是小乘知見。夫傑出此類而不落小乘二邊，獨得中道，此是大乘知見。雖得中道，亦不住於相，此是上乘知見。出此四等之外，更有上上乘知見，無不了知，不可以限量，對待爲比，而妙覺周圓，此是佛之知見。

《南華》之書有説「逍遥遊」，蓋明大小雖殊，而能隨己自足，不越涯分而過貪。西域之書有説「解脱門」，蓋明次第皆空，而能見理無著，免罹虛幻之所縛。誓將乘逍遥遊，入解脱門，予苟能然，豈有不當？二教參用，有何相違？

士若宿植善根，將成勝果，練一心之凝寂，期五眼之圓明，馭不退輪，行無上道，有如此者，何以加焉。

予之引退，志本真純。三徑就荒，願無客到；五漿先饋，常畏人知。自然而然，不可致詰。

今得自生巧慧，事甚近而意甚新。夫化導於人，猶爲種種方便，而況於己，豈不能然？此久迷而忽悟者也。

自今或值一切不如意事【八】，當即時而先覺，屹然不動，在我而已。苟不能然，於己何益？

化民成俗之學，儒門之事也；長生久視之道，道門之事也；清心釋累之訓，佛門之事也。予以此三事爲貴，名同而實異者也。

今偶得一論一經之中，四字各一句，采而合之，以爲道家心體之四相，苟或能然，何須廣求入理之法。《坐忘論》云：「心安而虚。」《南華經》云：「水靜猶明。」予謂但令心體安虚靜明，即是真人至人爾。忽自追省，曾作《靜深生四妙》詞，其序具述靜中生四妙，謂安、虚、明、樂是也。今之所説，該涉其四矣。且表志趣純深，自然暗合，故不避重複而書。

若有人功名富貴如唐之裴度、郭子儀，我不愛之。若有人琢磨道德，師友造化，合於天倫，名出世人，我愛之重之，願以至誠效之。

【八】自今或值一切不如意事　「值」原作「植」，據胡珽校趙本、四庫本改。

持《金剛經》者，若有人了知住無所住心，得無所得法者，此名慧業。若有人日積課誦之功，希求豐報之利者，此名福業。二者相去絶遠，如霄壤矣。

《周易》云：「知進退存亡而不失其正者，其唯聖人乎？」《老子》云：「見素抱樸，少私寡欲。」又云：「知足不辱，知止不殆。」《涅槃經》云：「於世間中得名聖者，少欲知足，亦名清淨。」夫如是，則三教之書有何相戾？勸戒之道有何不同？讀書之人何不聽信？

《寶積經》云：「猶如大龍，所作已辦。」《涅槃經》云：「如空野象，獨一無侣。」予因思之，大士智力如大龍獨象，奇特超絶也如此，若望有朋自遠方來，不亦難乎？

若有人於世間法中，不嬰於網罟，不犯於椹斧【九】；於出世間法中，知出世之道路，定如壁立不動也，慧如珠明圓照也。定慧相合，體用備矣。到此體用，何必多談。

見入理之門户。如是之人，可謂獨步。我自思之，誰將晤語？

予嘗作《願成四勝深心偈》云：「豁然悟空，了然見性，凝然不動，寂然無思。」今又以此四句偈，自爲已説，用之爲法要焉。豁然悟空者，照破幻蘊情累，不留苦惱也。了然見性者，洞曉相續有情，都是一真法界也。凝然不動者，任其外緣所觸，如八風之吹妙高山也。寂然無思者，如晏海澄湛，絶識浪之騰躍也。四法純熟，其利甚博。

古人古事過去空，今人今事即今空，未來人事決定空。不悟則已，既深悟之，豈可於

【九】不犯於椹斧　「椹」原作「鍖」，據胡珽校趙本改。

此大虛空幻妄之中，一一執爲有法？執之爲有則有礙，有礙則有害；視之爲空則無礙，無礙則無害。以理斷之，何者爲勝？苟不見此理，何以得爲上上智？苟不能以理奪情，於己何益，又何以得爲大丈夫哉？行之由己，何必求人。

動摇支體，無積滯之氣；融練情性，無結閡之念。修行之要，最爲親切，予今老年，所學如此。

儒門中所尊，推之曰龍，《周易》云：「龍，德而隱者也。」道門中所尊，亦推之曰龍，《史記》孔子曰：「老子其猶龍耶？」釋門中所尊，亦推之曰龍，《寶積經》中稱述無生大士云：「猶如大龍，所作已辦。」予因思凡諸俊彦，有以人龍、士龍自負者，一何容易哉。

吾今佚老，自謂方知：身心世洞見大空，佛道儒會歸真理。浩然氣暢，但保太和之和；油然心新，當成至樂之樂。以兹度日，豈曰虛生？

志於道者，必在乎抗心希古，雄節邁倫，窮當益堅，老當益壯。脱落儔侣，如獨象之絶羣；超騰風雲，如大龍之辦事。噫，我有此願，而世無同人。

才智爲佛事，文殊之法門也；行實爲佛事，普賢之法門也；聲響爲佛事，觀音之法門也。求自然智，唯變所適，吾能獨斷，何必諮詢。

慧可初師事達摩，告其師曰：「我心不安。」達摩曰：「將心來，與汝安。」慧可曰：「我心不可得。」達摩曰：「吾與汝安心訖。」予謂人之心也，若此其身，乃是至真至親之處，然亦無物可得，況乎虛名，至假至疎，而乃自矜其有，不亦謬哉？ 設有人曰：「我得好官。」予當告之曰：「將官來，與汝看。」彼或曰：「我官衆緣所成，强名曰官。 亦如數與無與，不可得取而看之也。」予當答曰：「吾與汝看官訖。」

予因泛覽諸書，又得三種之師。《尚書》云：「主善爲師。」夫宏達之士，不當止學一先生之言，凡有一善，皆能師之，則其智廣矣。 又《列子》云：「子列子師壺丘子林。」注云：「日損之師。」《老子》云：「爲道日損。」夫人若能知非改過，日思減損，有去非之善，居無過之地，乃幾於道也。 又唐賢白樂天有詩云：「澹然無他念，虛靜是吾師。」《莊子》云：「唯道集虛。」《老子》云：「歸根曰靜。」夫人若能虛靜其心，則於道最爲親切。 此三種，理有淺深，俱爲入道之門，故予采而師之。

《彌陀》之淨土，《法華》之化城，權教也，漸教也；《金剛》之無所住心，《圓覺》之普眼觀門，實教也，頓教也。 看内典者，當如是戒【一〇】。

吾於二教之書，各得法要之一。 老氏之書云「深根固蒂」，此乃長生之法也； 釋氏之書所云「息緣反照」，此乃無生之法也。 名相之談，不煩多取。

予自視所履： 進退不失其正，應儒教之宗旨也； 動靜交養其命【一一】，應道教之宗旨也； 定慧均適其性，應釋教之宗旨也。 合此三善之法，奉今一報之身，與衆不同，於己有得。

【一〇】當如是戒　胡珽校趙本「戒」作「解」，疑是。

【一一】動靜交養其命　「交」原作「之」，據胡珽校趙本改。

三獸濟渡，壯獨象之絶流；　四果超升，嘉大龍之辦事。　甘從曲士，見誚迦談。　入道之要，先戒嗜欲。　吾口不恣其所嗜，得老氏之旨，淡乎無味；　心不恣其所欲，得大《易》之旨，寂然不動。　能戒嗜欲，故幾於道。

予素愛重唐圭峯禪師宗密，所述法要之書，尤爲詳備，竊心師之久矣。　天聖八年正月十八日夜，忽夢見一老僧，或云此即密公也，予乃再拜稽首，自叙宿昔歸依之志云：「弟子幼不狎好弄之侶，長不學無益之藝，唯於妙道，久留深意。　夙欽禪德，願爲門人，攜缾洗鉢，服勤問法而已。」公亦有答，見器之深，而不一一記省其語。　寤而思之，雖知因心成夢，固當然歟，亦喜妙事同符，斯可見矣。

《中觀論》云：「因緣所生法，我説即是空。」予自别有語云：「因果所成法，我説不是空。」何以故？　予謂善惡真妄，皆有報應，故不爲空也。　然而善惡真妄，其理不同。　夫人心之根本爲因也，心之所起爲緣也，所成爲果也。　當知惡緣、妄緣，可以除去，有如《左氏》之語云：「無使滋蔓，蔓難圖也。」善緣、真緣，可以封植，有如白公之詩云：「前歲種桃核，今歲爲花樹。」其理決然耳，智人宜乎詳擇之也。

自古以駕馭英雄，乃威柄之極致；　莊子之師友造化，在人倫而何如？　超絶卓然，殊非擬議。

威儀動止有節，身隨宜也；　收合凝融有叙，心隨宜也；　飲啗服餌有法，物隨宜也；

詳擇應順有理，事隨宜也。我之四隨宜，日用人不知。

設使絶倫才逸，賞之曰天上謫仙人；何如出世道高，推之爲法中大調御。凡夫之心動而昏，聖人之心静而明。深智之士，志於道者，詳究此言，足用矣。

身世二事，罕有悟者。世有世網之患難，身有身蘊之苦厄，二俱出離，方名解脱。

季子觀樂，觀諸國之樂，知其各有興衰，此外事也；予之觀音，觀獨聞之音，知其最爲殊勝，此内事也。觀音之名，亦非無謂。

予於世間法，本以薄藝自結人主，未嘗依權倖而苟進也；於出世間法，亦思以至誠合天道，未嘗信巫祝之妄求也。自然而然，無助我者。

迷人既貪存日虚榮虚利，此乃有中之空也；又貪殁後虚名虚飾，此乃空中之空也。皆由自執爲我，不悟我是虚妄幻累之根本，孰能思之？

予覽《唐書·文苑傳》云：「司空圖退居中條山别墅，自稱耐辱居士。」予因思佛法中有六度，而忍辱是其一。耐辱即忍辱之義也。夫如是，則釋迦文曾爲忍辱仙人，司空圖自稱耐辱居士。噫，言之斯無難，唯受辱俾如流，是唯難哉。經教中謂能忍者，名爲有力大人，予獨斷其理，夫人不能忍者，則有惡事發作，譬如暴風起濤，坐致覆没，能忍之者，必得惡事消滅，譬如沸湯沃雪，不暫停留。圖若誠如所稱，予謂耐辱居士便是有力大人【一二】。

學法之要，見性居先，槩舉大端，諦觀可曉。佛經云「非幻不滅」，道經云「其精甚

【一二】予謂耐辱居士便是有力大人　「耐」後原衍一「忍」字，據胡珽校趙本删。

真」。難遇至人，欸談妙理。

老莊道奥，既見其清虚；　能秀禪宗，又知其頓漸。晚年真學，自顧多然。天時、人事、物理、道樞，舉四大端，該括盡矣。予於四者，靡不經心，鋭意詳求，悉見崖略。撫己自得，豈曰虚生？　卜此談交，罕逢深契。

予讀《圓覺經》，愛普眼觀門，理事無礙；　讀《華嚴經》，愛普賢觀行，智力相資。若夫優柔而求，厭飫而趣，是吾心也，云誰知之？

自思性分，稍應佛書。引車避仇，得須菩提無諍三昧；　忘言合意，入維摩詰不二法門。竊冀涓塵積成海岳，是於妙道粗結勝緣。

隋珠彈雀，荆玉抵鵲，外物也，人猶惜其所失，而況精神，内寶也，棄而不收，過求虚冗之榮利者，吾惜之深也。

禪心之體，不可不住，不可有住，當住乎無所住之住。《金剛經》云「應生無所住心」，《坐忘論樞翼》云「不依一物而心常住」是也。若住此住，安稳深固，可以到自覺聖智境界之處，此其大略也，至要也。

出是非域，見莊子之道樞；　破煩惱賊，用維摩之慧劍。學也如此，人其何謂。

徐寅律賦，體格浮華，内有可采，予亦收之。有賦述神僊之道，約略記其大意，明乎道不易致。其語有云：「上不在天，不可以翼翥；　下不在地，不可以身到。不在乎近，不可以耳目審；不在乎遠，不可以車馬造。」又有云：「在乎破塵網，清心源，出嗜欲之千里，入希夷之一門。」予亦以爲然。

《禮記》有云：「七歲曰悼，八十九十曰耄。悼與耄，雖有罪而不加刑。」予今年八十矣，因而自思，非但不作世間有刑之罪，又欲力學出世間無爲之道，以此比方，怡然自是。

吾老矣，自設常用疾力之法，譬如金鐵之器，可以速辦湯飲者，名曰急須子是也。今自約：於其四威儀中，不管情境之順違，不管晷刻之多少，且即時而入至人無何有之鄉，放懷而遊，不計近遠，又即時而泛如來大寂滅之海，冥神而涉，不計淺深。量收功用，此法定矣。《禪源都序》云「隨時隨處，息業養神」，正是此也。所宜罷諸演説之煩爾。

予以文章爲佛事者，自然道心，好陳法要，非世間之隨順也；又以音聲爲佛事者，自然靈響，暗資法樂，非耳外之鏗鏘也。言念勝因，何求益友。

予記得齊己詩句云：「心清檻底瀟湘月，骨冷禪中太華秋。」又記得似是陳陶詩句云：「高僧示我真隱心，月在中峰葛洪井。」予愛誦之，令人氣格爽拔。

夫人生之所值遇者，大槩凡有四種焉：世運之治亂，事理之順違，氣質之盛衰，情意之苦樂。皆有勢數，而不能出矣。唯有大覺力聖人，至明至勇，鍊成不二性，還源深固者，獨能出之。予所見如此，復與誰言？

《圓覺經》普眼觀門被上根，而如來告普眼菩薩言：「欲求如來淨圓覺心，應當正念，遠離諸幻，先依如來奢摩他行，堅持禁戒，安處徒衆，宴坐靜室。」予詳真學，當從此始。夫安處徒衆，則非吾事，所云堅持禁戒，實資外奬。又云宴坐靜室，最爲要切。《維摩經》云：「不於三界現身意，是爲宴坐。」予嘗擬之而言云：「不令一事礙方寸，是爲虚室。」然而此皆言其臻極之理，必未能爾。自思力量，且宜從漸，雖不及苾蒭受具足戒，且以嚴持小法，檢迹正儀可也。雖未能頓虚方寸之地，以爲吉祥之室，且虚方丈之室，專於靜居可也。吾之老年，屬意如此。

學而欲求外事者，唯恐人不知；欲求内事者，唯恐人知之。吾有此言，已泄天機。諦觀貪欲有二大患：固權寵而觸禍機，飾私邪而涉畏途。知之善避，百無一二，古今之大情也如是。

自謂暮年急於無學之學，不必須俟從容，固當隨時抖擻一切塵念，冥心絶境，便是入至人無何有之鄉，泛如來大寂滅之海。此但至小至淺者也，古德所言之理，乃是至大至深者也。

服雲母粉，不如我自得法門甘露，味之妙也；聽清商樂，不如我獨聞性域天籟，音之和也。五鼓夢回，聰警甚樂，福會靈應，超然絶倫。

習定如習射，射多則中多，中多則分寸無失，如此則定心熟矣；益慧如益燈，燈多則明多，明多則毫芒必照【一三】，如此則慧心廣矣。非曰狂言，悉因經據。吾求自然智，切問

【一三】明多則毫芒必照　「多」字原脱，據四庫本補。

近思，唯變所適，他皆倣此。

儒家之文雅，道家之清淨，禪家之宴寂，吾登耋耄之年，彌加樂欲之意。自喜性習之天然也如此。

《左氏春秋》有語曰：「老將智而耄及之。」予今年登八旬，而演法成文，其意無盡，常患才多，以爲增上緣。然而年及耄而智日新，度越古人，亦足自慶，即非妄有矜伐也。加以壽康給足，似續蕃衍，使我勝修益壯耳。

予讀《楞嚴經》，知動靜不生之相；讀《圓覺經》，見理事無礙之門。非止讀經，而皆得法。

予讀類書有云，隋時高潔之士張文詡，博覽文籍，以灌園爲業。州郡頻舉，皆不應也。以其貧素而賑給之，又輒辭不受。每歎曰：「老冉冉而將至，恐修名之不立。」予見古人之行如此，因而省己。夫服勞有養，自免學老圃之事；賜禄足用，豈待致公家之卹。年登大耋，精爽不昧，慶幸畢集，超於先賢。固當激勵志節，亦加先賢一等。今不復修飾，更求虚名，且歎曰「老冉冉而已至，惜涉道之未深」爾。

予自冠及耄，好讀書，未省一日而廢棄。亦既大耋【一四】，尤嗜竺墳，酷信所説行之。因報如影響不差，慨然有挺拔出塵之想。猶患前言博而寡要，因爲四字六句，以定積習之法，自曉而已。其語云：「知幻識真，去邪住正。冥心攝念，入流聞和。不失不勞，法要

【一四】亦既大耋　「耋」原作「耄」，據胡珽校趙本改。

盡矣。」

人倫有三大苦，未見有丁寧形言而戒懼者。仕宦之間，暗觸禍機；衽席之上，密涉畏途；輪環之中，枉入諸趣。夫第一、第二之苦可以目覩，第三之苦可以心知。若能嚴持至行，善避此苦者，其唯有智力大人乎。

人之所惜愈增愈疎，予之所惜愈減愈親。智者可以意取，予不能以言陳。離名相精真體用，難爲力致；不思議解脱境界，率由神會。故惟道侶，非尚談交。時君御極，舊有至言，《書》云：「任賢勿貳，去邪勿疑。」予因思之，法王御心亦復如是，依《華嚴經》信用普賢，依《楞嚴經》勿受群邪是也。

大道人事【一五】，物理動息，各有自然時數。若能洞曉臻極，而無蔕芥於胷中者，可推之曰賢哉大丈夫。

禄位，神物也，求者不可得有，有者不可得守，守者不可得久。所以然者，不知其道也，抑亦數有定分也。

心之所起，念念名爲塵垢；念之所屬，事事名爲夢幻。當如是觀，如是斷，勿復分别牽纏。

大千沙界，尚爲空裏之空名；鉅萬金錢，固是末中之末事。非上上智，無了了心。

我自得二大觀法門：觀一切動植之形，來觸目者，悉謂之夢幻；觀一切差别之情，

【一五】大道人事　胡珽校趙本「大」作「天」，疑是。

來觸心者，悉謂之魔賊。此二者，事類繁細，不可件析，從無始以來，與我爲仇敵。非我獨然，而人皆然，非止於今，已往、未來無窮亦皆然，我知之矣。彼來觸我，我當觀之，令精審而不迷，練之，令純熟而不動。難則至難，未必能爾，然比夫全不知觀練者，則殊矣。

我視富貴，如秋風之過，如浮雲之變；視身世，如幻化之相，如夢想之狀。是故我心無所住而住，亦不見其無所住之住。

吾晚年之學，住無所住，故不爲住；修無所修，故不爲修；得無所得，故不爲得；說不可說，所以無說。是故徑荒交絶，介然自守而已。

吾嘗諦觀多士，求其傑出。若乃博聞强記，洪筆麗藻，學洞天人之際，才堪將相之科，根器得中，或有之矣；必要中根以上，自然智生，知高蹈之大方，見還源之妙性，超出世表，卓然獨存者，吾不得而見之矣。

《莊子》外篇有虚緣葆真之説，《圓覺經》普眼章有理事無礙法門。予嘗究觀，其體一也。夫順緣而不失真，與應事而不妨理，有何差別？宏達之士，適變會同，固當如此。若偏執一家之言，而意成隔閡者，非也。

《南華》之經有所評品，謂之蔽蒙之民、倒置之民、天之戮民。予歎士大夫爲何不知此言，可愧可畏。又西域之經有所尊獎，謂之開士、大士、無上士。爲何不知此言可貴可愛，而但蠢蠢然，紛紛然，與萬物同化滅，欲何爲哉？

夫聖人作《易》，窮神知化，窮理盡性，此乃數術之大者也。數術雖大，而有限量，惟世雄妙覺之理，不可以數術窮之，獨出限量之外。固非偏見孤説，角其勝負者也。

金剛齊云：「我不依有住而住，不依無住而住，如是而住。」予因續之以言云：「我願於造次顛沛之際，逆情乖意之時，亦不失安然而住。」

采集内典四句，以明己意云：宴坐静室，冥神絶境，凡所有相，夢幻泡影。

道家之言虚無，但得其體；佛教之言寂照，體用兼備。真學之流，所宜具此知見，分其半滿。

清心釋累，姑務息緣，澄神定靈，居常宴坐。用之不匱，其如予何。

儒書之要仁與義，道書之要恬養智，佛書之要定生慧。兼而有之，廣大悉備。

非理外至，當如逢虎，即時而避，勿恃格獸之勇；非理内起，當如探湯，即時而止，勿從染指之欲。大率如此，不煩具陳。

《老子》云：「有物混成，先天地生。」此乃釋教所説「一真法界」是也。《周易》云：「精氣爲物，遊魂爲變。」此乃釋教所説「群有從一真起滅，名爲生死，隨其因報輪環，各入諸趣」是也。若非大和會，不凝滯，何以到窮理盡性之處？不以時刻之少多，處所之喧静，情境之違順，冥心息念，常存總持。

夫道家法要，氣爲元也，調柔順適，自覺氣之和；禪家法要，性爲宗也，空明洞徹，自覺性之靈。二法相符，其妙盡矣。

多藏厚亡，不如積而能散；高位疾顛，不如卑以自牧。是以古人有言「富不如貧，貴不如賤」者【一六】，識之深者也。

內學之人，但依道家流所說真人、至人體純素之理，禪家流所說大乘、上乘入空妙之法，協用臻極，誰窮智力？

《修證儀》中已說須具五緣，予嘗思之，尚未該備。今自立一說，須具四緣：第一具心緣，深信樂欲，此爲根本；其次具身緣，無諸疾瘴事役；其次具資緣，有物足用，有人善奉；其次具世緣，運歷平寧是也。最先由己，次第委命。

予愛經教中所言棲心聖境、冥心絶境、安住妙境。若能知而密契，語默一致，其要備矣，何假外求於人。

予讀經得《楞嚴》圓通法門、《圓覺》無礙法門、《維摩》不二法門，與夫誦其經而籍其數者異矣。

學道者，但得寐無夢而寤無憂，譽不喜而毀不怒，胸色空而如一，即動靜而皆如，練此純深，其道成矣。

歸心聖境，上有古先生；藏事私庭，下有隸子弟。吾之慶幸，灼然居多。

《圓覺經》中叙普眼之觀，重重是幻；《冲虛經》中辨爭鹿之訟，重重是夢。是知即

【一六】是以古人有言富不如貧貴不如賤者　「富不如貧」之「如」字原脱，據胡珽校趙本補。

今之我是幻也，即我之所是夢也。見此大空，已是真智，猶名半智。又此普眼章中言「非幻不滅」，如老子云「其精甚真」，此則不空。若能洞曉非空非不空，超絶混融，方名全智。

予己大耋之年矣，尚多游心文章，愈愛體勢混融，格力雄重，才學典雅，語句清拔。內視靈府，殊未有昏濁之狀。

《法華》之悟入，《圓覺》之隨順，吾思詳練兼該，以盡致力之妙。斯亦無得之得。

信正説，作正觀，志在超絶，洞曉無爲之理者，名爲達道；信邪説，作邪觀，志在貪得，增上有爲之事者，名爲佞佛。此二人心，霄壤殊致。

予好看內典，若要學出世聖人圓寂妙湛之心，固不可及，然而觀練增深，了達世間之幻妄，銷去胷中之蒂芥，比不知者，亦獲法利萬分之一也。

人所愛欲，大率有二：有聲無形謂之名，或物或事謂之利。殊勝反是，亦有其二：美善自得謂之德，美善可蹈謂之道。條目繁細，此舉宏綱。

前輩有詩句云：「兩輪日月般興廢，一合乾坤夾是非。」有以見是非之頗多也如此。今人著文，褒貶古人以爲論，有以見是非之有餘也又如此。故莊生之書，以環中之空爲道樞，釋氏之書，以心言路絶，名曰不可思議解脱。真學之士，若不到此，則其言意未有休歇之地。

真學之士，且能言不出是非，色不形喜慍，意不存愛憎，積習純深，亦不易得。

寂然不動，定體也，志以道寧；油然而生，慧用也，心華發明。混而爲一，何慮何營？

「人生而靜，天之性也」，此爲因地；「感物而動，性之欲也」，此爲緣起。息緣反照，是爲要妙。

一真法界，本自常然。三世妄心，了不可得。

始覺之覺，名曰聖胎，難忍能忍，謂之有力大人。觀練交深，所作辦矣。

予讀類書相術門，有説唐時事。初，高智周、來濟、郝處俊、孫處約同遊，寓於揚州【一七】，而江都人石仲覽傾産以待之。嘗引相工視濟等，相工曰：「此四人皆宰相也。來公早貴，而末途屯躓；高公晚達，而最爲壽考。」夫速登者易顛，徐進者少患，天之道也，而濟等皆如所言。又有説五代周時，趙廷乂世爲星官，仍於袁許之鑒，長於氣色。清泰末【一八】，廷乂待詔内庭，嘗與樞密學士吕琦同行。琦從容密問國家運祚，廷乂曰：「來年厄會之期，俟過别論。」琦敦訊不已，廷乂曰：「保邦在刑政，保祚在福德。於刑政則術士不敢言，奈何際會諸公，罕有卓絶福德者，下官實有恤緯之僭。」尋而晉高祖入洛。予因思藝術之士，亦如此言，是知天時人事，必以理道居先耳。

《維摩經疏》中有説云：「文字般若，謂名、句、文三者，平顯般若故。」又《圓覺道場修證儀》中説：「修行初地，得經綸智。」予因自思，好看佛書、道書，得意著文，亦不失學法

【一七】寓於揚州 「揚」原作「楊」，據胡珽校趙本、四庫本改。

【一八】清泰末 「末」原作「未」，據胡珽校趙本改。

之巧慧耳。

酷嗜於道，談乎無味之味也；　獨聞其和，天然無聲之聲也。有如此者，名決定相。不鼬驕餌，則免五鼎之烹；　不入智籠，則免四隅之觸。古人高蹈肥遯，其見如此。若復別得妙道，何以加焉。

學僊至要，無越於深根固蒂，長生久視，安養神氣，自求獨善之利；　學禪至要，無越於定慧相合，合而後明，化導生靈，曲成兼濟之名。其意則已備矣，其言則無窮也。

予讀内外經典，咸有所得。讀《法華經》，信入佛知見爲大事，所以依正覺，觀其妙，不使心昏迷；　讀《周易》，信蒙以養正爲聖功，所以履正道，晦其迹，不求人見知。協用交濟，何往弗宜。

内學之士，智明而無爲，行於正道者【一九】，是也；　識暗而有作，行於邪道者，非也。大率如此，法門樞要。

澡雪靈明之心，道可致也；　固存幻化之身，道所寄也；　牽制重複之緣，道有累也。於此觀練，尤宜純熟。

蒙以正，功乃聖。其直貫天，必無愆應。晦而明，用乃靈。其照對物，必無遁形。我如是言，亦不立名。

今采經録之語，配爲四句：「諸幻盡滅，覺心不動，照體獨立，物我皆如。」法相及此，

【一九】行於正道者　「正」原作「王」，據四庫本改。

吾道成矣。

儒家燕居，閑暇和舒，顯放懷之容止；　禪家宴坐，澄默空寂【二〇】，晦入道之指歸。

理有淺深，説難窮盡。

道書言真人、至人，佛書言大乘、最上乘者，其理大同小異。若執所説，則難爲和會。

【二〇】澄默空寂　「默」字原闕，胡珽據趙本校補，四庫本作「心」。

卷九

吾諦觀人世，誙誙然趣死者，如百川東注也。其死所有二焉：觸名位之禍機，冒衽席之畏途。能不爾者【一】，萬萬中或有一二。

梁劉慧斐解官，寓居於廬山東林寺，人稱之爲離垢先生。唐司空圖辭榮，退隱於中條山王官谷，自號曰耐辱居士。夫如是，則出塵之想自古而然，故予亦立居士之名。曲士相譏，出何典記。

道家之導引，本乎動者也；禪家之宴寂，本乎靜者也。夫動靜交相養，吾從事於斯矣。

身端心虛，美妙恬愉。無戀無厭，非智非愚。今我如此，塊然而孤。

味道逾深，晚年自覺。矛盾對敵，舉世多然。針芥相投，會意難得。伊予晦迹，非愛絶交。

人愛寵禄之重厚，我愛身心之輕安。情既相睽，道固難合，所以人不我知，我亦不求人知。

窮理盡性，了然而洞分；澄神定靈，湛然而不動。道人智力，大率如此。

校勘記

【一】能不爾者　「爾」原作「邇」，據胡珽校趙本改。

予之眼根睒爍見妙光，耳根鏗琤聞妙音，意根惺惚知妙法。三妙不失，久而純熟，亦可入精微之境界。

唐中嶽隱士棲真子施肩吾，作《三住銘》及《靈響詞》，皆叙述習静而聞其妙音，謂之小兆，蓋言道家真應之朕兆也。予今年八十，而耳中素聞靈響，越一紀矣，今益清緊。每凝聽之際，音息混融，身心條暢，非止爲小兆之符契，抑亦資大事之因緣。喜而復書，聊以自警。

前輩有詩云：「塵海茫茫萬古深，是非波浪至於今。其中名利爲香餌，釣盡人間不了心。」又有詩句云：「舉世盡遭名利染，何人不帶是非行。」因知名利之生是非，如形聲之有影響，古今皆然。若有天賦至奇大士，豁然而悟理，挺然而抗志，躍出此四者之域，特立獨行於妙妙之道者，吾當尊之曰大人先生。

《涅槃經》云：「智者言：乃至出息入息之頃，我當於中精勤修道，護持禁戒，説法教化，利益衆生。」予詳此説，夫出息入息之頃，何暇説法教化，利益衆生哉？大約以修行激切，無暫廢時之意也。予太老矣，雖不能爲利他之利，且以此語爲準而急於自利。息息之頃，時最少者，我當於中檢情攝念，澄神定靈，依觀音入流圓照法門，隨分增修，不令虚過而已。時之更多，即可知也。亦不計其應驗，亦不更有詢求。予志如此定矣。

立至理，奪妄情，奪而勝也，事日銷去；存至誠，住妙境，住而安也，道日深固。二法交濟，爲具足智。

自得思修之慧，爰資決定之志。究觀萬萬空了，知一不空。期於八面受敵，巍巍而不動；百慮致力，多多而益辦。唯不空之一，不令起二。無辭外禦之勞，加增富有之利。老用此法，没齒而已。

反聽無聲之聲，清警而徹，不容有念，聯綿而生，隨時隨處，詳練純熟。耄年自得，切於斯矣。

可損之事，即日而改；自生之智，即時而書。撫己諦思，亦足爲學道之人矣。

予讀三家之書，各有所得而愛之。讀儒家流之書，得大雅之法，愛其所説行之端確而無邪；讀道家流之書，得大觀之法，愛其所説智之曠達而無滯；讀禪家流之書，得大覺之法，愛其所説性之圓融而無礙。是三法者，闕一不可，曷爭勝負而分彼我哉？

究觀自古以來，明道之淺者，高士也，且不願以官拘其身；明道之深者，聖人也，又不願以身拘其神。噫！伊予此説，中智以下，覽之必大驚疑；中智以上，覽之必稍忻沃；或有踊躍讚歎者，復何人哉？

有客問予曰：「丈人年甚高矣【二】，不當虚過浮生。夫世間諸事，人皆臻湊，盍亦取之，以爲利樂。而杜門不出，手不釋卷，無乃自勞乎？蒙竊惑焉。」予答曰：「闔扉觀書，性之宿好，不覺其勞。讀古聖人之書，味其言，見其意，知其道，深入其奥，但惜乎日太促，

【二】丈人年甚高矣　「人」原作「夫」，據胡珽校趙本改。

力不足，未果行之，安能更營他事乎？」客愕然，不復致詰，亦不稱善，俄而告退。

若有人志於道者，但不能失聞思修三慧，不留貪嗔癡三毒，已不可多得。或更超勝於此，善莫大焉。予於此中，似得百分之一。

予之耄年，切於真學，愛道經之虛極，暨覺論之清升。雖未有成，必應無失。聞中入道，古聖妙門，我獨聞和，助發清興。豈非靈覎所及，致合天人之理乎？愈惜殘年，切於修詣。

求處世之利太甚者，不知紀極，横致殺身之大苦，此爲迷徒宵征於險路也；求出世之利太甚者，不顧毁滅，自甘趣死之大苦，此亦迷徒相沿於邪見也。予洞曉焉，而獨雍容優游於二見之間，涉道得中，有若乘白晝而遵大路也。

五鼓夢初回，羣動聲未有，而無思之心覺惺惚，無作之氣方冲融，無物之音聞玲瓏。三者混同，恬愉何窮，而我游戲於其中。

御兵之數，多多益辨者，爲將有餘力也；御心之數，多多益辨者，學道有餘力也。吾方致力於道，當此不讓於師，

用智以燭理，勿至於煩；致力以成道，勿至於勞。簡逸居中，在我而已。

外禦侵疆，百戰百勝，邊將之功居最也；對治攬心，百法百中，道人之力自强也。畏懦畜縮，非大丈夫。

浮名冗利，假貴虚榮，過求而致横死者，莫知其數；　天機元吉，妙用清升，了知而能回向者，未見其人。　古德明諭而不聞，斯固無如之何也。

予自獨清獨覺以來，塊然獨處，常獨行獨坐，獨思獨語，或時乘興獨酌。　非由介僻成性，斯蓋出門無同人，凡百豪英，欲大非吾偶也。

觸善念如不及，觸不善念如探湯，積習久之，至於純熟者，深心之美利也。

衆人無不從事於妄心俗緣中，至人獨能從事於真心勝緣中。　至人所從者，事益真而益親；　衆人所從者，事益虚而益疎。　終日相背而交馳，何由會面而論心哉。

予覺蕭灑出塵之心，高高然排虚凌煙，如戛摩於雲天；　又覺精微入理之心，深深然研幾造極，如洞貫於金石。　夫耄年力學，有志於妙道也如此，予何憂哉，予何憂哉。

自喜耄年益壯，法器晚成。　固護深心，宴坐虚白之室；　優游妙境，按轡清真之途。　遠期三淨輪，終達一乘地。　尚多祖述，咸有指歸。

了知太虚妄，回向甚精真。　扣圓頓之門，入聖優之域。　苟有知我，必無相輕。

夫强學之士，當志於大者遠者，縱不能果如其志，亦不失小者近者。　譬如圖王不成，猶足爲霸，本期逐鹿，獲兔而歸是也。　此猶是世間之學。　若有志於出世之學者，當更加於人一等，縱不及圓頓之門，亦不失階漸之次，縱未得無生，亦可得長生，縱未見法利，必不嬰世累。　爲善自强，其理如此。

耄年真學，協用大端。觀世緣苦空爲上上智，以淨念堅凝爲上上行。如是純修，無虚晚景。

出世之道，必由乎學。光明有煒，鍊精金而見佛心；溫潤無瑕，琢美玉而成法器。苟虧此志，是曰虚生。

予自叙一説，名爲六委順。委形而生，順造化也；委質而仕，順器業也；委心而退，順典法也；委氣而和，順調御也；委命而樂，順安處也；委蜕而代，順勢數也。次第六委，斯爲六順，苟乖其一，乃道中之罪人也。去順效逆，自貽伊戚。敢告同志，無或忽諸。

予今耄年，學道逾切，何故也？夫朝聞夕死，猶垂聖人之言；而日就月將，寧非老夫之幸？寶惜餘景，豈下新進少年乎？

究觀常情，而有帶隨求，執如意者，未離於貪。蓋欲物隨求而皆得，事如意而不愆，不亦難乎哉？予愛達摩四行，而内有「無所求行」；宣尼絶四，而首言「毋意」。此内外德教，宗旨何如哉？

宗隱逸而臻極者，榮辱不能及；宗神仙而臻極者，寒暑不能侵；宗禪智而臻極者，造化不能拘。三者次第殊勝，而究群倫所趣【三】，了不相關。

自叙耄年日用之功云：清晨焚課，以小法助端誠；良宵宴坐，以無念念實相；其

【三】而究群倫所趣　胡珽校：趙本「究」下有「觀」字。

間白晝，隨意涉獵寶玉之書，得其義味，直取冥神絶境爲至要。凡知其已往之非者，勤勤日損，所以闔扉而居，絶無交游，自然而然也。如是積習，貫心達性，雖未能入聖域而優深，亦可結勝緣而密緻，種善根而深固矣。設使至他生，何憂何患乎？

夫外顧他緣，其事疎而小；內辦己作，其事親而大。心苟明達，安可以疎間親，小妨大？吾今了知，以此爲決定智，期於惜日餘光，行己親切之事。自省天賦宿習，從少至老，好讀敷陳理性之書。每得其意，輒著爲文，皆立法自規耳。耄年愈篤，而克壯悟修之志，確乎不可拔。

前賢所説，有以文章爲佛事，予思之竊喜，且知素所好尚，貫入骨髓，必無退失。何以明之？凡心之所及者，夢中亦如之。予之夢中所見者，多涉慧業，暨諸妙事，情之常然者也。譬如胡人必不夢具舟楫以閑遊，越人必不夢騁騎射以爲樂。是知己之身心，至他生亦必如今世。此是智慧之種，種諸善根，善巧之緒，結爲勝緣，更不疑也。吾何憂哉，吾何憂哉？

人有日日親揮彩筆，援引經據，開陳衆妙之門，剖析精微，直貫天人之際，以爲身謀者，猶悔其煩。又有日日自執牙籌，勾稽文簿，收藏悖入之貨，根窮瑣細，不捨錐刀之末，以爲身謀者，不知其勞。較其所見，明昧優劣，勝負得失，損益利害，果以孰是孰非乎？

猗歟古聖，蔚爲世雄，練性超諸天，冥真成正覺，至靈周含識之識，大空合太虛之虛，仰之彌高，妙而不測。教興因利之利，法有至仁之仁。豈可以世智，區區耳目所及，輕易品量而加指名哉？

吾愛南華真人著書以明理，有説東郭順子虚緣而葆真。此法印吾心，自以爲善利。宗儒書，致力之臻極者，吾取《周易》中「言行動天地」；宗佛書，致力之臻極者，吾取《楞嚴經》中「寂照含虚空」。此皆殊勝之文，自有淺深之理。法學窮理，道學栖神，二者交修，久而不失，吾事辦矣，孰果知之？言約意周，無煩綺飾。

究觀妙典，濬發天機。灌頂沃心，既資大悟。書紳銘座，安可暫忘？一一形於文言，句句植其種智也。

詳求古教，大啓深心，仁不可造次而違，道不可須臾而離。故我不起於坐，便入涅槃。斯乃隨時隨處，息業養神之理也。

唐賢白樂天有詩句云：「濟世才無取，謀身道不周。應須共心語，萬事一時休。」予自引年退處，絶無交游，約己趣向，因而擬象其句，增多其意而書之云：「應須共心語，共書語，共道語。」昔晉阮瞻，時人謂之三語掾，予今自目之曰三語翁。其三語，名則略同，而理全異耳。名僧貫休有詩，斷句云：「豈知知足金僊子，霞外天香滿毳袍。」予因擬之，自述所得，别成二句云：「豈知習静知常子，塵外天聲滿耳根。」

《圓覺經》所説，建立道場，三期修行，感應之兆，有云「遇善境界，得心輕安」，爲何不言「身輕安」而言「心輕安」？予以爲心者身之本，即法身也。所言輕者，謂去其心之垢累重濁，而得空虚，故心輕也。所言安者，謂澄其心之諸念煩動，而得寂静，故心安也。是以禪家之言空寂，道家之言虚静，心體之相，其理一也。

我願心如河，直貫於高天，其上達也如此；又願心如海，旁吞乎衆川【四】，其并容也如此。上達欲以精妙道，并容欲以消苦惱，克踐願言，何往不可？

世間之事，與心期者多苦於不足，與天期者常樂於有餘。何謂也？夫心之所期而自固必，或不遂心，故多苦於不足。天謂自然也，任其自然而至者，出於意外，故常樂於有餘。予今得此二期之説，自爲心要之法。

白公名居易，蓋取《禮記·中庸篇》云：「君子居易以俟命。」字樂天，又取《周易·繫辭》云：「樂天知命，故不憂。」予觀公之事迹，可謂名行相副矣。故情動於中而形於言。集中有詩云：「朝見日上天，暮見日入地。不覺明鏡中，忽年三十四。勿言身未老，冉冉行將至。白髮雖未生，朱顔已先悴。」又云：「貧賤非不惡，道在何足避。富貴非不愛，時來當自致。所以達人心，外物不能累。」噫，公年方壯而作是詩，予今年八十，比公賦此詩章之年，已加一倍，更餘一紀矣。安得不如公之曠達哉？故予抗心希古，以公爲師，多作道情詩，粗合公之詞理爾。

【四】旁吞乎衆川　「乎」字原脱，據胡珽校趙本補。

莊子云：「賊莫大乎德有心而心有眼。及其有眼也，而內視，內視而敗矣。」夫莊生大意，謂分別是非，探射幽隱，喪真德也，自是道教之一說。若據內典《金剛經》中說五種之眼，除肉眼、天眼謂在面之眼，其次三種皆謂在心之眼也。觀一切法空，爲慧眼；見空中有一切法，爲法眼；并包大備，爲佛眼。莊生之說亦不相妨。

千聖不傳之路，問之則難說；萬劫不朽之語，得之則無失。既知之矣，復何憂乎？群疑消於雪霜，一志貫於金石。伊予學道，其誰與同？

學道之要，予謂無出於動靜恬智交相養。故予動而觀書，窮理盡性，養智也；靜而息心，澄神定靈，養恬也。若言更有妙者，予則未能知之。

徐寅律賦有句云：「易伏猛獸，難降寸心。眼看西晉之荆榛，猶矜白刃；身屬北邙之狐兔，尚惜黃金。」此雖文詞麤壯，抑亦快人心胸，故予采而書之。

予偶自思，即今之學，姑務以理奪情，未到忘情復性。若能理常勝情，亦甚善也。

夫博學多識，窮理盡性，是謂知道；收視反聽，澄神定靈，是謂修道。道法之利，不可以言宣，可以意取。中智以上，必能學而致之爾。

自念聖胎初養，於《圓覺經》有起信之心；靈音內觀，於《楞嚴經》契入流之法。伊此二妙，慶悅交深。

儒家所貴，貴乎有法以成德，故《周易》云：「君子言有物而行有常。」道家所忌，忌乎有機而喪道，故《莊子》云：「賊莫大乎德有心而心有眼。」宗趣各别，兩不相妨。

寓身虛白之堂，或出或處，身自在也；寓心清羸之軀，或默或語，心自在也；寓言優游之文，或律或古，言自在也。强名三自在，混爲一逍遥。

入道之法，宴坐靜室居先也。自顧耄年，惜日尤切，隨時隨處，息業養神，古教如此耳。俟時之靜，餘生幾何？前賢有詩句云：「如今休去便休去，若覓了時無了時。」因而擬之，别爲二句以自規云：「可能宴坐即宴坐，待全靜無全靜時。」

予覺靈心之惺惚，真氣之冲融，妙音之玲瓏。今且優游雍容於其中，自目之曰熙怡逍遥翁。

神光發明，或隱或顯；真氣流行，或開或塞。勢數自然，委順而已，不生疑怪，是無挂礙。

心足則常足，道勝者自然而足；心樂則常樂，道勝者自然而樂。道力清壯，物無以敵。

所讀之書，窮理盡性；所得之法，貫心達性；所愛之事，怡神養性。人不我知，苟有知我者，以我爲何如人也？又謂薰修善利，合何如哉？

孔氏之教以忠恕爲宗，老氏之教以道德爲宗，釋氏之教以覺利爲宗。舉其宏綱，盡在此矣。内外同濟，闕一不可。

道唯自覺，人不我知。澄凝一心，逮得己利。照了諸幻，其如予何？深入精微【五】，重增懇激。

孔氏之教在乎名器，如釋氏之相宗也；老氏之教在乎虚無，如釋氏之空宗也。唯釋氏之教本乎理性，而兼該二教之事，方爲臻極。然而孔老二教，亦有涉乎理性空有之迹，而不到窮盡理性之説。

向上一路，吾能自見；造微一句，吾能自記。於兹悟入，是大方便，是大因緣。隨意即書，非爲戲論。

天台觀門之教，圭峯禪源之法，而皆貫微洞密，曲盡其妙。若僧若俗，談宗風者，不能於此書中研精覃思，窮理盡性，而但道聽塗説，不亦謬乎？

若有器宇淵邈，人倫不能見其邊際，心境祕密，鬼神不能知其朕兆，吾當推之爲有道之士。

我今發洪誓願，願我今生得本來之心，有如雲忽披而見白日；養浩然之氣，又如春積暖而消清冰。開悟流暢，何樂及此。

今取莊老二子、《圓覺》《楞嚴》二經文注之句，集成三連珠，爲己心要，盡其美妙，可以專行固守也。言意始末，該括虚空，蓋明二教大同。夫馴致妙道，當以虚空爲體，心息爲用。其句云：「唯道集虚，虚其心。心息相依，息調心淨。淨極光通達，寂照含虚空。」

【五】深入精微　胡珽校：趙本「微」作「妙」。

甘醴淳糜，可以扶衰養老；　良書妙典，可以求智葆真。　此外悠悠，不能介意。

白公有詩句云：「澄江深淺好，最愛夕陽時。」予自有所得，因而擬之，别爲二句云：「耳音清亮好，最愛夢醒時。」事雖不同，而句相類也。

譯經院僧首惟淨，惠訪欵談，及于三施，謂財施、法施、無畏施也。　仍言無畏之施，善利最深。　謂人有憂危恐怖，而其心未決，仁者姑務慰悦，令得安穩是也。　予思仁人之言，惠而不費，力行其法，夫何難哉？　因而書之，永爲吾事。

自念已登耋耄之年，彌耽經論之學。　或窮理盡性，觀妙道之本源；　或抗心希古，服先賢之景行。　天必鑒我，我無愧焉。

獨覺自奮，舉世焉知？　醉象逼人，墜丘井而惕息；　大龍辨事，乘風雲而騰凌。　凡聖殊途，其理如此。

自覺反聽致聰，已如警露鶴，又欲冥心致淨，有如辟塵犀，又欲澄渟重濁，有如清水珠，又欲發見光明，有如輝山玉。　内省狂言，必貽大笑。

大功厚賞，相嫉必衆；　陰德密行，獲報宜深。　惟道與仁，君子所見。

《太平廣記》第四百五奇物門類説，李德裕東都平泉莊，去洛城三十里，卉木臺榭，若造仙府。　莊東南隅，即徵士韋楚老拾遺别墅。　楚老風韻高邈，雅好山水。　李公居廊廟，以白衣累擢，令居諫署。　公後至平泉，造門訪之，楚老避於山谷間，遠其勢也。　予重韋生深識，采而書之，別資詳覽。

予觀出世之法，而得四種之無也。無所求行，無生法忍，無礙法門，無上菩提。比夫世間之法，有取求，有生滅，有挂礙，有法超出於其上，何者殊勝乎？

天竺古先生，獨行首出，是謂世雄。證果之初，六種震動；說法之際，四花飛灑。妙道至仁，絶不可及，具大威德，爲天人師。故我歸心，自感悟爾。

諦思入道之法，無有勝於養恬智也。非冥心宴坐，何以養其恬；非觀書博學，何以養其智？我當從事於斯，始終如一，期於沒齒而已矣。

大雄氏推爲無上士，其道無上。又曰古先生，其法無生。夫世間區區之智，不當以此絶倫之聖，而於有爲局分中，容易比擬而致交爭。

噦噫嚏咳，隨其氣之有常；行住坐卧，隨其意之有常。知其有常，可以無悶，而我於此意氣有常之中，未嘗瞬息之頃暫忘思修無上妙道。因而内省，亦足自慰。

疾驅駟馬，爭先於覆車之轍；枉用七寶，加飾於伐性之斧。古今同迷，滔滔皆是。唯上智之人，但能知之而自戒，雖大辯之士，不能規誨於人也。

或謂予曰：「丈夫儒林之士，披尋釋老之書，何用何益？」予對曰：「予讀釋氏之書，得三解脱門、不二法門、無礙法門；讀老氏之書，得衆妙之門。夫如是則蔚爲心師，法利居最，況於儒術，亦不相妨。」

有念有爲，有生之業；無念無爲，無生之法。淨明可致，理在其中，一一言之，則不能盡。自喜達道具緣，漸老加信，觀練深切，在我而已。

予以學而知之，今自得一法，可以敵百，該涉《易》意，萬變雖殊，可以執一御也，又足以并包《莊子》虛緣而葆真之旨。謂乎性生情，情生緣，緣生事，性爲本而情、緣、事次第爲末。情、緣、事，當思順理而動，而性不動。譬如衆星有轉移，而北辰不動；浮雲自飛揚，而南山不動。觀練純熟，道必成矣。予常因一事立一法，唯此一法可以足用，譬如大藥之一而蠲百疾。

唐中宗朝神龍初，有同州刺史孟詵致仕，歸於伊陽之山第，年雖晚暮，志力如壯。嘗謂所親曰：「若能保身養性者，常須善言莫離口，良藥莫離手。」予思言意有所未備，因而擬之，別成語句云：「若有明道志學者，常須善念莫離心，良書莫離手。」

夫清言妙道之人【六】，必以聞思修三慧發天機，又以戒定慧三學辨大事。固當究觀馴致，臻極自覺。若有妄起異端，而云此外別有一法，吾不取也。

自念養老具緣，推分易足。或以宴坐靜室，棲心聖境；或以圓經了論，窮理盡性。日復一日，率以爲常。內自省躬，有何憂患？

吾有觀空眼，見夢虛幻妄；又有入理心，覺智明力勝。是故加老益壯，而志不可奪。

天聖八年十一月十七日夜，夢有如對於尊貴大人，令立而賦詩，口誦而成七言八句，

【六】夫清言妙道之人　胡珽校：趙本「言」作「信」。

在青字韻，止能記憶二句云：「文昭豈異天垂象，澤布還同雨灑溟。」斯大人其意未曉，凝然以思。予因即時承意解釋之云：「古詩曰：『雲根臨八極，雨足灑四溟。』有此故事。」斯大人方以爲然。予既寤，不復以占夢考祥爲意，但悟人生性習之事，隨其志趣常存耳。追思曩昔夢中所爲，無非己之好尚，藝文之類，未嘗夢爲騎射戈矛角勝之事。夫形神不接，而識想如故，則知纓情結念，善惡由己，影響因報，世世不失舊緣也定矣，適足私喜。明哲之士，固當慎其所習，爲來生張本。

閑居有禄，大耋無嗟。視聽不衰，發神靈之光響；思修愈切，窮理性之根源。比於群倫，怡然自得。

我安身心，已得其所。杜門不出，三徑就荒；環堵蕭然，四顧滿志。不知我者，謂我何求？

吾自引年退居，身閑心喜，異於他等。身之閑，非簡傲縱逸之閑，是端莊不動之閑；心之喜，非世間荒狂之喜，是法中清淨之喜。夫如是，則視履考祥，吾有何患？

御多益辦，吾知其大將；斲妙難傳，吾知其大匠；負重濟深，吾知有大象；澄撓如一，吾知有大量。吾當體此四者之大，合而爲一志，奮勇力，決重障，入方便門，歸真實相。如是而回向，如是而歸仗。

若能逍遥於《莊子》無何有之鄉，又能遊戲於如來大寂滅之海，優深快樂，無礙自在，何如人也？更有一法加於此乎？

予以年登耋耄，事歷見聞，以決定信中之心，學決了教中之法，必諧勝利，復何自疑。眼前白石爛南山，壽非可久；身後黄金拄北斗，富亦何爲？過務貪求，誰能覺了。身之所值，有安有疾；心之所值，有順有違；事之所值，有得有失。或由於己，或不由己，靡不皆然。若求一一從其所欲，必無此理。曉諭消遣，曲盡至論。

擁腫之材，匠者不顧，免見伐於斤斧；欵段之馬，騎士不馭，免致疲於道路。人不才而有飽食遨遊者【七】，亦以無能之故。

意爲心之足。足逢穢地，皆即時而避；意涉欲境，當即時而回。内習之心，大率如此。

或有人云：「心無可修，何用修心？」此皆誤會其言。凡言無修者，本謂爲無爲也。誤會之人，遂成怠惰恣縱，與諸凡夫不殊。若心無修，則前言所云洗心、清心、澄心、安心、虚心、冥心、棲心、息心，凡此之類，爲何事而言之耶？

夫真學道人，當以覺智、忍力、勇進、堅守，四者相成，如貫珠連環，而持之不失，復何憂乎？

《寶積經》言煩惱性是佛境界，觀煩惱性空是正修行。予謂學人但止依此，觀練精至，更求何法？

【七】人不才而有飽食遨遊者　「人不才」三字原闕，據四庫本補。

無生法忍，大力也；　無上菩提，圓覺也；　無餘涅槃，至樂也。三者備矣，何以加乎？

《高僧傳》廬山慧遠所著論，有語云：「冥神絶境，謂之泥元。」又東晉孫綽《老子讚》云：「李老無爲而無不爲，道一堯孔，跡入靈奇。塞關内鏡，冥神絶涯，永合元氣，長契兩儀。」予據此古德之言，言釋氏則云「冥神絶境」，言老氏則云「冥神絶涯」，詳其入理體用，有何差别？　而後裔妄分彼我，不亦謬乎？

予觀莊老之書，而見妙道本體。《莊子》云：「至精無形，至大不可圍。」《老子》云：「其精甚真，其中有信。」予因合而言之，推而求之。夫其至精至大，無形而有信者，是何物也？　濬哲之士，而有意及於此，果能知之乎？

《寶積經》第一百二，其卷首列諸菩薩名號數十，臨末相連者云無攀緣菩薩、無著意菩薩、常笑菩薩、喜根菩薩、除諸障蓋菩薩。予因省己，若能以此五者，名理協用而爲法要，久久精至，可以入道必矣。

《寶積經》第一百三，其卷首列其大衆，有云善住意天子、善寂天子。予謂善住意者，蓋言善能止息其念，不令馳散；　善寂者，蓋言能靜其心，寂然不動。大凡學人，有智不必求多，祇此顧名思義，無非法門。

讀古人書，共古人語，雖不見古人面，而却見古人心。比夫交雜交，談戲談，不可以相參。

《寶積經》第一百四内有句云：「能作難作。」予因演而續之云：「能作難作，是名爲作。能忍難忍，是名爲忍。皆菩薩之行。」

我觀人倫，形之與情如幻化，如夢想，言之與聲如風鳴，如谷響。歷劫久癡冥，不能逃世網。

養老之具，求理之書。所食者淳糜黄葅，不羡八珍之膳；所讀者圓經了論，如聞九奏之音。何必多圖，沛然已足。

一心二妙，西聖能然。屹如妙高之山，八風不動；晏如妙湛之海，萬象斯分。一名山持，一名海印。山持表定力之固，海印表慧明之深。予觀世雄，體用如此。

《莊子》云：「虚緣而葆真。」予因擬之，作儒書之言云：「應務而存誠。」又作佛書之言云：「在夢而常覺。」其理一也。

予自問曰：「吾子修真日益，何如哉？」自答曰：「草裏冬瓜應暗長。」又問曰：「悟妄日損，何如哉？」又答曰：「庭中春雪必潛消。」勿謂戲談，無非至理。

夫人但見往日、即日紛紛之緣，不知身前、身後茫茫之事。唯出世大聖人，一一了知，如視掌中之果。而曲士貢高，豈可自以爲賢而非之乎？但以身心之所不及者，疑而非之。果能斷之以理，而令人信服乎？

大象渡河，直絶洪流，自利也；　大龍辨事，廣布膏雨，兼濟也。　法此二者，名大丈夫。

《寶積經》第一百十五，其卷首名號有云「無比喻心菩薩」，又云「無盡慧菩薩」，予默而識之，自有所得。

《樂記》云：「樂樂其所自生。」予謂樂本生於人心，然後成於形器，故作樂者足以自樂也。　予每觀書得意而形於筆，皆演法門之事爲利益，故不下於樂，固當自樂而無愧，不可輕已述作，須重其法也。

夫一真是道，萬物皆空。　道勝於内則内無所恤，物空於外則外無可欲。　故我所得，唯在乎灌頂沃心，不在乎娱耳悦目。

大乘小乘，知頓漸之名理；　麤住細住，得宴息之法門。　雖未應一真，亦不入諸趣。

《列子注》有云：「檢情攝念。」《禪源序》有云：「息業養神。」此凡八字，合而言之，則與《坐忘論》收心章所説大槩，其理一也。　隨時隨處，可爲常準。　其諸深妙之法，難湊泊者，無煩過有思惟，姑務量力而已。

前言有云：「此身不向今生度，更向何生度此身？」予因擬而言之曰：「此心不向今生了，更向何生了此心？」

吾嘗諦觀人倫，大槩迷者逕逕而趣死，悟者孜孜而學道，迷悟相反，衆寡全殊，如彼牛毛之對麟角矣。　古今悉爾，無如之何。

觀身無物，從幻化緣生；觀心無物，從顛倒想生。夫天機深者，洞見此重重之空，而不落於空；又見空中之不空，照體獨存。存存之道，由大覺力，不可以言宣筆演者也。周孔經制之術，黄老清静之教，釋梵薰修之法，歷觀體用，各無相妨。人多取捨，妄分憎愛。

吾於貝典詳求多矣【八】，了知身心皆爲幻垢。身心之外，夫復何思？一切分别，無非障礙。

要切法門，須從觀練。觀也者，照以明融之智；練也者，習成恬宴之心。二妙相資，不可廢也。

知一真之本有，不執於有；知萬緣之本空，不落於空。明而融之，在我而已。稽古適變，處世之上智也；貫微臻極，出世之上智也。條分則繁，此爲綱要。多言不如無言，多思不如無思。若有人善於清言，深於正思，而能與我欵密交談，更相導諭者，是名福會。

傳無盡燈，此乃燭理之智也；御不退輪，此乃進道之力也。兼而有之，逮得己利。禪家之言有云：「心息相依，息調心淨。」若以道家之言言之，乃是「神氣交合，氣和神清」。於十二時，在四威儀，何煩别求，用兹足矣。

吾之所愛，讀良書，飲美酒，接高人，談妙道。在心爲志，四者難并。

【八】吾於貝典詳求多矣　「貝」原作「具」，據四庫本改。

密依禪觀，内習也；　嚴持禁戒，外護也。　内外交濟，復何言哉？

予好克己正身而不求名譽，量力濟人而不求福報。　由真素之所尚，非勸戒之能然。

吾好力學真乘，老而益壯，所得心要，無非度門，所立法言，無非佛事。　日復一日，不知其他。

出世聖人，善入真實際，臻極混融；　處世凡夫，常在虚妄中，析微規奪。　其相反也甚矣。

衆所好者，虚名、客氣、冗具、羡財；　予所好者，天機、道眼、法要、度門。　人心不同，各從其志。

酒力之勝也，消憂釋結，其樂有限；　道力之勝也，貫心達性，其樂無極。　不有二法，吾將疇依？

身心安樂一幸也，資緣備具二幸也，時世清平三幸也。　老年三幸，復何求乎？

人身有病健，人心有憂喜，人事有違順，古今皆然，不足怪也。

資給隨宜足其用，子孫多材服其勞。　所讀者窮理盡性之書，所學者清心釋累之法。究觀自得，天幸居優。　加以年及耄而智益生，故思深而入於道。

自定高年進道之法，但且隨時隨處，冥目冥心，便入凝虚之境界，不計安住之幾多，不分情況之如何，唯務積習爲常，日日增修而已矣。

迷己逐物，一切愚人之見也；息緣反照，萬一智人之見也。若能頓悟丕變，此則疾如反掌。

無形而常有者真也，有形而終無者妄也。唐賢白樂天所演《八漸偈》而有句云：「真妄苟辨，覺生其中。」此一覺字，佛心之初也。

身有安全敗壞者，事之報也，即世而可見；性有超升淪墜者，行之報也，異世而不知。譬如形聲之有影響，必然之理也。

予思自少及老，真學逾深。量處世奉身之宜，沛然而知足；悟出世存心之要，涣然而不疑。得一卷演道之書，如收至寶；聞一句達理之言，如嘗甘露。從吾所好，聊以自娱。

人之賦象，順造化之造而不知始造之前，順造化之化而不知終化之後。唯上上聖智，得道大成者，一一知之。夫如是，則深識之人，安可不信重其法乎？

圭峰《禪源》之序，永嘉《證道》之歌，天台觀門之學，並爲法要，學宜兼該。久味道腴，知其美妙。

天時有風雨晦明，人事有吉凶悔吝，舒休常少，慘戚常多。自古而然，其理一也。

嚴持不退之心，日誦無生之句，雖未得解脱，且稍息塵勞。願結勝緣，世世相續。

真學大成之士，其心寂寂，不同昏住而成無記；其心惺惺，不同緣慮而生亂想。至靜至明，體用如是。

思致無生之身，玆事體大，歷劫方成； 但習無生之心，隨宜恬宴，即今由己。 恬宴之境，入道之初門也。

水不大，無以養大鯤横海之鱗【九】； 風不大，無以舉大鵬垂天之翼； 志不大，無以辦大事出世之緣。 我當濬心，雄成大道。

知非不如去非，改過不如無過。 明恕之士，於此法門，隨其淺深，能行其一者，亦不可多得。

唐有名賢香山居士白公，所著章句云：「一性自了了，萬緣徒紛紛。」又有名僧圭峰禪師密公，所著章句云：「靈靈自覺元無物，擾擾他緣盡是空。」二人同時，而詞意亦同，今並書之，予所愛也。

予今以妙觀察智，知不思議事，三世無始終，十方無邊際。 惺惺冥冥，混成法器。 以物爲藥，療身之病也； 以法爲藥，療心之病也。 故予檢討方書，詳求經論，俱非徒然。

人事有吉凶悔吝，生乎動者也。 雖有吉之一，而凶悔吝三者隨之。 天時有風雨晦明，生乎靜者也。 雖有風雨晦之三，而終歸於明。 是故生乎動而得少失多者，道家所忌； 生乎靜而終明者，幾乎道。

【九】無以養大鯤横海之鱗 「鱗」原作「麟」，據胡珽校趙本、四庫本改。

今我油然有得，別爲二就法門：佚老開懷，且就了知而適悦；棲真入理，且就凝寂而輕安。日用參同，成決定志。

吾今之年八十一矣，身之所至無虧傷，心之所主無昏亂。隨緣養老常知足，著文演法常患多。静而思之，云何不樂？

宴坐静室，棲心聖境，寂然不動，怡然自得。獲大安穩，可樂如之？

心不散亂，禪定根也；心不癡冥，智慧根也。但令深固能久，勿思證驗如何。

知同歸之法而能大和會，居不競之地而獲大安穩，雖未還源，且非失道。

坦然明白爲大道，精義入神爲妙道。當耋耄之年，學大妙之道，予之歸趣何如哉？

《論語》云：「子絶四，謂毋意、毋必、毋固、毋我。」予因采集典言而擬之云：「予慎四，謂慎齋、慎獨、慎微、慎終。」何故而然？夫慎齋者，即心齋爾，洗心齋潔是也。慎獨者，即不欺闇室是也。慎微者，謂禍患生於所忽，先慎於未兆之初是也。慎終者，謂有初鮮終，當思慎終如初是也。此四法，在儒書屬禮義所攝，在佛書屬戒律所攝。學道之人，斯爲善護。

情可理奪，見理由智；道可力行，壯力由志。書不盡言，言不盡意，吾自得之，日用而人不知也。

究觀物理，油清則燈明，油濁則燈暗，水静則影定，水動則影亂。因知人心當以清静爲本。

諦觀大覺、大雄之名理：大覺者，神道也，寂照於内，萬象洞分澄湛海；大雄者，神力也，降伏於外，八風不動妙高山。内外如此，殊勝可知。吾思學其百億分之一，而不可以言及，姑務歸心而已。

《詩》有大雅、小雅章，酒有大雅、小雅杯。夫雅士好詩酒之樂，與諸好不同，何愧於人乎？

非盤根錯節，何以知攻木之利刃；非貫石飲羽，何以明射虎之純誠？我今極其智力，破煩惱魔，多多益辦，亦復如是，適足以道勝而私喜也。

習定存一，如善射之箭，中的無失；鋭意破堅，如良庖之刀，投刃皆虚。内學貴精，其理如此。

任其慣習者，名爲增上慢；明其因報者，名爲決定相。是故莊生之言繕刻，釋氏之言薰修，至理昭然，非無謂也。

翼翼小心，求處世之多福；恢恢大心，辦出世之勝緣。小心獨可及，大心不可及。此理尤爲要切，孰能知而思之乎？

古人有言：「置器安處則安，危處則危。」予因思之，而況安置身心，合如何哉？豈得不及於器，而自輕其身心耶？

觀煩惱性空，是正修行法； 知恬晏味腴，是初安樂行。 或有賦之以穎利，加之以精進，卓然挺特，超乎群萃而能自至於道，此則繫乎人者也。

吾今自集無住之法。《金剛經》云：「不應住色生心，不應住聲、香、味、觸、法生心。應生無所住心。」又《傳燈録》有説金剛齊菩薩云：「我不依有住而住，不依無住而住，如是而住。」又《壇經》六祖云：「我法以無住爲本。」又《坐忘論樞翼》云：「不依一物而心常住。」如此類例，固難具引，且從此四者備矣。 一以貫之，隨時隨處，不計情之休戚舒慘，即當徑入無住之法。 如升太虚空中，無礙自在。 久久如初，不用較量應驗之功耳。

夫上智真學之人，於處世法中修身慎行，不求名而名自應； 於出世法中清心釋累，不求道而道自證。 能知能然，何憂何慮。

詳夫心心密印之法，無一言可説，無一事可作，無一物可得，而其空明靈妙，不可推測。 但因豁然而覺，信有決定之相，若能鈎深以智，又能致遠以力，智照力行，而其道可涉者也。

《左氏春秋》云：「三折肱知爲良醫。」又《楚辭》云：「九折臂而成醫。」此皆言其更歷方藥之故也。 予因觸類敷演【一〇】。 夫真學之人，百練心可目之以大士。 予嘗著書而名之曰《自擇增修百法篇》，其殆庶幾乎？

澄凝一性，養恬也； 涉獵群書，養智也。 恬智並進，日夕常然，内省勝因，足以自樂。

【一〇】此皆言其更歷方藥之故也予因觸類敷演　此二句底本漫漶不清，胡珽以紅字填補，所據當是趙本。 四庫本作「此皆言其更歷方藥以試病，故能觸類敷演」。

大匠化材，所以成受用之器；　大龍辨事，所以施涵濡之利；　大士傳法，所以示悟入之智。　伊予宿習，與此冥契，在心爲志，唯力是視。　每思窮當益堅，老當益壯，造次必於是，顛沛必於是。

讀蒙莊之書，得道腴之味，愛其棲遲丘壑，脱落朝市，不挂聖人之網，不覬驕君之餌。苟有詰難斯言，吾弗與之輕議。

白樂天爲翰林學士時，有詩名曰《松齋自題》，其詩云：「非老亦非少，年過三紀餘。非賤亦非貴，朝登一命初。　才小分易足，心寛體長舒。　充腸皆美食，容膝即安居。　況此松齋下，一琴數帙書。　書不求甚解，琴聊以自娱。　夜直入君門，晚歸卧吾廬。　形骸委順動，方寸付空虚。　持此將過日，自然多晏如。　昏昏復默默，非智亦非愚。」又詩僧貫休有《山居詩》云：「一庵瞑目在穹冥，菌枕松床蘚陣青。　乳鹿暗行檉徑雪，瀑泉微濺石樓經。　閑行不覺過天井，長嘯深能動嶽靈。　應恐無人知此意，非凡非聖獨惺惺。」予以致政閑居，居常逍遥，因覽二公詩，而知二公意。　是知道同者，無隱顯，無古今。　遽自抽毫，合而書之，得趣欽味，逌然適悦。

合世態者由乎飾情，感神道者由乎至誠，有妄有真，各以類應，必然之理也。君子時權以適變，小人幸權而失正。大智明照，物無遁形。

卷十

予自引退就第，久於佚老，闔扉宴息，交遊殆絶。門閑室静，身端心虚，餌藥扶衰，讀書廣智。味老莊之語，體真素而不雜；究宗雷之學，增觀練而匪懈。凡有所述，率由自規，感悟福緣，放懷私喜而已。

觀神道之設教，教極精微；乘佛理以御心，心彌洞達。覺大虚妄，是正修行。伊予於兹，耄年益壯。

真修正勤，斯爲急務。清升妙徹，布在微言。自有勝因，勿疑至理。

自省年高，爲學功倍。所讀之書，唯務游聖門，味道腴；所著之文，無復解客嘲，答賓戲。何求外奬，率由天至。

吾撫己諦觀，自艾越耆，逮兹九九之歲，增上内外之學，未始荒墜。雖耄年已及，而智思益生。今試聊陳梗槩，得其三焉：其一曰觀書啓覺心智，其二曰觸類發天機智，其三曰則象演文言智。必使條分派别，則不可悉數，若其自以意取，即此三智該括大端足矣。

釋氏所明妙性非幻，老氏所明真精有信，其言雖異，其理則同。云何妄分別，不能大和會。

内則無一息之頃輒離於道，外則雖萬物之衆不忤其志，撫己環顧，非甚缺然。一切之妙自以觀照，一切之苦自以智度。凡諸駭俗之談，華而誕者，不願聞之爾。

予嘗以喫食後，道院中往復閑行，数及五百步而止。偶看《文選》第十一有鮑明遠《行藥至城東橋》詩，注云：「昭因疾服藥，行而宣導之，遂至建康城東橋【二】，見游宦之子而作是詩也。」其詩有句云：「擾擾游宦子，營營市井人。」予因服藥後，别行五百步，而不賦詩，但擬之立二名，曰行食、行藥。此亦素所自謂有則象智之一端也。

黄老之言聿遵於清静，宗雷之學式重於薰修，吾今於此存誠，豈不謂之善利。

道家所言虚心者，去妄情也；禪家所言實相者，明真性也。能如是解，何用多言。

先師孔聖有言，所慎者三，謂齋、戰、疾也。此三者人之重事，固當慎之，垂爲教誡，仁者之利。予因立言，别有所慎者三爾，謂仕宦之禍機、嗜欲之畏塗、因報之惡趣，智者必以爲然矣。

儒教五常，以仁爲首；道教三寶，以慈居先；釋教所演能仁大慈，倍百深至。考其同歸，斯則一揆，必也擬倫，則當異日而言之。

予歷觀典籍之中，各有歎美三教聖人之言，今試概舉以明限量。《論語》云：「達巷

【二】遂至建康城東橋　「城」原作「誠」，「橋」原作「憍」，據胡珽校趙本、四庫本改。

黨人曰：『大哉孔子，博學而無所成名。』顔淵喟然嘆曰：『仰之彌高，鑽之彌堅，瞻之在前，忽焉在後。』」《史記》云：「孔子適周見老子，老子告之以言，孔子謂弟子曰：『鳥吾知其能飛，魚吾知其能游，獸吾知其能走。走者可以爲罔，游者可以爲綸，飛者可以爲矰。至於龍，吾不能知其乘風雲而上天。吾今日見老子，其猶龍耶？』」又《莊子》云：「孔子見老子之談道，出以告顔回曰：『丘之於道也，其猶醯雞與？微夫子之發吾覆也，吾不知天地之大全也。』」《華嚴經》中歎佛偈云：「十方大雄最無上，譬如虚空無等等。境界廣大不可測，功德第一超世間。」又云：「如人持尺量虚空，復有行計算其數。虚空邊際不可得，如來境界亦如是。」予觀内典偈頌，如此甚多，今但舉其一端而已。

夫真正學道之人，但能頽然嗒然，混冥而同於外，翛然陶然，融暢而樂於内。莫貪殊勝之闒域，且入逍遥之境界，一無所爲，而得自在。

凡云樂道者，道不同世間法可以名狀，但且以順性合理而成適悦者，强名曰樂道。

莊子所云「心齋」者，性之自然戒也。孟子所云「我四十不動心」者，性之自然定也。孔子所云「吾四十而不惑」者，性之自然慧也。内典統而名之曰三無漏學。夫識敏智圓之士，方能和會，不滯於一隅爾。

慠然之忿，出於天性，非素藴畜，既過即已，不用存其久悔，止可思其漸戒。人有疾苦，或多偶爾，非因所作，無如之何，歷觀幻化之軀，而有甚於己者。推此二理，足以自寛。

夫人心境清浄，是佛國浄土，心境濁亂，是魔國穢土，此至論也。若有捨此外取，則非真智。

人性處世有限量，周一身之所觸，能自覺爾；佛性出世無限量，盡一真之法界，無不知之。小大絶倫有如此者，達理之士當如是解。

不能攻堅木，何以見大匠之利刃？不能行難事，何以見大士之利根？我今耄及之年，未見道勝之力，深自惜也，更俟何人警勸哉？

《左氏春秋》云：「祁奚請老，晉侯問嗣焉，稱解狐，其讎也，將立之而卒。又問焉，對曰：『午也可。』君子謂能舉善矣，稱其讐不爲諂，立其子不爲比。」《禮記·儒行》曰：「儒有内稱不避親，外舉不避怨。」予謂祁奚直道至誠，不起憎愛，非儒行而何？内典多云怨親平等，祁奚非佛行而何？若夫曲士偏私，有以教法更相是非者，豈可與言大達至公之理乎？

吾嘗特立獨行，考求於衆，而未嘗見有同心如己者。竊謂人不出吾之右，吾不在人之後。非爲伐德，是曰至論。

入道初門，先除我相。一切倫品，從無始際，自認四顛倒，不得三解脱。

耄年深思入道之要，調御其性，常無動亂，斯可以爲定；觀照其理，常無蔽蒙，斯可以爲慧。知衆縁之必空，随縁而勿礙；知一真之不空，冥真而勿失。止此足矣，何必多求？

時屬歊蒸，性躭禪悅。究慧能南宗之法，可以雪煩；當元亮北窻之風，可以禦暑。道院虛曠，塵事蠲除，内外清凉，朝晡暢適。佚老所得，不亦多乎？

無牽纏者即爲解脱，除熱惱者便獲清凉。雖未成静定之功，而且得逍遥之趣。

無中出有名曰造，有復歸無名曰化。造化之中，倫類萬品，而最靈者名之曰人。百億人中，或有一上上智力，能超出造化之外者，大聖人也。立言垂法，救拯焚溺，善利無疆，吾罕見有確論而深知者。噫！悠悠之徒，何所用心哉。

古教中有説云：「一切善惡事都莫思量，一切分别心無非障礙。」予今耄年惜日，急於真學，再思得一條簡備方略，立爲標準。且先用此古教二説，不思量，不分别，净其意業。然後日夕溶溶勝進，不計開塞之胸臆，不計延促之晷刻，即時即處，直以冥神絶境爲大事。久於融練，習以成性。此法至當，何以加焉？

吾道寡合，吾心自知。佚老扶衰，養至人之浩素；凝懷入理，辨大事之因緣。無以僉謀，出於獨斷。

推理安常，此法外禦；冥真體寂，此法内習。同符足用，吾事濟矣。自以意取，不復言宣也。

吾嘗諦觀學人，根器之小者析色明空，根器之大者即色明空。根器之小者到空而断滅，根器之大者到空而靈照無窮。

今我裁定：進道之心如鳥飛空，即飛即起，無所礙也；觸境之心如響應聲，即應即止，無所餘也。不復援據立名，徑直如此而已。

伊予有大志，學大雄，辨大事，如大龍，何物而能障礙哉？自念志氣既如此，多福亦符會，又當大耄之年，安可虚廢餘景乎？彼鼓缶而歌，是何末事。

後周韋敻以高尚而貴，時論推之曰逍遥公；前唐韋嗣立以寵遇而貴，君命封之曰逍遥公。吾自引退合禮，國朝優待，壽康慶幸，無不如意。順緣於外，取《晋書》中一句云「推理安常」；養性於内，取《周易》中一句云「樂天知命」。夫如是，亦足以爲逍遥矣，不敢竊君公之名，顧已大耄之叟耳，可在二韋季孟之間，因自目之曰太平逍遥翁。循揣久之，未爲忝冒。

吾今八十一歲矣，而獨雍容優游，熙怡逍遥。日涉藝文之芳潤，益躭道味之甘腴，而又於法句禪心，探入深深之處，何樂如之？

内典有所譬喻，賢者易爲曉悟。夫水之澄渟，經久則至清，至清則照物無不明；金之鍛鍊，經多則至精，至精則造器無不成。學道如此，復何疑乎？

吾嘗謂已得自然智，大綱有三，内有其一，名曰觸類發天機智。今於此類中又得一條。因見像設，有千手千眼之狀，吁，可怪也。吾忽了悟，不當以相好取，當以真理取。夫真理難名言，難形容，故假外狀以明之耳。竊謂千眼者觀照必普，千手者辨作必大，能如是解，則幾於道。雖然，《楞嚴經》中有千臂千目之説，予之獨斷亦不失理。

自然開發謂之天聰明，自然了達謂之佛知見。我願得天聰明，入佛知見。此意重出，志之深也。

悟妄識真，覺智也；冥心入理，道行也。不擇時，不擇處，不擇情，急於勝進，耄年志力可知矣。

吾今徑直辨明佛有三身之名。夫真性妙空，並無一物者，謂之清淨法身；具一切莊嚴萬行者，謂之圓滿報身；隨機設教，善利無窮者，謂之千百億化身。智人崇飾，演潤增華則有之矣，然而大槩至理，不離如此【二】。

一念覺了，此乃菩提之本初；一念止息，此乃涅槃之權輿。始毫末而成大樹，由跬步而遵長途，苟有動天之異，何愧移山之愚？匹夫之志猶不可奪，而况大士之心乎？

博古知今，以理遣情而無惑；息緣反照，以道存誠而有常。恊用久之，吾事畢矣。

儒門以事爲主，成乎名也；道門以氣爲主，固乎形也；釋門以法爲主，練乎性也。此其大綱，咸有條目。

吾今太老，急於内習。謹依貝典法言，離一切分別網，超一切障礙山，力學第一調順奢摩他，隨時隨處，即於四威儀中，挺然脱灑，深入實相，安住法界。久久觀練，俾致純熟。

【二】不離如此　胡珽校：「如」趙本作「於」。

此中該括殆盡，自以意求而已。

圓悟頓修，抗出塵之大志；清升妙徹，見入理之天機。我思其流，不可得也。以經綸爲智地，以文章爲法言，以思修爲妙事。我今如此，人其謂何？自省潤身【三】，逌然私喜。

觀一切窮理盡性之書，吾能奉持，自爲道具；得一切冥真體寂之智，吾能琢磨，自成法器。諦思慧業，其殆庶幾。

吾益加老，切於進道。不計十二時，不計四威儀，不計情順違，即乘勇志，徑入無有鄉，脱去羈縻，又入寂光土，混冥融怡。自作絶倫之奇，不求人知。

我今所願，但得寢無夢，覺無憂，道無妨，志無退，止此足矣，復何求歟？

菩提者，微妙之智圓明也；涅槃者，寂静之樂臻極也。其理深廣，言之無窮。

吾以精進心學無生之法，以決定心期無生之報，從今耄年，至於没齒。

白樂天有詩云：「沈憂竟何益，只自勞懷抱。不如放身心，冥然任天造。」予因擬之，別爲四句以相對曰：「多圖果何益，只自勞奔競。不如收身心，凝然成静定。」一放一收，各有歸趣。

逍遥墟是僊境界，寂光土是佛境界，我思游戲於其中。無憂資裝，即意而辦。

爰當大耄之年，景慕大心之士，詳求大乘之法。顧己能然，私自慰悦。

【三】自省潤身　四字原脱，據胡珽校趙本補。

撫心自諭，但於一切時中，周視所履，無染著，無繫縛，無縱逸，無障閡。或觀文理宏濬，未能忘法愛，但以隨宜曉暢，勿至煩勞。

外避虛榮以安身，內平妄情以安心，內外同安，則樂在其中矣，此名達觀。不得其人，不可言也。

從權道以順俗，推至理以遣情，求妙智以冥真，量能仁以濟物。四法修己，百勝絶倫。

人有愛其內勝於外者，此則强其本以制其末，涉馴致之道也；人有愛其外勝於內者，此則縱其末以攻其本，獲可欲之罪也。愛內勝者至少，愛外勝者至多。苟有能斷大事者，較其明昧之見，得失之理，果以孰爲優乎？

入道之法，虛心最妙。虛心之利，內外協吉。外則如虛舟觸物，而人不怒；內則如虛室生白，而吉祥止。此不妄語，學者詳之可知也。

老聃沐髮之次，遊心於物之初。吾當不擇動息處所，隨時冥心於性之本際。

約己自揭，立修道六變之法云：變褊忿爲寬恕，變麤獷爲調柔，變放逸爲精嚴，變感傷爲適悦，變熱惱爲清暢，變憂怖爲愷康。一切之情，悉知虛妄，六變之法，吾當總持。夫樂以六變之和而天神降，吾以六變之法而道心生，事雖不同，名數同矣。

多聞嚴持，此學爲基；復性離相，此法難狀。自以心見，不可言宣。

古人有詩句云：「醉遇春秋社，閑因雨雪天。」唐賢白樂天閑醉俱多，故自稱閑樂公，又稱醉吟先生。吾自引年退居，閑樂有之矣，雖愛詩酒之美，不至耽於醉吟，而思福慶之緣，竊比尤勝【四】。

吾今諦思，二空一不空。即今身世，觀往知來，三際必同矣，此則空之一也。道家以逆旅爲喻，夫逆旅不可占而有之也，不可毁而闕之也。人身不可戀而固存也，不可厭而自壞也。即今事緣，隨時而過，過即歸無，此即空之二也。道家貴虚緣葆真，但順應而無撓，勿故引而自縈也。伊此二空，我之外妄，不可得守。唯一不空，我之内真，不可不守。守之之道，上智能求焉，名爲決定相。

齋心服形，嚴持紀律；冥真體寂，深入精微。協用常然，無法勝此。

論者有以老氏爲釋氏中小乘人，吾聞其語矣，未見其理也，今自得之。老子云「不見可欲，使心不亂」，有似儒書「非禮勿視」之意，可比小乘堅持禁戒之人，此於大妙法中行之差易者也。釋氏之大乘人、最上乘人，非但歷涉一切可欲之事，心常在定，而又於其歷涉之中，力行化導，自他俱利。若不爾者，則非德施周普也。此於大妙法中行之至難者也，而能行之，其爲殊勝也何如哉？

自念非富非貧，非貴非賤，非吏非隱，非智非愚。萬慮息機，四顧滿志，居中悉備，夫復何求？

有思有議，則以意言爲繫縛，而淨名居士所説法，是不思議解脱；有戀有厭，則以身

【四】竊比尤勝　胡珽校：趙本「比」下有「白公」二字。

世爲挂礙，而香山居士所詠篇，是無戀厭逍遥。吾才患多，多此新説。

《論語》云：「瞻之在前，忽焉在後。」老子云：「迎之不見其首，隨之不見其後。」《周易》云：「範圍天地之化而不過。」莊子云：「至精無形，至大不可圍。」夫如是，原其語意分限者，束教之儒不當輕議老莊之書也。

今直截剏立一法，是謂漸中之頓、頓中之漸。何謂也？隨時隨處，便以勇健果斷志力，頓息一切之念，徑入大空之域，令心安住，此是漸中之頓也；初習則難，久習必易，此是頓中之漸也。不煩以經據引證，我決了心定則定矣。

予約己而思，得外禦二法、内習一法，可以足用矣。一切事，己多逆計而過憂者，非也，當依古教，除其患慮。一切事，己多乘勢而積忿者，非也，當依古教，平其恚鬩。此外禦之二法也。然後專志妙道，當依古教，日夕存心，務致虚而安，静而明，志人久於道，而其道大成，此内習之一法也。亦勿預思符應，終當自知。

天聖九年八月二十八日夜，夢見一僧，相好圓滿，衣紫方袍，威容整肅，升高座，將講經。聽衆雲臻，列坐未定。予亦隨喜赴會，自以爲未嘗輕易致拜於僧，今以聽法之故，當於狻猊座前拜訖而坐【五】。私念此僧必爲我起而側立，當言廻禮諸聖。未及如此，而忽寤焉。因思《法華經》所言夢中見妙事，蓋其類也。

人皆以即時稱我者爲己身，夢中亦然。一生之中，其夢無數，定以何者爲我身？是

【五】當於狻猊座前拜訖而坐　「座」原作「坐」，據胡珽校趙本改。

以古人有作《普示道俗用心偈》云：「莫認紛紛境，唯觀了了心。知身不是我，煩惱更何侵。」又以即時所居之宇爲己家，或士或庶，改卜經營不定，果以何處所居之宇爲己家？又以先世相承生育之地爲己鄉，亦有遷移隔絶，別成故里者，果以何處之地爲己鄉？復有舟居之民，舟中生子，其子但以舟爲家。舟之往来不停，亦有改造易換其舟者，此舟中所生之子，果以何舟爲家，何處爲鄉耶？故白樂天有自誨之詞云：「無妄喜，無浪憂，此中是汝家，此中是汝鄉。汝何捨此而去，自取其遑遑？」又有詩云：「我生本無鄉，心安是歸處。」白公大達，能警覺迷妄堅執之人也。

了知諸念，無非妄緣，開眼觀窮理盡性之書，閉目習冥神絶境之法【六】，晝坐夜卧【七】，一向棲心，無所希求，至於没齒。

《法華經》初安樂行，致定之權輿者也；佛菩提真歸仗處，致慧之臻極者也。二妙相應，一體混成。

自獲道符，不由師授。法行所起，我相先除。五藴皆空，一言以蔽。

龍圖閣待制燕公肅嘗謂予：「五福之外，復有餘慶，子孫詵詵，世濟其美。」雖愧燕公特相推重，然而内省亦非妄言。自謂福之增多，符會成六。夫古人獲六國之印，縱詭辯而力取，後之有報者，事可見也；伊予獲六福之符，守直道而天與，後之有報者，理合如何？影隨響應，固當必爾。

【六】閉目習冥神絶境之法　「閉」原作「閑」，據胡珽校趙本改。

【七】晝坐夜卧　「晝」原作「夜」，據四庫本改。

於法見妙妙之相，不取於相，豈有受群邪乎；於心得了了之明，猶晦其明，豈有入諸趣乎？卓然獨立，吾之志也，覺路坦坦，復何憂疑。

詳覽寶書之説，夫真學入流之士，修集三昧樂境界者，不説心識外諸境界。噫，予觀一切凡夫，貪著世間名相分别無窮極者，比此不同，有若胡越之人習俗異心也，安可與之欵談哉？故予所居，宜乎三徑就荒，凝塵滿席。塊然獨處，人不我知，但逍遥自得而已。

予思昧爽之際，起而宴坐，目光睒爍，耳音清徹，和氣融液，静心凝虚。即此少時，亦非常人之境界。

吾今自思，在天地造化之中，萬物之一耳。始於無物而忽有物，自稱曰我。物極則反，反則復歸於無物。其理必爾，何用驚疑？昔當無物之時，冥然未覺而任天造，造乃爲生之始。夫未生之前，自知生期而預喜乎？今當有物之時，造而未化，化乃爲生之終。未知化期，安得虚增其預憂哉？我欲造而不化，於理可乎？人各稱我，其我無數，悉如此欲造而不化，則當充塞無所容。或説有術，可使重濁之質上升輕清之天，於理又可乎？自古上德之人，善於其中以智决擇而去取之，以道消融而委順之，無齟齬於心胸，不亦樂乎？孰能勝此大達至當之論耶？此外别有超出造化之法，精微廣大，又非言意之可窮也，豈能容易而書之？

内典所説聞中入流，名爲圓照法門，其法殊勝第一。予知而習之，迨今十五年矣，而聞自然之聲，清亮交徹，歲久愈甚，尤資反聽之樂。譬如世王與外國交戰，戰勝而王迴，奏凱樂之樂以爲前導，其喜可知矣。因而對比其理，今予之心王與外境交戰，戰勝而心迴，有此清聲潛發，助其歸趣，殆相類也。亦非貪著善境界，且欲贊揚微妙音。此音微妙，又與形氣之樂不同也。

自得正修行之法：但持無念之心堅，自然無礙之性熟，久則無生之道成。道成乃自在無拘繫，洞照無障蔽。一一當自知，言之不可及。

有善吉解空之眼，見外物皆空；叩觀音入理之門，致内音相應。妙而不測，怡然自得。馴致其道，適我願兮。

自古宗風，爰兮頓漸。允臻其極，任彼談高。習則生常，須吾力到。以決定智，除猶豫情。

見諸相之非相，外無所障；知一真之至真，乃有所親。具此知見，庶幾乎與道爲鄰。清明在心，節槩如山。法施將啓，有志必堅。私自慶喜，孰能若此。

處世之法，推理安常；出世之法，息心達本。參同順入，圓頓消融，臻極含虛，獲大安隱。用一而足，其在兹乎？

欲求妙道【八】，當發至心。掘地及泉，定知見矣；鑽燧取火【九】，孰曰無之。願力有加，善根必植。

【八】欲求妙道　「求」原作「其」，據胡珽校趙本改。

【九】鑽燧取火　「取」原作「改」，據胡珽校趙本改。

難忍能忍，殊勝之力也；可行必行，決定之行也。二法相濟，其道混成。

一氣散而成形爲萬物，一性分而含識爲萬靈，寂然不動，混而爲一，復歸於無，强名曰道。

遊心於世諦中者率多巧宦，遊心於真諦中者亦有巧慧。巧宦謂巧於仕宦，巧慧謂巧於智慧。夫道不同不相爲謀，此二知見之人終身異路而行。

遇善境界，得心輕安，道芽已生也。有佛菩提，是真歸仗，道果將成也。如此之事，誰可與説？

緊我甘休退，仕宦情銷落。如出深谿壑，如解久纏縛，所以潛抃躍。人多恐休退，仕宦情貪著。如捨寶樓閣，如失金囊橐，所以不歡樂。此理有安危，迷人無忖度。

至愚之人，有如衆卉蒼蒼然生植，又如昆蟲蠢蠢然動息，豈可與之談妙道哉？

學成道心，得無所得。本體大空，無秋毫挂礙；妙用大明，無微塵點翳，然後爲得也。

導引而勤四體，本乎動者也；宴寂而息諸緣，本乎静者也。動静交相養，其是之謂乎？

予自得心法者三，謂無分别、無固必、無挂礙，三者足用矣。列而言之，其理詳備。若更要簡省，則無挂礙之一，足包餘二。蓋緣無分别、無固必，都在無挂礙之域中耳。

水静而清，久之益明； 心静而清，久之益靈。 諸有智者，譬喻得解，予雖不敏，其殆庶幾。

深於相宗者初及門，深於空宗者次升堂，深於性宗者終入室。 得法階漸，其理如此。

吾從學道以來，歷年浸久，得箇休歇處，得箇安樂處。 世間夢境之交争，胸中幻累之相縈，吾皆洞見源底，不用折蠡之力而勝之矣。

吾思古人，言不涉於是非，色不形於喜愠者，此乃士行也。 若能心不存於愛憎者，此乃道行也。

學古入官，布在前言； 學古入道，出於予意。 則象之智，何所不可？ 是故博覽詳求，未嘗廢墜。

影外有影之像，浸微而踈； 夢中説夢之言，重增其妄。 貪人所惑，覺心自知。

身之有無既委順於造化，事之得失當委順於因緣。 吾心浩然，歸二委順。

心無障難無不悟，身無障難無大苦，世無障難無多故。 幸會之尤者三，比類之同者少，故予大耄之年而道學彌深矣【一〇】。

予於三教之書，各取八字，統爲法要。 儒教之書《毛詩·大雅》云：「既明且哲，以保其身。」道教之書老子《道經》云：「歸根曰静，静曰復命。」釋教之書《涅槃經》云：「悟諸法性，成無師覺。」予自視所得，本末符契，因目曰三和合法門。

【一〇】故予大耄之年而道學彌深矣　胡珽校：趙本「耄」作「耋」，「道學」作「學道」。

結交游，識今人面；　覽傳記，識古人心。識今人多有損益，識古人多有勸戒。心息相依，混冥融怡。息緜緜而若存，心了了而常知。非音之音，亦聞和而成文焉，何勝如之？

諦觀人倫之衆，受生各有涯分，含識各有限量，不可以一理責之。勿復追思分別，此幾於道。

義天垂象而參羅，性海含空而妙湛，混而爲一，粲然可觀。天瑞海印，於兹備矣。

積金帛而爲富，不如廣藝文而爲富；　據權位而爲貴，不如守道德而爲貴。吾之好尚有如此者。

吾有則象智，今於宴寂之法，自立一名。夫僧家謂之入定，道家謂之入静，吾以五鼓之際，方當夢醒，諸念之前，未有緣起，此時神氣，翛然最清，宜乎攝心，直造真際，因目之曰「入清」。《金剛三昧經》云：「無住菩薩入清白處，身心不動。」正是「入清」之理也。

内典有云「百千三昧」，予於法意無盡，而所作章句聯翩患多，因自謂之曰「百千法門」。以理言之，有何差别？

《楞嚴經》有説圓融清净覺，《南華經》有説放曠逍遥遊。此二者貫心達性，表裏相應。禪機道用，何煩别求？

酒是禄之美者，詩爲樂之心也。清聖之醇酎，風雅之高格，助道餘品，何以勝此？

外護其身，如惜干霄茂樹，勿縱一斧之刃伐傷；　內護其行，如惜渡海浮囊，勿容一針之鋒穿破。　真修妙道之士，當知二護之法。

不擇情興處所，隨時隨分，常用入清之法。

逕逕然趣死而不廻者，如牛毛之多；　了了然見性而獨覺者，如麟角之少。　麟之獨角猶以爲瑞，人之獨覺豈不爲貴？　有時諦思，私自喜慰。

諦觀己之情理有順有不順，而欲人之情理皆順者非也；　又觀人之體候有和有不和，而欲己之體候常和者亦非也。　反照對治，是方便法。

予偶追思，從壯及老，己身之髪膚未嘗用一針，己心之法則自用百千箴。　字音雖同，而名理有異。

公平之舉無怨親，上下之交無諂瀆，此儒行也。

人之身有如意有不如意，厥理惟均，是常也；　人之事有如意有不如意，厥理惟均，亦是常也。

前言有云：「信順可以祈福慶。」夫達道之士，若有既明且果，而能信而順之，則福慶可致，決定之理也。

予之志，願求善利者二焉：　身心恬愉，善利之常常者也；　神明清徹，善利之深深者也。　其有大妙臻極，不可以思議而速致者，姑務存誠而匪懈是也。

昧旦之前，入清之際，神清氣清，音清境清，衆清和會，爲清淵府。乘乎高邈之興，而有融怡之情，孰知之耶，孰知之耶？

既有覺心，仍多義學。老年壯志，未始暫忘。獨蹈大方，安敢自謂？枉入諸趣，必無此憂。

入道之要，唯覺與力。覺能照了而不迷，力能堪忍而不動。不迷不動，協致無生。入不空空三昧，到無住住境界，此妙妙之心也。

智慧有淺深，人倫有分限，肥遯高蹈雖爲拔俗之標，妙徹清升自是應真之道。

十二時中有晝夜，十二緣中有生死。正覺大明之人洞分真妄，故有決定歸心之處。

自定晚年簡徑常行之法：隨時隨處，或坐或卧，冥目冥心，直入清徹妙音之境界。乘興而然，興盡而止。

吾嘗諦觀上上智人，求大雄正覺之道，其法是無修之修，無學之學，無作之作，無事之事，無生之生，無住之住，無念之念，無受之受，無得之得，無用之用。其道是無體之體，無相之相。出世超絶，與在世正對背，宜乎世人不知不見，不信不重，自然之理也。

六度之名，忍辱在其數。夫真學之人，若值人所毁辱，而能堪忍不動，此乃道力勝而德量大也，當喜而不當怒。蓋聞釋迦文嘗爲忍辱僊人，司空圖自稱耐辱居士，雖非等倫，而忍之大槩一也。杜牧詩云：「忍過事堪喜。」理亦相符。

迷心之緣，起於無明，展轉貪著，重增蓋纏；　悟心之緣，起於始覺，展轉觀練，重增曉達。叩此兩端，洞分真妄，入道之初門也。

觀練精至，修奉嚴恭。期一報之歸全，庶終天幸；　超三界而獨立，仍存大心。人不我知，其志如此。

內外二典，悉知宗旨；　福慧二業，咸有端緒。年踰八旬，益志於道。予自能然，非妄言也。

吾有二愛，自謂天然。至理貫心，愛清澄微妙之法；　善利垂世，愛廣大教化之言。

難求款談，逆甘塊處。

吾於耄年，自見二法。德行陰密，貫天地而著誠明；　理性精真，練身心而成寂照。

斯爲至理，斷在深衷。

吾於耄年，又獲四愈：　支體愈輕，神氣愈清，祖述愈精，觀照愈明。人多見推，吾亦自覺，足以私喜，夫復何憂。

窮理盡性，鉤深出重淵之魚；　進道忘勞，致遠乘千里之馬。真學之士有如此焉。

人多愛功名富貴，在世之事也；　我自愛禪定智慧，出世之事也。大槩如此言，不能細分別。

神僊之事，於凡人中殊勝；　禪智之事，於妙道中親切【一二】。誰同此意，與之款談。

【一二】於妙道中親切　「切」原作「功」，胡珽以朱筆校改，今從之。

隨時隨處，隨其情况限量，姑務存心。但令不動不思，不迷不著，積習純深而已。此法最爲簡徑也。

人之所好，富貴、權勢、榮利、嗜欲，没齒而已矣；　吾之所好，閑適、宴息、清暢、恬愉，復性而已矣。各從其志，無由會議。

古聖人有不思議解脱之法，得以消融而釋其累；　古賢人又有無可奈何之歌，得以曠達而養其和。吾於此中，須求力勝。

昔孫登謂晉嵇康曰：「子才多識寡，難免於今之世矣。」予復思之，又謂康得定力而失慧用。何以名之耶？傳述康之梗槩，有奇才大量，含垢匿瑕，心師老莊，善説養生之道，斯則可矣。無何縱情，輕忽貴公子，故觸禍機，自貽誣謗而致害焉，何慧用之有暨乎？臨刑顧視日影，索琴彈之，而辭氣不撓，非定力而何？予於孫登言外，得此新意，因書其事以補闕文。

釋氏書説如來之心起相而性不動，道家書説至人之心順緣而真不失，得意忘言，其歸一揆。

道心貫微，直入真際【一二】；　士風逐末，止尚清談【一三】。於茲洞分，方爲至鑒。

體道自愛，率有常準。量飲美酒，滌其煩慮，何須大醉；　閒讀異書，味其新意，不求甚解。服衰佚老，務養天和，力竭外緣，非吾所欲。

【一二】直入真際　「直」原作「真」，據胡珽校趙本改。

【一三】止尚清談　「談」原作「淡」，據胡珽校趙本、四庫本改。

追思壯年筮仕之初，秉筆作氣，好爲張皇奮發之詞，比彼擊水搏風之翰飛，刷燕秣楚之疾馳。今茲大耋，以道眼觀之，是何顛倒想，是何虛妄言。此自知非之深者也。能反是者，大士之全德也。

夫局束蹇淺，蔽翳滯溺，智不明也；鹵莽滅裂，因循遷延，力不勇也。

身老形必衰，心老智必盛，决定之理也。形衰吾無懼，智盛吾有喜。人不知之，自知之耳。

《圓覺經》説身心爲幻垢，《維摩經》説煩惱爲客塵，我能知之，誰復如我？見五蘊空虛爲深般若，得一心寂滅是大涅槃。此法綱宗，資吾觀練。

予年八十有二矣，未嘗以針艾攻肌膚，未嘗以几杖扶坐起。老健同者，幾何人哉？諦觀緣起端緒，結爲魔羅網。吾當以勇健力，揮智慧劍，即時深去，徑入清白處，住鮮明法，更不作方便漸次也。

《修證儀》中發願偈有云：「且願此生無障難，免令來世乏資糧。臨終了了不昏迷，自在隨心寄生處。」予因概舉障難之極者：嬰於重病，迫於全乏，罹於大亂。若無此三者，是謂洪慶。其諸悠悠細故，不如意者，何足蔕芥於胸中，以爲障難乎？

歷觀世人，少者老者，四支六根，其中或有虧廢者，己獨不然。又有資用大乏者，全不得宗屬之力者，己又不然。省己之福居多矣，其餘瑣瑣失志，不當介懷，何足妨吾進道之心乎？此乃對治之法親切者也。

水静則清，清而後明。明則照物，物無遁形。至人觀之，得爲心印。入理樞要，莫尚於斯。

處世之法，以主善爲師，而允執厥中；出世之法，以惟道是從，而不住於相。至理備矣，上智詳之。

我心宴息，既非逐境攀緣；我心慧明，亦免沈空住寂。獨覺獨斷，何須問禪。内典所説，高原陸地不生蓮華，糞壤之中種植滋茂。因知苦惱之會，正是練心之處也。

因看《維摩經》注本第七卷内説菩薩通達佛道之理，詳其大意，蓋謂菩薩之心在苦不以苦爲挫衄，在樂不以樂爲貪欲，種種之事，一一如此，可謂入平等大空之法也。苟不能然，則非佛道，是一切凡夫之情耳。

自覺耄年道心益壯，以功名富貴爲妄認之物，以觀練薰修爲力行之事。塊然寡合，固當然與。

息緣任運，觀妙練真。入道大端，此爲綱要。

處世間上善之事，莫若抗心希古；出世間上善之事，莫若澄神定靈。總持宏綱，兩端足矣。

《法華經》云：「諸有智者，以譬喻得解。」今舉一法麤相，易曉而要害者。內典以貪、瞋、癡，名爲三毒。夫人衣中有三毒蟲，不去之可乎？食中有三毒藥，不去之又可乎？人於心中有此三毒藥【一四】，尤在親切之處，而常存留，試審思之，得曰智乎？去此三毒，比蜀將關羽命醫破臂，刮骨去流矢之毒，何者爲難？

世間之法，大妙者謂之數術，蓋以物有成壞之數，推窮以至根極者能然也。出世間之法，大妙者謂之神道，蓋以心有聖神之道，脩練以至明徹者能然也。道與術以大小分名，可以智曉，不可以言宣。

吾於妙道天機，積年窮理，會則深會其體不別，説則難説其法無窮。萬一神交，相視莫逆。

心法都如大空，即可矣。夫處世之心，以道家達觀評之，但有一塵沙許障礙，未行到逍遥之墟；出世之心，以禪家妙觀評之，但有一絲毫許縈挂，未得入解脱之門。不在引喻證據，直用此言明理。

諦思真性之外，一切之形皆夢幻也，一切之情皆塵垢也，一切之緣皆影響也，胡能爲累【一五】？是名達觀，恢爲度門。唯明入道之深心，可致還源之妙用。

自念立心無疑，而信真功德、大調御；學道有應，而覺善境界、妙吉祥。超然絶倫，云何不樂？

【一四】人於心中有此三毒藥　胡珽校：趙本「藥」作「業」，疑是。

【一五】胡能爲累　此數字底本漫漶不清，胡珽以朱筆填補，其所據應爲趙本。四庫本「能」作「足」。

當師大達逍遥於無何之鄉，勿逐群迷汨没於夢幻之境，意取足用，吾皆了知。

吾今特立安心之法，凡三焉。大畧兼該包舉已述重重教中之理，次第足用耳。第一無思，第二觀空，第三對治。自向意中推演，不能筆下敷陳。

晁璪跋

《法藏碎金》凡十卷，遠祖文元公天聖五年退居昭德里而作也。公酷嗜靈笈貝篇，有得輒書，故所述甚富，有《翰林集》、《道院别集》、《昭德新編》、《隨因紀述》、《自擇增修百法》、《耄知餘言》、《理樞》十數種。《碎金》之作，其義意頗參三教，執樞挈要，妙契真詮。向予但於類書中見其片言隻語，心殊愛之，而遍求全本，無從得。嘉靖乙巳春三月，奉命入典綸誥，得盡窺中秘書，蓋咸勝國時收宋故物，我國朝投戈之後，因以儲之館閣者也。偶啓一廚，是書適在，中心躍然，奚啻拱璧之獲。諦審字畫，多忌北宋廟諱，知爲宋刻無疑。因私録而藏之。嗚呼，故笏遺石，昔人猶知寶存，謂兹但笏石之倫已哉。嘉靖丙午仲春翰林院檢討、徵仕郎、直文淵閣、專理文官誥敕裔孫璪頓首謹跋。

圖書在版編目(CIP)數據

全宋筆記. 第8編. 7 / 上海師範大學古籍整理研究所編.— 鄭州 : 大象出版社, 2017. 6
ISBN 978-7-5347-9275-5

Ⅰ.①全… Ⅱ.①上… Ⅲ.①中國歷史—史料—宋代
Ⅳ. ①K244. 066

中國版本圖書館 CIP 數據核字(2017)第 130185 號

全宋筆記 第八編 七

出版人 王劉純
特約編輯 陳 新
責任編輯 郭一凡
整體設計 張 勝
出版發行 大象出版社
鄭州市開元路16號(450044)
製版 上海杰申電腦排版有限公司
印刷 北京匯林印務有限公司
版次 2017年7月第1版2017年7月第1次印刷
開本 640mm×960mm 1/16 26印張
字數 314千字
印數 1—3000冊
定價 63.00元